UNIVERSALE PAPERBACKS IL MULINO

213.

A Paolo, «between the lesser mountains and the greater»

GIANNI TONIOLO

STORIA ECONOMICA DELL'ITALIA LIBERALE
(1850-1918)

IL MULINO

TONIOLO, Gianni
Storia economica dell'Italia liberale (1850-1918) / Gianni Toniolo.
Bologna : Il Mulino, 1988.
242 p. ; 21 cm. (Universale Paperbacks il Mulino : 213).
ISBN 88-15-01230-3
1. Italia - Economia - Storia - 1850-1918.
330.945

INDICE

PREFAZIONE

> «The economist is concerned with the future as well as with the past but it is from the past that he has to begin».
>
> John Hicks

Tra le rivoluzioni del 1848-49 e la pace di Versailles, anche l'economia italiana avvia quell'insieme di trasformazioni che preparano più da vicino e, successivamente, caratterizzano le prime fasi dello «sviluppo economico moderno».

Le pagine che seguono offrono un'introduzione alla storia macroeconomica di tale periodo. Il materiale e l'impianto derivano, in parte, dalle lezioni dedicate all'argomento nel corso sulla storia economica europea dalla rivoluzione industriale a oggi che ho tenuto a Ca' Foscari negli anni scorsi. Il taglio espositivo e la scelta dei temi traggono, pertanto, origine anche da un'esperienza didattica che si propone di avvicinare in modo sistematico e «istituzionale» il futuro economista ai problemi del passato. Per il resto, essi riflettono come sempre, le predilezioni dell'autore.

Il testo è diviso in tre parti. La prima (capitoli I-IV) riguarda le tendenze di lungo periodo e i cicli delle principali variabili relative alla produzione, alla domanda, alla finanza, alla produttività e al benessere. La seconda parte (capitoli V-XI) offre una narrazione sintetica degli avvenimenti che paiono essenziali alla comprensione dello «sviluppo economico moderno» in Italia; le politiche economiche vi occupano un considerevole numero di pagine. La terza parte (capitolo XII), infine, riferisce brevemente di alcune tra le numerose interpretazioni che sono state date delle vicende economiche dell'Italia liberale.

Dieci anni fa avrei scritto un testo diverso, maggiormente «a tesi» o, almeno, caratterizzato da un «filo rosso» più chiaramente individuabile nell'arretratezza economica vista come caratteristica strutturale dominante, non imputabile agli uomini ma capace di costituire *la* variabile esplicativa della maggior parte dei comportamenti individuali e delle scelte sociali. Un'interpretazione *à la* Gerschenkron, ripensata alla luce di una rivisitazione di Sereni, dava allora alle lezioni che tenevo su questo stesso argomento un taglio più compatto e unitario. Ma gli studi di storia economica non si sono fermati. Il lettore giudicherà quanto sia rimasto di quell'impostazione originaria; certo è che ho dovuto aggiungere dell'acqua a quel vino.

La storia quantitativa dell'Italia liberale ha compiuto, negli ultimi anni, non pochi progressi. L'impianto di base della contabilità nazionale — che costituisce l'ossatura anche di queste pagine — rimane quello del 1957, ma i passi avanti mossi in singoli settori hanno risolto taluni problemi e, soprattutto, evidenziato discrasie con quello stesso impianto che ne sollecitano una revisione globale. L'attuale «stato delle arti» — del quale questo volume vuole dare conto in modo aggiornato anche se sintetico — non consente ancora di vedere chiaramente in quale direzione possa delinearsi una nuova sintesi resa necessaria anche da un quadro teorico che ha definitivamente abbandonato strumenti suggestivi ma imprecisi quali il «decollo», il «grande slancio» e, forse, lo stesso concetto di «rivoluzione industriale». La disciplina, tuttavia, è in movimento.

Una piccola ma agguerrita pattuglia di studiosi, i cui nomi ricorrono con frequenza nelle pagine che seguono, lavora a nuove quantificazioni. Anche alcune istituzioni si stanno impegnando in imprese di revisione e di costruzione di dati. La speranza non più infondata degli addetti ai lavori è che il nostro paese, rimasto indietro rispetto agli altri anche nel campo delle statistiche storiche, recuperi rapidamente terreno nei prossimi anni. Pertanto, l'augurio dell'autore, forse non condiviso dall'editore, è che questo breve libro divenga ben presto obsoleto.

Ca' Foscari, 22 novembre 1987

CAPITOLO PRIMO

LA PRODUZIONE

1. *Lo «sviluppo economico moderno»*

Nell'arco di tempo compreso tra le rivoluzioni del 1848-49 e la pace di Versailles prende corpo e si consolida anche in Italia lo «sviluppo economico moderno» [1]. Sino a non molti anni fa si sarebbe parlato di «rivoluzione industriale» [2], di «decollo» [3] di «grande slancio» [4] ma questi termini, peraltro suggestivi, stanno scomparendo dal vocabolario dello storico economico a causa della loro ambiguità analitica.

Kuznets definisce, molto semplicemente, lo «sviluppo economico moderno» come crescita di lungo periodo a tassi significativamente superiori a quelli realizzati nei secoli precedenti del flusso di beni e servizi prodotto ogni anno da una data collettività. In questa semplice accezione si può, pertanto, parlare di «sviluppo economico moderno» per «descrivere l'attuale epoca storica caratterizzata dal diffondersi dell'applicazione della scienza ai processi di produzione e all'organizzazione sociale» [5].

Le collettività prese in considerazione da Kuznets sono quelle racchiuse entro i confini politico-amministrativi dello stato moderno il quale, con la propria burocrazia, crea nel corso dei decenni il materiale statistico di base che consente, oggi, di ricostruire le serie storiche della contabilità nazionale, indispensabili per studiare lo sviluppo secondo l'approccio kuznetsiano. Ma la scelta dello stato moderno quale unità di analisi non dipende solo da considerazioni di carattere pratico: esso costituisce, dopotutto, l'oggetto di «storie» di taglio politico, amministrativo, militare, sociale e culturale che risultano sovente monche quando non vengono collocate nel contesto dell'evoluzione quantitativa e qualitativa dei modi di produrre e consumare la ricchezza. È questo un motivo piú che sufficiente a legittimare il grande interesse che riveste tutt'ora, malgrado il fiorire delle «microstorie», lo studio dello sviluppo economico dei diversi paesi, considerati ciascuno come unico aggregato produttivo.

Esistono naturalmente buoni motivi anche per studiare lo «sviluppo economico moderno» di singole regioni. Nel caso dell'Italia essi sono particolarmente forti e non possono venire trascurati nemmeno da chi sia interessato soprattutto alla crescita del paese considerato come un unico aggregato: le diversità strutturali tra le varie parti della penisola sono, infatti, tali da influire su aspetti molto rilevanti del suo sviluppo complessivo.

Lo «sviluppo economico moderno» si realizza, sempre secondo Kuznets, quando il prodotto interno lordo per abitante si accresce a un tasso compreso tra il 15 e il 30 per cento ogni decennio (che equivale a un tasso annuo composto di 1,4 ÷ 2,7 per cento). Esso consente di rompere la cosiddetta «trappola malthusiana» ed è, pertanto, accompagnato e caratterizzato da un aumento della popolazione significativamente piú elevato e stabile di quello che si era verificato nelle economie pre-moderne. Un altro carattere specifico dello «sviluppo economico moderno» è individuabile nel fatto che il settore industriale cresce piú rapidamente di quello agricolo malgrado gli enormi progressi compiuti da quest'ultimo che lo mettono in condizione di sostenere, con una dieta maggiormente bilanciata e piú ricca di calorie, una popolazione in aumento. La diversità dei tassi di crescita settoriali implica una diminuzione della partecipazione del settore agricolo — spina dorsale delle economie pre-moderne — alla formazione del prodotto interno lordo. Aumenta, viceversa, la quota di quest'ultimo generata dalle attività industriali e, particolarmente, da quelle manifatturiere. Diminuisce l'importanza dei servizi tipici delle società tradizionali, come quelli domestici. Si sviluppano, rapidamente invece, le attività terziarie nelle quali sono possibili aumenti di produttività dovuti al progresso tecnico e la cui domanda è fortemente elastica al crescere del reddito (ad esempio trasporti, sanità, istruzione).

Si noti che questi mutamenti nella composizione settoriale del prodotto interno lordo dipendono in parte dalle caratteristiche delle singole funzioni settoriali di produzione e di domanda e in parte da una crescente divisione del lavoro. A questo proposito basta ricordare, a titolo d'esempio, come nell'azienda agricola pre-moderna si svolgano attività quali la molitura, la lavorazione del vino e dell'olio, la prima preparazione delle fibre tessili, che in un'economia moderna vengono concentrate nel «sistema di fabbrica»: nel primo caso il relativo valore aggiunto viene attribuito al settore agricolo, nel secondo a quello manifatturiero.

La crescita del prodotto interno lordo per abitante che caratterizza lo «sviluppo economico moderno» si accompagna a numerosi altri mutamenti del sistema di produzione e distribuzione della ricchezza. Aumentano gli investimenti e la propensione al risparmio, muta la composizione della domanda, si accresce enormemente la mobilità dei fattori di produzione, la popolazione si concentra nelle città. Una parte non trascurabile del benessere creato dallo «sviluppo economico moderno» deriva dalla minore penosità e durata dell'impiego lavorativo nell'arco della vita dell'uomo medio.

Questi e simili altri cambiamenti nei modi di produrre e consumare si riflettono, ovviamente, nell'organizzazione sociale e politica delle collettività sino a produrre sistemi di «valori dominanti» radicalmente diversi rispetto a quelli prevalenti nella società tradizionale. Questo mutamento è stato, talvolta, globalmente definito come «processo di modernizzazione», dando una connotazione implicitamente positiva all'aggettivo moderno. Da un punto di vista analitico è estremamente difficile parlare di «modernizzazione» in modo univoco e non ambiguo, data la molteplicità e la complessità delle variabili non economiche implicite in questo concetto. Dal punto di vista dei giudizi di valore, mentre è forse possibile trovare un consenso diffuso sulla positività *in sé* di un aumento medio dei beni e servizi a disposizione dell'individuo, di una minore durata e pesantezza dello sforzo lavorativo e di un allungamento della vita media, non altrettanto può dirsi dell'insieme di mutamenti culturali, sociali e antropologici che si sono accompagnati alla rottura della «trappola malthusiana» e alla sconfitta della povertà come destino ineluttabile della stragrande maggioranza degli uomini. Per questi motivi, nelle pagine che seguono studieremo lo «sviluppo economico moderno» in Italia riferendoci esplicitamente alla semplice definizione di Kuznets ed evitando qualunque allusione a una piú globale ma fumosa «modernizzazione».

2. *La crescita del prodotto interno lordo*

Avendo definito lo «sviluppo economico moderno» come crescita sostenuta e irreversibile di lungo periodo del prodotto interno lordo, lo studio dell'andamento di questa variabile costituisce il naturale punto di partenza dell'analisi applicata a uno specifico paese.

Le stime di cui disponiamo per l'Italia sono, a tutt'oggi, quelle elaborate nel 1957 dall'Istituto Centrale di Statistica [6], riviste, corrette e integrate durante la seconda metà degli anni Sessanta da un gruppo di lavoro guidato da Giorgio Fuà [7]. La ricostruzione di serie storiche dei principali aggregati della contabilità nazionale per periodi nei quali esse non venivano stimate è esercizio il cui risultato non può che essere soggetto ad ampi margini di indeterminazione, anche quando sia condotto nel modo piú avvertito dal punto di vista teorico e piú scrupoloso da quello empirico. Senza entrare in dettagli tecnici che porterebbero lontano dal filo conduttore di questa monografia [8] basterà ricordare, a solo titolo di esempio, i problemi teorici connessi al concetto stesso di benessere individuale e collettivo e a quelli che si incontrano nell'individuare metodi di misura di stock di capitali eterogenei e, ancora, la difficoltà pratica di confrontare nel tempo aggregati composti da beni i cui prezzi relativi siano nel frattempo mutati (dando origine al cosiddetto «problema dei numeri indice») o che incorporino addirittura prodotti prima sconosciuti (un caso, questo, particolarmente frequente nel periodo che consideriamo) [9]. Per questo tipo di ragioni l'uso delle serie storiche della contabilità nazionale richiede consapevolezza metodologica e conoscenza delle tecniche che hanno consentito, nei singoli casi specifici, la ricostruzione degli aggregati sui quali si lavora.

Quest'ultima condizione non può essere sempre soddisfatta dallo studioso del caso italiano per la buona ragione che il lavoro originale dell'ISTAT è parco di spiegazioni circa i metodi utilizzati e, sovente, persino circa le fonti primarie da cui sono tratti i dati elementari utilizzati per la stima degli aggregati. Pertanto, chi voglia utilizzare queste serie — le sole disponibili sino a oggi — è sovente obbligato a compiere un vero e proprio atto di fede. In queste circostanze, il gruppo guidato da Giorgio Fuà si è trovato di fronte all'alternativa tra l'accettare le serie di base esistenti tentandone un'aggiornamento tecnico e il ricominciare da capo il lavoro di ricerca di base. Con le risorse allora disponibili la scelta fu necessariamente per la prima alternativa: si produssero interessanti miglioramenti a talune delle singole serie — quali quelle relative allo stock di capitale — senza alterare sostanzialmente il quadro complessivo offerto dal precedente lavoro dell'ISTAT.

Da allora sono passati quasi vent'anni senza che si sentisse, in Italia, la necessità di disporre di serie storiche della contabilità nazionale qualitativamente comparabili a quelle esistenti in altri paesi. Lo scarso interesse per analisi quantitative di questo tipo costituisce, d'altronde, una delle caratteristiche specifiche degli orientamenti dominanti nella storiografia economica italiana. Alcuni studi quantitativi importanti sono ora in corso ma i loro risultati — dei quali si cercherà di dare conto — non consentono, oggi, revisioni delle grandezze aggregate se non come ipotesi preliminari e generali. Allo stadio attuale delle nostre conoscenze, le scelte possibili sono solamente due: rifiutare ogni quantificazione rifugiandosi nell'intuizione qualitativa o accettare, ancora una volta, di ragionare sulle serie storiche dell'ISTAT rivisitate dal gruppo guidato da Giorgio Fuà [10]. La nostra scelta è andata a questa seconda alternativa.

Dando per buone le stime ISTAT - Fuà, il prodotto interno lordo italiano sarebbe cresciuto, tra il 1861 e il 1925, al tasso medio annuo composto dell'1,4 per cento, in termini reali misurati a prezzi 1938. Se si considera il periodo 1861-1913, si ottiene un risultato solo lievemente superiore (1,5 per cento). Tenuto conto di una crescita annua della popolazione presente vicina allo 0,7 per cento, si ottiene un aumento del reddito per abitante pari a circa l'8 per cento per decade. Questo valore è considerevolmente al di sotto della soglia stabilita da Kuznets per l'individuazione di un processo di «sviluppo economico moderno». Esaminando piú da vicino la serie del prodotto interno lordo ci si accorge che il suo andamento accelera considerevolmente attorno alla metà degli anni Novanta. Durante i primi trentacinque anni di storia unitaria, il prodotto interno lordo per abitante fluttua attorno a un *trend* sostanzialmente stazionario: la quantità di beni e servizi prodotti tiene a stento il passo con la crescita

TAB. 1.1. *Andamento del prodotto interno lordo italiano 1861-1925 (tassi di crescita medi annui a prezzi costanti)*

Periodo	PIL	PIL per abitante
1861-1876	0,9	0,0
1876-1888	0,5	– 0,2
1888-1896	0,8	0,1
1896-1908	2,7	2,1
1908-1913	2,8	2,0
1913-1922	0,4	0,0
1922-1925	5,1	4,1

Fonti: PIL: P. Ercolani, *Documentazione statistica di base* in G. Fuà (a cura di), *Lo sviluppo economico in Italia*, Milano, Angeli, 1969, vol. III, pp. 401-402. Popolazione - ISTAT, *Sommario di statistiche storiche*, Roma, Poligrafico dello Stato, 1958, p. 38.

demografica [11]. Tra il 1896 e il 1925, viceversa, il reddito pro-capite degli italiani cresce, in media, dell'1,6 per cento ogni anno. Le serie esistenti indicherebbero, pertanto, che lo «sviluppo economico moderno», inteso in senso kuznetsiano, sarebbe iniziato nel nostro paese attorno alla metà dell'ultimo decennio del secolo scorso; piú di trent'anni dopo il compimento dell'unificazione politica della penisola.

Questo primo approccio alla storia economica d'Italia fondato sull'osservazione della variabile aggregata maggiormente indicativa della crescita del benessere di una collettività può essere completato con uno sguardo alla tabella 1.1 ricordando, tuttavia, che i singoli tassi di crescita risultano estremamente sensibili alla scelta degli anni di riferimento.

Stando a questi dati, il timido sviluppo dell'età della destra si raffredda dopo il 1876. Alla fine del secolo inizia un periodo di rapida crescita che dura, con l'interruzione della guerra, sino al 1925. Questo *pattern*, prima di venire accettato, anche provvisoriamente, va qualificato con le informazioni che possono provenire dall'analisi quantitativa dei principali aggregati produttivi.

3. *La produzione agricola*

I primi due censimenti della popolazione, condotti nel 1861 e nel 1871, sono poco affidabili e, soprattutto, scarsamente confrontabili tra loro e con quelli successivi: la forza lavoro attribuibile ai vari settori può, dunque, venire stimata solo a partire dal 1881 [12]. A quella data, la popolazione attiva in agricoltura è pari al 59 per cento del totale. Alla vigilia della guerra (1911) questa quota è diminuita di soli quattro punti percentuali. Solo durante gli anni Trenta la forza lavoro agricola scenderà al di sotto della metà del totale e solo nel secondo dopoguerra si verificherà quella rapida diminuzione degli attivi in agricoltura che caratterizza ogni processo di sviluppo economico. Per tutto il periodo considerato in questo volume l'Italia rimane, pertanto, un paese nel quale il settore agricolo mantiene un'importanza relativa superiore, ad esempio, a quella che lo stesso rivestiva nell'Inghilterra della seconda metà del diciottesimo secolo.

La produzione agricola aumenta molto lentamente nei primi trentacinque anni di storia unitaria: prendendo la media dei quinquenni 1861-65 e 1896-1900 il tasso di crescita medio annuo è pari soltanto allo 0,4 per cento. Se i dati dell'ISTAT riflettono l'andamento effettivo del fenomeno, la produzione nazionale di derrate alimentari non è in grado di tenere il ritmo della crescita demografica che si aggira, nel medesimo periodo, attorno allo 0,7 per cento.

A partire dagli ultimi anni del diciannovesimo secolo, l'agricoltura italiana sembra risvegliarsi: il tasso di crescita del 2,1 per cento realizzato tra il 1896-1900 e il 1911-13 appare notevole sia che lo si confronti con i risultati ottenuti dal settore primario in altri paesi sia rispetto ad altre epoche di rapida crescita del nostro sistema economico. Basterà ricordare che nel periodo del cosiddetto «miracolo», tra il 1950 e il 1964, il prodotto lordo dell'agricoltura italiana cresce a un tasso medio annuo sostanzialmente simile (2,3 per cento) a quello dell'età giolittiana.

Tra il 1911-13 e il 1923-25 la crescita della produzione agricola risente certamente della guerra: l'incremento realizzato in quel dodicennio è misurabile attorno allo 0,7 per cento annuo. Tuttavia, la crescita tra il 1919-21 e il 1924-26 è nuovamente assai elevata: 3,0 per cento l'anno, sempre a prestare fede alle stime dell'ISTAT riviste dal gruppo Fuà.

Avventurarsi in una descrizione dei singoli sotto-periodi è, nel caso dell'agricoltura, ancora piú difficile data la rilevanza dei fattori metereologici nel determinare la produzione del settore. Elementare precauzione è, pertanto, quella di utilizzare medie quinquennali. Procedendo in tale modo, si vede che durante il primo decennio della nostra storia unitaria il tasso di crescita del settore si aggira attorno allo 0,8 per cento. Tra l'inizio e la fine del successivo quarto di secolo la produzione agricola rimane sostanzialmente invariata pur diminuendo, in misura nemmeno troppo modesta, durante gli anni Ottanta, che non a caso vengono ricordati come quelli della «crisi agraria». Si è già detto del successivo rapido sviluppo.

Data l'importanza del settore per l'intero sistema economico italiano dell'epoca, non può stupire che l'andamento della produzione agricola coincida, grosso modo, con quello del reddito nazionale. Questa quasi-tautologia diverrà, però, tutt'altro che irrilevante quando dovremo discutere dei fattori che promuovono o ritardano la crescita dell'industria.

4. *La produzione industriale*

Lo «sviluppo economico moderno» è, di fatto, associato con il processo di industrializzazione. Non a caso il momento di transizione tra l'economia tradizionale e quella «moderna» viene chiamato «rivoluzione industriale». Come è noto, essa consiste nella diffusione del cosiddetto sistema di fabbrica, resa conveniente da innovazioni tecniche che permettono l'estensione a un numero crescente di processi produttivi dell'uso della forza inanimata (dapprima idraulica, poi termica ed elettrica) al posto di quella animata (umana e animale) sulla quale si basavano le lavorazioni a domicilio nelle economie tradizionali. Il processo di industrializzazione che caratterizza lo «sviluppo economico moderno» ha andamenti molto diversi nei singoli paesi ed epoche storiche. La transizione dalla manifattura domestica al sistema di fabbrica è sovente assai lunga e assume forme proprie — ancorché molto differenziate per settore e area geografica — che vengono descritte come «proto-industrializzazione» [13].

Nel 1861 l'Italia possiede un certo numero di stabilimenti industriali «moderni» che impiegano ciascuno anche alcune centinaia di operai in modo continuato lungo tutto l'arco dell'anno. Molti prodotti industriali provengono, tuttavia, ancora da lavorazioni a domicilio, da laboratori artigianali o anche da unità produttive organizzate secondo il «sistema di fabbrica» ma caratterizzate da una elevata fluttuazione stagionale nell'utilizzo della forza lavoro. In queste circostanze, la distinzione tra attività agricola e produzione manifatturiera, anche se chiara da un punto di vista concettuale, è difficilmente formulabile sul terreno delle rilevazioni statistiche di massa che formano la base per la costruzione degli aggregati che compongono la contabilità nazionale. Un esempio in proposito è fornito dai primi censimenti della popolazione. Poiché numerose persone svolgono, nel corso dell'anno, tanto attività agricole quanto attività industriali, la risposta alla domanda relativa al mestiere esercitato varia secondo la stagione nella quale viene compiuta la rilevazione censuaria.

Stando cosí le cose, la stima della produzione industriale per i primi decenni post-unitari resta affidata, ancora piú di quanto lo sia per periodi a noi piú vicini, all'inferenza che si può trarre dalle poche e imprecise indagini settoriali e da una serie di indicatori indiretti. L'arte dello storico, anche quando si dedica a ricostruire aspetti quantitativi della realtà, è sovente molto simile a quella del detective. E, in effetti, alcuni studiosi hanno provato a costruire serie della produzione manifatturiera prima che apparissero quelle dell'ISTAT o in alternativa a esse. Un indice molto noto è quello di Gerschenkron [14]: su esso avremo modo di ritornare piú volte.

Un'illustrazione dell'andamento della produzione industriale italiana cosí come esso ci appare allo stato attuale delle arti sarebbe, comunque, assai lacunoso se non si presentassero, accanto a quelli dell'ISTAT, i risultati di una prima indagine compiuta da Fenoaltea [15]. Benché quest'autore sia ora impegnato in un colossale sforzo per la produzione di un indice certamente molto piú accurato di quello dell'ISTAT, non vi è motivo di pensare che quest'ultimo sia migliore dell'indice già pubblicato da Fenoaltea e, poiché le due stime inducono a interpretare in modo diverso il processo di industrializzazione del paese, non si può evitare di discuterle entrambe anche a costo di lasciare il lettore un po' perplesso.

Secondo le stime ISTAT, al momento della proclamazione del Regno d'Italia l'industria manifatturiera contribuisce per circa il 16 per cento alla formazione del prodotto interno lordo. Il settore delle costruzioni e quello minerario formano ciascuno poco piú dell'uno per cento del reddito nazionale. Nel 1925 la produzione manifatturiera rappresenta circa un quarto del prodotto interno lordo. Durante questi sessantacinque anni il tasso medio annuo di crescita del settore manifatturiero sarebbe stato pari a circa il 2,2 per cento, cioè circa una volta e mezzo l'analogo saggio di sviluppo del reddito nazionale.

Anche nel caso dell'industria, la fine del periodo crispino (1896) coincide con un'importante accelerazione del *trend* produttivo. Esso è chiaramente visibile sia nella serie ISTAT sia nell'indice Fenoaltea. Da molti altri punti di vista, le due serie divergono radicalmente, come si rileva dando uno sguardo alla tabella 1.2. Anzitutto va notata la notevole diversità nei tassi di crescita di lungo periodo (1861-1913). Quello dell'ISTAT è poco piú della metà dell'altro. La differenza deriva, soprattutto, da una percezione totalmente diversa degli anni Ottanta e da una stima assai piú ottimista compiuta da Fenoaltea circa lo sviluppo dell'età giolittiana. Osservando i singoli sotto-periodi nella tabella 1.2, infatti, si vede che i due indici concordano circa il tasso di crescita realizzato dalla giovane economia italiana durante il gover-

TAB. 1.2. *Andamento della produzione industriale in Italia 1861-1925 (tassi medi annui composti a prezzi costanti)*

Periodo	ISTAT (industria manifatturiera)	Fenoaltea
1861-1925	2,2	—
1861-1913	2,0	3,5
1861-1896	1,0	2,2
1896-1913	4,0	6,2
1896-1925	4,2	—
1861-1876	1,7	1,6
1876-1888	0,8	5,4
1888-1896	0,0	−1,3
1896-1908	5,2	7,9
1908-1913	1,4	2,3
1913-1920	0,0	—
1920-1925	7,1	—

Fonti: ISTAT, *Indagine statistica*, cit.; S. Fenoaltea, *Italy*, cit.

no della Destra, danno una versione quantitativa diametralmente opposta della storia industriale degli anni Ottanta, concordano sostanzialmente sia sull'esistenza di una severa depressione tra il 1887-88 e la fine del periodo crispino sia nell'individuare attorno a quest'ultima data un punto di svolta dopo il quale si realizza un'importante fase di sviluppo industriale del quale, tuttavia, le due fonti offrono stime diverse. Si deve aggiungere, questa volta sulla base dei soli dati ISTAT, che questa fase di sviluppo sembra continuare almeno sino al 1925, malgrado l'interruzione degli ultimi anni di guerra e dell'immediato dopoguerra.

Data la cautela con la quale lo stesso Fenoaltea guarda oggi al proprio indice del 1967, in attesa di produrre quello «definitivo» al quale sta lavorando da tre lustri, non è possibile prendere posizione a favore dell'una o dell'altra valutazione dello sviluppo industriale italiano. Il problema degli anni Ottanta è cruciale per talune delle interpretazioni che si danno del processo di industrializzazione italiana. Altrettanto dicasi per l'ordine di grandezza del «boom» giolittiano: appare ovvio che per una valutazione comparata della *performance* del nostro paese un tasso di crescita dell'8 per cento è ben diverso da uno del cinque; nel primo caso ci troveremmo di fronte a uno sviluppo quasi eccezionale nel contesto europeo del diciannovesimo secolo, nel secondo avremmo solo una buona prestazione entro la media di altri casi analoghi. Per farci un'idea dell'andamento dei principali settori dell'industria manifatturiera disponiamo, per ora, solamente di stime di larga approssimazione ottenute dal gruppo Fuà [16] per gli anni successivi al 1896: esse sono sintetizzate nella tabella 1.3. Il quadro che se ne ottiene, per il periodo di accelera-

TAB. 1.3. *Andamento della produzione di taluni settori dell'industria manifatturiera 1896-1925 (tassi di incremento medi annui a prezzi costanti)*

Periodo	Alimentare	Tessile	Industria Metallurgica	Meccanica	Chimica
1896-1925	3,3	2,1	7,4	6,9	10,5
1896-1908	5,9	4,4	9,9	11,7	16,1
1908-1913	2,6	−0,4	8,3	2,6	5,0
1913-1925	1,1	0,8	4,5	4,2	6,6

Fonte: P. Ercolani, *Documentazione statistica*, cit., p. 411.

zione della crescita industriale italiana, non contraddice le attese degli studiosi dello «sviluppo economico moderno»: i settori a maggiore intensità di capitale e di progresso tecnico si sviluppano assai piú velocemente di quelli «tradizionali». Va notata specialmente la rapida crescita della meccanica e della chimica che costituiranno, sino almeno a tutti gli anni Sessanta di questo secolo, due delle industrie piú dinamiche del sistema economico italiano.

5. *I servizi*

Il grande parlare che oggi si fa — a torto o a ragione — di un'economia dei servizi in atto di rimpiazzare quella manifatturiera che ha generato e sostenuto lo «sviluppo economico moderno» del mondo occidentale durante gli ultimi duecento anni non deve trarre in inganno: in prospettiva storica, il settore terziario complessivamente considerato, non cresce a tassi particolarmente sostenuti. Il caso italiano degli anni 1861-1925 sembra piuttosto chiaro in proposito. La partecipazione dei servizi, esclusa la pubblica amministrazione, alla formazione del reddito nazionale è rimasta invariata attorno a una quota del 30 per cento.

Il gruppo Fuà presenta una stima disaggregata per cinque grandi categorie di servizi. Tra esse quelle denominate «Trasporti e comunicazioni» e «Credito e assicurazioni» hanno un'elasticità in termini di reddito superiore a 2 e crescono, nel lungo periodo, ben piú rapidamente dell'industria manifatturiera (tabella 1.4). I servizi commerciali hanno andamento

TAB. 1.4. *Andamento della produzione di servizi in Italia 1861-1925 (tassi di incremento medi annui composti a prezzi costanti)*

Periodo	Trasporti e comunicazioni (1)	Credito e assicuraz. (2)	Commercio (3)	Servizi vari (4)	Servizi dei fabbricati (5)	Totale servizi (6)	Pubblica Amministraz. (7)
1861-1925	3,9	6,1	1,4	0,7	0,8	1,2	1,8
1861-1896	3,2	7,9	0,6	0,6	0,8	0,9	0,8
1896-1913	8,0	4,3	2,2	1,4	1,1	1,7	3,1
1913-1925	0,0	3,2	2,4	0,0	0,6	1,2	2,8

Fonte: P. Ercolani, *Documentazione statistica*, cit., pp. 401-402.

grosso modo proporzionale a quello del prodotto interno lordo mentre tutti gli altri aumentano piú lentamente di quest'ultimo. Stando cosí le cose è facile vedere come lo sviluppo complessivo del settore dipenda dalle tendenze opposte di gruppi dinamici a produttività ed elasticità di domanda in termini di reddito relativamente elevate e di gruppi la cui importanza viene lentamente scomparendo nel corso dello «sviluppo economico moderno» (tipico il caso dei servizi personali e domestici).

La divisione in sotto-periodi contenuta nella tabella 1.4 è meno dettagliata di quella delle due precedenti: l'andamento ciclico del settore terziario è infatti, almeno nelle stime del gruppo Fuà, meno pronunciato di quello industriale. Ciò dipende sia dalla relativa stabilità della domanda della maggior parte dei servizi rispetto a quella dei manufatti sia dai metodi di calcolo adottati. La stima del valore aggiunto del settore terziario si basa soprattutto su indici direttamente o indirettamente legati al numero di occupati (che, nel breve periodo, tende a rimanere piuttosto stabile anche in presenza di variazioni della domanda) e, quindi, del prodotto per addetto. Data la grande approssimazione delle stime, è possibile soltanto osservare l'accelerazione del *trend* produttivo che si verifica, anche in questo settore, dopo il 1896. La cosa non deve, d'altra parte, sorprendere posto che gli aumenti nei livelli di attività degli altri settori inducono tipicamente un incremento nella domanda di trasporti, di servizi bancari, di intermediazione commerciale. In effetti, la crescita di quest'ultima appare molto vicina a quella del prodotto interno lordo.

Andamento complessivamente analogo ha il settore della pubblica amministrazione il cui valore aggiunto viene convenzionalmente misurato come somma degli stipendi pagati ai pubblici dipendenti, deflazionati con un indice dei prezzi al consumo o del costo della vita. Sino al 1909 la quota di questo settore sul prodotto interno lordo resta sostanzialmente invariata attorno al 5 per cento. I servizi della pubblica amministrazione, infatti, crescono in media dello 0,8 per cento l'anno sino al 1896 e del 2,4 per cento sino al 1909. È solo a partire dal 1910, e cioè dal momento in cui si prepara la guerra contro l'Impero Ottomano, che il settore si sviluppa a tassi molto piú elevati di quelli che caratterizzano il reddito nazionale: 5,7 per cento tra 1909 e 1913, rapidissima espansione successiva sino a toccare, nel 1918, il 30 per cento del prodotto interno lordo. La seguente drastica riduzione della spesa pubblica non riesce a riportare il settore al livello relativo del periodo 1861-1909: nel 1925 esso rappresenta circa il 6,5 per cento del reddito nazionale italiano. La «grande crisi» dei primi anni Trenta e, soprattutto, la guerra di Etiopia allargheranno nuovamente in modo considerevole il settore pubblico italiano.

NOTE AL CAPITOLO PRIMO

[1] Definito in S. Kuznets, *Modern Economic Growth*, New Haven, Yale University Press, 1967.

[2] Questo modo di indicare la fase iniziale dello sviluppo economico moderno è stato usato coerentemente forse per la prima volta nelle famose lezioni di A. Toynbee poi raccolte in *Lectures on the Industrial Revolution in England*, London, Rivingtons, 1884 e viene tutt'ora correntemente adoperato per designare il periodo della storia economica inglese che va, grosso modo, dal 1760 al 1840.

[3] Il «decollo» costituisce uno dei cinque stadi dello sviluppo individuati in W.W. Rostow, *Gli stadi dello sviluppo economico*, Torino, Einaudi, 1962.

[4] Il «grande slancio» costituisce uno degli elementi caratteristici dell'interpretazione del processo di industrializzazione europeo durante il diciannovesimo secolo proposta da A. Gerschenkron, *Il problema storico dell'arretratezza economica*, Torino, Einaudi, 1965.

[5] S. Kuznets, *Modern Economic Growth*, cit., p. 488.

[6] ISTAT, *Indagine statistica sullo sviluppo del reddito nazionale in Italia dal 1861 al 1956*, Annali di Statistica, Serie VIII, vol. 9, Roma, 1957.

[7] Le tavole che sintetizzano questo lavoro sono state edite da P. Ercolani, *Documentazione statistica di base*, in G. Fuà (a cura di), *Lo sviluppo economico in Italia*, Milano, Franco Angeli, 1969, vol. III, pp. 380-460.

[8] Per un'eccellente sintesi dei problemi teorici connessi al confronto intertemporale degli aggregati di contabilità nazionale il lettore può utilmente riferirsi a D. Usher, *The Measurement of Economic Growth*, Oxford, Basil Blackwell, 1980.

[9] È tutt'altro che semplice, ad esempio, escogitare un modo soddisfacente di misurare l'equivalente in carrozze e cavalli del benessere offerto da un'automobile o in spettacoli di vario genere di quello offerto da un semplice apparecchio radio data la rilevante diversità qualitativa dei servizi offerti da questi beni.

[10] Le elaborazioni che seguono, a meno che non vi sia il riferimento

esplicito ad altra fonte, sono tutte tratte da P. Ercolani, *Documentazione statistica*, cit. Le diversità tra queste stime e quelle precedenti dell'ISTAT sono sintetizzate e spiegate in O. Vitali, *La stima del valore aggiunto a prezzi costanti per rami di attività*, in G. Fuà (a cura di), *Lo sviluppo economico*, cit., pp. 463-477 (soprattutto pp. 474-47).

11 La popolazione presente cresce, al netto delle acquisizioni territoriali del 1866 e del 1870, al tasso medio annuo di 0,7 per cento tra il 1861 e il 1896: è questo anche il tasso di incremento del PIL stimato anche se esso è molto piú sensibile a piccoli mutamenti negli anni iniziale e finale del periodo di riferimento di quanto sia il dato demografico.

12 Le migliori stime in argomento tutt'ora esistenti sono quelle di O. Vitali, *Aspetti dello sviluppo economico italiano alla luce della ricostruzione della popolazione attiva*, Roma, Università di Roma, 1970.

13 A proposito, si veda in italiano: P. Kriedte, H. Medick, J. Schumbohm, *L'industrializzazione prima dell'industrializzazione*, Bologna, Il Mulino, 1984.

14 A. Gerschenkron, *Osservazioni sul saggio di sviluppo industriale in Italia 1881-1913*, in «Moneta e Credito», 1956.

15 Si tratta di un indice relativo al periodo 1861-1913 elaborato da Fenoaltea nel 1967 per una tesi di dottorato a Harvard ma pubblicato solo di recente in S. Fenoaltea, *Italy*, in P.K. O'Brien (a cura di), *Railways and the Economic Development of Western Europe*, London, Macmillan, 1983, pp. 49-120.

16 Si tratta, sostanzialmente, di elaborazioni basate sugli indici di Gerschenkron, *Il problema storico*, cit. e di OECE, *Statistiques industrielles 1900-1959*, Paris, OECE, 1960, ponderati al 1938 con i valori aggiunti della produzione stimati per quell'anno.

CAPITOLO SECONDO

LA DOMANDA

1. *La composizione della domanda nello «sviluppo economico moderno»*

La crescita secolare del reddito per abitante con la quale, seguendo Kuznets, abbiamo identificato lo «sviluppo economico moderno» si accompagna anche a considerevoli mutamenti nella composizione della domanda. La cosiddetta «legge di Engel» consiste nell'osservazione empirica — sperimentabile sovente nello stesso arco della vita produttiva di ciascuno di noi — che al crescere del reddito diminuisce la quota di esso spesa in prodotti alimentari. Questa «legge» può essere generalizzata osservando che è possibile ordinare i diversi beni di consumo in modo crescente secondo la loro elasticità di domanda in termini di reddito. Gli individui come le collettività tendono a soddisfare dapprima i bisogni primari di alimentazione, vestiario, abitazione. Con il crescere del reddito emerge la domanda di trasporto, di istruzione, di intrattenimento mentre una parte del reddito medesimo viene risparmiata. In ciascuna collettività questa «legge» generale sull'andamento della spesa acquista caratteristiche peculiari per la presenza di fattori legati alla distribuzione del reddito, al clima, alla cultura dominante, all'esistenza o meno di una tradizione di intervento dello stato. Lo «sviluppo economico moderno» di Kuznets è, tipicamente, accompagnato da un aumento della quota degli investimenti sul reddito nazionale dal 5-6 per cento che caratterizza le economie tradizionali sino a un livello del 15-20 per cento, attorno al quale fluttua quello dei sistemi economici sviluppati. Il risparmio segue, grosso modo, la medesima linea di tendenza. Va, tuttavia, notato che sovente quello di formazione interna non è sufficiente, soprattutto all'inizio dello «sviluppo economico moderno», a finanziare per intero la domanda di investimenti. La differenza può venire colmata dal risparmio estero. È difficile, tuttavia, stabilire un andamento tipico dell'indebitamento netto esterno di un paese: esso dipende, oltre che dalle caratteristiche del paese medesimo, dall'esistenza o meno di un'offerta di capitale finanziario internazionale.

Lo «sviluppo economico moderno» è caratterizzato, sino al 1914, da una crescente specializzazione internazionale e da una tendenza all'unificazione dei mercati tanto dei prodotti quanto dei fattori della produzione. Ciò significa che il commercio internazionale cresce piú rapidamente del reddito mondiale e che, dunque, il grado di apertura dei singoli paesi tende ad aumentare. In termini di composizione della domanda ciò significa che una quota crescente di essa è formata da esportazioni e importazioni. La prima guerra mondiale ha bruscamente interrotto il processo di integrazione economica internazionale. Esso riprende lentamente solo a partire dagli anni Cinquanta.

Queste tendenze generali si riscontrano anche nel caso italiano tra il 1861 e il 1925 e vengono sintetizzate nella tabella 2.1, anch'essa basata sulle stime del gruppo Fuà. Nel 1861, l'81 per cento del reddito degli italiani viene speso in consumi privati: si tratta di una quota estremamente elevata tipica di un paese molto arretrato. Ad essa corrisponde un esiguo ammontare di investimenti. Nei decenni successivi si può notare la costante diminuzione della proporzione di risorse destinate ai consumi privati e la sostanziale stabilità, sino al 1913, di quelli pubblici. La quota degli investimenti sul reddito — peraltro, come si dirà, ciclicamente assai instabile — sembra seguire piú da vicino il sentiero dello svi-

TAB. 2.1. *Composizione della domanda aggregata italiana (1861-1925)*

Anno	Consumi privati	Consumi pubblici	Investimenti lordi	Esportazioni	Totale
1861	80,9	7,6	5,3	6,2	100,00
1876	77,0	6,4	4,7	11,9	100,00
1888	72,9	6,5	10,6	10,0	100,00
1896	74,8	7,0	7,1	11,1	100,00
1908	69,6	5,6	12,9	11,9	100,00
1913	65,4	7,1	15,1	12,4	100,00
1925	63,8	8,3	15,6	12,3	100,00

Fonte: P. Ercolani, *Documentazione statistica*, cit., pp.422-423.

luppo economico italiano caratterizzato, come si è visto, da una consistente accelerazione attorno alla metà degli anni Novanta. È, in effetti, solo tra il 1896 e il 1913 che si realizza quel consistente aumento degli investimenti che Kuznets considera caratteristica importante dello «sviluppo economico moderno». Il *trend* delle esportazioni, infine, descrive solo in parte il processo di crescente apertura del sistema nel corso dello «sviluppo economico moderno». Su questo punto torneremo in un prossimo paragrafo.

2. *I consumi*

Tra il 1861 e il 1896 il tasso di crescita dei consumi privati stimato dall'ISTAT è lievemente inferiore a quello della popolazione presente. Stando ai dati esistenti, pertanto, il consumo pro-capite degli italiani sarebbe rimasto invariato lungo un arco di tempo superiore a quello di una generazione, dopo il compimento dell'unificazione politica del paese. Questa constatazione, qualora trovasse ulteriori conferme empiriche, sarebbe, come è facile intuire, di grande importanza tanto per la storia economica come per quella politica e sociale del paese. L'essenza dello «sviluppo economico moderno», la ragione del suo interesse storico e culturale va ritrovata, in buona parte, nella sua capacità di generare migliori condizioni di vita per la grande massa della popolazione. Il dibattito in argomento, soprattutto per quanto riguarda le prime fasi dell'industrializzazione, è oggi molto vivo in altri paesi e la questione non può non interessare a fondo anche chi studia la storia economica italiana. D'altronde, la questione non manca di avere risvolti di carattere politico e sociale. Il principale tra questi ruota forse attorno al problema del rapporto tra il nuovo stato unitario e la grande massa dei suoi cittadini. Su tali temi avremo modo di ritornare e, pertanto, possono momentaneamente venire accantonati per continuare a seguire il filo quantitativo dello sviluppo economico.

La composizione dei consumi italiani nel periodo post-unitario si modifica molto lentamente. La spesa per alimenti, con un'elasticità rispetto al totale dei consumi privati pari a circa 0,7, passa dal 70 per cento circa del primo ventennio al 63 per cento nel 1919. È ancora a questo livello nel 1925, dopo un aumento negli anni di guerra e in quelli immediatamente successivi. La spesa per vestiario rimane sostanzialmente stabile attorno al 10 per cento, quella per l'abitazione (la cui stima, peraltro, è soggetta a un maggiore margine d'errore) tende a diminuire mentre aumenta quella destinata agli altri consumi che sono, tipicamente, quelli meno necessari, ad elevata elasticità in termini di reddito. La tendenza complessiva è quella descritta da Kuznets e osservata in un gran numero di paesi nel processo di «sviluppo economico moderno»: colpisce, tuttavia, nel caso italiano la lentezza con cui si modifica la composizione della spesa per consumi privati. Tra la proclamazione del Regno e la caduta di Crispi, ciò sembra dovuto alla mancata crescita del reddito per abitante. L'andamento dei tre decenni successivi è certamente influenzato anche dalla cesura bellica. Una storia un po' piú dettagliata può essere letta nella tabella 2.2.

Il ristagno che caratterizza, secondo le stime ISTAT-Fuà, il periodo 1861-96 si riflette sull'andamento complessivo dei consumi pro-capite. È, tuttavia, interessante osservare come essi vengano compressi durante gli anni Ottanta che sono caratterizzati — lo si vedrà nel prossimo paragrafo — da una forte espansione degli investimenti e come, al contrario, durante la grave contrazione dei primi anni Novanta essi aumentino lievemente. Nel complesso, tuttavia, anche te-

TAB. 2.2. *Indici del reddito e dei consumi per abitante (1861 = 100)*

Anno	Prod. interno lordo per abitante	Consumi privati per abit.	Consumi per abitante in			
			Alimenti	Vestiario	Abitazione	Altri beni
1861	100	100	100	100	100	100
1876	103	102	104	95	82	132
1888	101	95	94	89	85	143
1896	101	103	92	102	84	257
1908	132	118	112	80	90	285
1913	145	121	112	103	91	311
1919	155	123	120	101	91	257
1922	145	132	128	126	91	284
1925	163	138	126	165	92	337

Reddito, consumo e popolazione a confini attuali.

Fonte: Reddito e consumi: P. Ercolani, *Documentazione statistica*, cit., pp. 424-430. Popolazione presente: ISTAT, *Sommario di statistiche storiche*, cit.

nuto conto del notevole margine di errore che caratterizza queste stime, sembra che l'italiano medio consumasse, verso la metà degli anni Novanta, una quantità di beni non superiore a quella che suo padre consumava attorno al 1860.

Se si guarda, poi, ai consumi alimentari, questi sembrano addirittura diminuiti dell'otto per cento. Esiste il sospetto, che tanto il prodotto lordo quanto i consumi del 1861 siano stati sopravvalutati (l'indice dei consumi in abitazioni è, ad esempio, alquanto sospetto) ma anche una loro eventuale revisione verso il basso non cambierebbe, probabilmente, l'impressione sintetica che si ricava dai numeri contenuti nella tabella 2.2. Si tratta di un punto importante per la comprensione della nostra storia, non solo economica. Qualunque cosa possa emergere dal grande lavoro di revisione delle serie della produzione industriale, anche un tasso di crescita di quest'ultima ben piú elevato di quello stimato dall'ISTAT modificherebbe solo nel lungo periodo le valutazioni esistenti dei consumi pro-capite, data l'esiguità della base industriale italiana al momento dell'unificazione. La considerazione che il *livello* dei consumi alimentari è, probabilmente, sottostimato a causa della difficoltà di tenere conto dell'auto-consumo (cioè dei beni consumati direttamente dai produttori) non manca di validità ma non costituisce un motivo per ritenere che la *crescita* di tali consumi sia stata sostanzialmente diversa da quella descritta nella tabella 2.2. Quell'indice può, pertanto, essere letto come sintesi, piú significativa di altre, della delusione ben presto provata dalla piccola e media borghesia che aveva combattuto le guerre di indipendenza e, soprattutto, del disinteresse delle masse per il nuovo stato. Se si ricordano le diversità di reddito tra il nord e il sud del paese non è difficile comprendere, leggendo la tabella 2.2, alcune importanti ragioni per cui si devono mantenere trecentomila baionette nei territori nell'antico Regno delle Due Sicilie.

Con il «boom» giolittiano si realizza una crescita anche dei consumi privati per abitante (a un tasso medio annuo dell'1 per cento circa tra 1896 e 1913). La differenza tra l'aumento del reddito e quello dei consumi è, tuttavia, elevata e «spiega» il forte saggio di accumulazione che caratterizza questi anni. Comunque, è solo durante questo periodo che l'italiano medio accresce in qualche misura il proprio consumo di alimenti. Il *trend* continua con la guerra: in questo caso, il dato aggregato nasconde, probabilmente, una diversità di trattamento tra le truppe combattenti e le popolazioni urbane mentre la massa contadina rimasta nelle campagne deve contare soprattutto sull'autoconsumo. Gli andamenti successivi si spiegano, in prima approssimazione, con la redistribuzione del reddito verificatasi a seguito delle lotte operaie dell'immediato dopoguerra e, per il periodo 1922-25, con il blocco dei salari reali dopo la marcia su Roma.

3. *Gli investimenti*

Si è già visto (tabella 2.1) come gli investimenti lordi partano da un livello molto basso, subiscano una prima accelerazione durante gli anni Ottanta e una brusca caduta nella crisi successiva per poi iniziare un'onda lunga di espansione sino alla fine del periodo che ci interessa.

La migliore stima dello stock di capitale e degli investimenti lordi resta, tutt'ora, quella effettuata da Ornello Vitali per il gruppo Fuà [1]. I problemi teorici connessi al confronto del valore di investimenti diversi in tempi diversi sono tali da fare ritenere a non pochi economisti che si tratti di esercizio fondato su basi logiche estremamente deboli [2]. Le cifre alle quali ci riferiremo vanno dunque intese, ancora piú delle altre, come indicatori di ordini di grandezza, malgrado l'apparente precisione con la quale vengono presentate. Si deve anche aggiungere che gli investimenti tendono a subire notevoli fluttuazioni nel breve periodo: è questa la ragione per cui, volendone studiare le tendenze di lungo andare, è preferibile riferirsi a medie centrate sull'anno che interessa, come è stato fatto nella tabella 2.3.

Nel lungo periodo, gli investimenti lordi totali aumentano a un tasso grosso modo doppio rispetto a quello del prodotto interno. La spesa lorda in macchinari, attrezzature e simili cresce, tra il 1862 e il 1925 a un tasso medio annuo superiore all'8 per cento: quasi quattro volte quello del PIL, ed è probabile che si tratti di una stima per difetto. Nel complesso, la tabella 2.3 mette in luce un processo di accumulazione tutt'altro che trascurabile che appare, almeno in termini aritmetici, non incomprensibile se considerato alla luce di quanto si è detto circa l'andamento dei consumi. Su que-

TAB. 2.3. *Indici degli investimenti in Italia (1861-1925)*

Anni	PIL	Inv. lordi totali	Inv. lordi in macch., mezzi trasp., imp. attrezz.	Investimenti netti in opere pubbliche	
				Vitali	Fenoaltea
1861-63	100	100	100	100	100
1875-77	111	109	135	62	75
1887-89	119	203	307	166	147
1895-97	126	132	240	79	60
1907-09	181	477	885	84	138
1911-13	208	502	963	130	200
1924-26	239	616	1285		

Tutte le variabili a prezzi 1938 e confini attuali del paese.
Fonte: O. Vitali, *La stima degli investimenti e dello stock di capitale* in G. Fuà (a cura di), *Lo sviluppo*, cit., pp. 478-537.

sto punto, ovviamente cruciale nella storia dello sviluppo italiano, dovremo ritornare a piú riprese. Gli investimenti lordi, quali appaiono dalla tabella 2.3 e dalla sua fonte, disegnano cicli lunghi piú pronunciati di quelli delle altre variabili considerate sino ad ora. Il periodo della Destra sembra caratterizzato da un ristagno dell'insieme degli investimenti lordi e da una crescita moderata di quelli in macchinari e attrezzature. Gli anni di Governo della Sinistra vedono, invece, un'espansione ciclica piuttosto sostenuta con tassi di crescita medi annui del 5,3 e del 7,1 per cento per le due serie. Il punto di svolta superiore si colloca tra il 1887 e il 1888. Gli anni Novanta sono caratterizzati da una lunga battuta d'arresto nel processo di accumulazione: solo tra il 1899 e il 1900 gli investimenti in macchinari e attrezzature raggiungono nuovamente il livello del 1887-88 mentre tra il 1891 e il 1898 si erano mantenuti, in media, un buon terzo al di sotto di tale livello.

Tra il 1900 e il 1907 il complesso degli investimenti lordi cresce ogni anno del 10 per cento circa. I sei anni successivi sono caratterizzati da forti fluttuazioni attorno a un *trend* sostanzialmente stazionario. Con la guerra l'incremento dello stock di capitale ritorna a valori molto bassi. Il recupero post-bellico è, tuttavia rapido: tra il 1920 e il 1925 gli investimenti lordi crescono a un tasso medio annuo del 12,5 per cento, malgrado la crisi del 1921.

Questi andamenti, insieme a quelli della produzione industriale, hanno dato luogo nel passato a vive discussioni circa il momento di origine dello «sviluppo economico moderno» nel nostro paese. Una rassegna delle diverse opinioni occupa l'ultimo capitolo di questo libro. Qui è subito possibile, tuttavia, dissipare un possibile errore di interpretazione dei dati esistenti. Poiché come si è detto gli investimenti sono soggetti a pronunciate fluttuazioni, alcuni autori sono stati indotti a datare l'inizio dello «sviluppo» in corrispondenza all'inizio di ciascuna fase ciclica, sostenendo che da allora in avanti si realizza un processo di accumulazione sostanzialmente ininterrotto. In verità, a partire dalla metà degli anni Settanta, la crescita degli investimenti sembra realizzarsi per espansioni molto rapide seguite da lunghe fasi di recessione o ristagno. Ogni periodo dura per circa dieci anni. È, in effetti, di un qualche interesse notare che la crescita di lungo andare degli investimenti lordi italiani sia valutabile attorno al 3,6 per cento l'anno tanto che si prenda come riferimento il periodo compreso tra il 1875-77 e il 1924-25 quanto quello che inizia nel triennio 1899-1901[3].

Un'analisi, ancorché sintetica, dell'andamento degli investimenti non può dirsi completa se non tiene conto delle recenti accurate stime di quelli in opere pubbliche prodotte da Fenoaltea[4], assai diverse da quelle preesistenti. Si noti anzitutto come le opere pubbliche disegnino, tanto nelle stime recenti come in quelle di Vitali, fluttuazioni piú pronunciate di quelle del PIL e degli investimenti lordi totali. La spesa — prevalentemente pubblica — per la creazione di capitale fisso sociale ha, pertanto, un comportamento spiccatamente pro-ciclico. Va detto che le stime di Fenoaltea, certamente piú attendibili, mostrano una ripresa molto piú sostenuta degli investimenti in capitale fisso sociale durante la cosiddetta età giolittiana di quanto non facciano quelle di Vitali.

4. *La spesa pubblica*

La sostanziale stabilità della quota dei consumi pubblici sul prodotto interno lordo trova riscontro in un analogo andamento della spesa pubblica effettiva, stimabile attorno all'11 per cento del reddito nazionale tanto nel 1861 quanto nel 1910[5]. Non mancano, tuttavia, anche in quest'arco di tempo fluttuazioni di un certo rilievo. La guerra del 1866 provoca un aumento reale della spesa pubblica pari al 43 per cento senza peraltro che si verifichi un «effetto aggancio»: sino al 1880 essa fluttua di nuovo attorno all'11 per cento del reddito nazionale, con un lieve aumento nuovamente attorno agli eventi bellici, non solo nazionali, del 1870. Tra il 1880 e il 1889, il tasso di crescita reale della spesa pubblica è del 6,3 per cento l'anno: anche in questo caso, i capitoli di bilancio relativi alla difesa spiegano buona parte dell'aumento. Nel successivo ventennio la quota della spesa pubblica sul reddito diminuisce lentamente dal 18 al 10 per cento. Essa risale sino al 1918 (59 per cento) per poi discendere nuovamente. La guerra mondiale ha, tuttavia, un modesto «effetto aggancio» sull'andamento successivo della spesa pubblica italiana.

La composizione della spesa per grandi categorie funzionali è riassunta nella tabella 2.4. Difesa e servizio del debito assorbono, nell'Italia liberale, dai tre quarti a oltre i quattro quinti della spesa pubblica durante gli anni di pace. Le spese militari assorbono, sino al 1896, circa il 4 per cento del reddito nazionale. Nell'età della Destra si tratta di una quantità di risorse molto vicina a quella dedicata agli investimenti lordi e, ancora, sino all'inizio dell'era giolittiana, pari a oltre la metà di questi ultimi. Nel 1908 la difesa assorbe solo il due per cento del reddito nazionale. Risale al cinque per cento nel 1913.

TAB. 2.4. *Composizione della spesa pubblica italiana*

Anno	Interessi del debito e amm. gen.	Difesa	Giustizia e polizia	Servizi economici	Altre
1862	37,2	39,1	3,0	17,0	3,7
1876	62,5	20,3	2,3	12,4	2,5
1888	54,4	27,4	2,0	14,6	1,6
1896	58,2	25,8	1,9	11,5	2,6
1908	52,4	22,7	2,1	20,6	2,2
1913	39,7	35,9	1,6	18,5	4,3
1919	11,6	82,7	1,1	3,0	1,6
1925	38,9	31,0	5,9	14,6	9,6

Fonte: P. Ercolani, *Documentazione statistica*, cit., pp. 436-437.

L'ammontare degli interessi sul debito pubblico dipende, ovviamente, dai disavanzi accumulati in precedenti periodi. Gli anni dal 1862 al 1874 sono caratterizzati da forte *deficit* pubblico: al culmine, durante la guerra del 1866, esso raggiunge l'8 per cento del reddito nazionale e, escludendo tale anno, è pari a circa il 4 per cento dei beni e servizi prodotti nel paese, come media del decennio. Attorno al 1875 la Destra porta il bilancio molto vicino al pareggio e i disavanzi si mantengono modesti per i dieci anni seguenti per assumere nuovamente valori elevati dal 1886 al 1893. Dopo il 1899 il bilancio dello stato chiude largamente in pareggio (nel 1907 l'avanzo è pari all'1 per cento del reddito nazionale) ma nel 1913 le spese effettive sono nuovamente molto al di sotto delle entrate tributarie. Inizia, poi, il grande *deficit spending* bellico: l'inflazione si incarica, tuttavia, di ridurre lo *stock* di debito accumulato per cui in proporzione al reddito le risorse assorbite dal pagamento degli interessi sono nel 1925 inferiori a quelle del 1896.

Le altre poste di bilancio rimangono di dimensioni modeste. Quelle che abbiamo chiamato «Servizi economici» comprendono, tipicamente, quelle per servizi pubblici come strade, acqua, bonifiche, porti. Le «altre spese» includono soprattutto quelle per istruzione e servizi sociali: appare evidente la loro crescita relativa a partire dagli ultimi anni pre-bellici.

5. *I conti con l'estero*

Per rispettare rigorosamente l'argomento di questo capitolo si dovrebbe qui parlare solo della domanda estera. È, tuttavia, utile allargare subito il discorso all'intero problema della bilancia dei pagamenti. In un paese relativamente arretrato e privo di materie prime, la «capacità di importare» costituisce una delle variabili decisive nel processo di «sviluppo economico moderno». Tale capacità viene acquisita sia con l'esportazione di beni per i quali il paese arretrato possiede un vantaggio relativo (di solito quelli nella cui produzione viene usato abbondantemente il fattore lavoro) sia con l'importazione di capitale finanziario dall'estero.

La tabella 2.5 mostra l'andamento della bilancia commer-

Tab. 2.5. *Saldi delle bilance commerciali e dei pagamenti correnti (% del PIL)*

Media degli anni	Bilancia commerciale	Bilancia dei pagamenti correnti
1861-3	– 3,1	– 3,3
1875-7	– 1,1	– 0,3
1887-9	– 3,4	– 2,5
1895-7	– 0,5	+ 1,9
1907-9	– 5,6	– 1,1
1911-13	– 5,0	pareggio
1919-21	– 10,6	– 8,2
1924-26	– 4,4	– 1,2

Il segno – indica un disavanzo, quello + un avanzo.
Fonte: P. Ercolani, *Documentazione statistica*, cit., pp. 453-454.

ciale e di quella dei pagamenti correnti [6]. Si nota subito come l'Italia sia caratterizzata, in modo che si può definire «strutturale», da un costante eccesso delle importazioni sulle esportazioni di merci: solo tra il 1872 e il 1882 i disavanzi appaiono tanto limitati da configurare un sostanziale pareggio [7]. *Deficit* di modesta entità si verificano anche tra il 1894 e il 1899. Nel complesso, si osserva come il disavanzo commerciale aumenti nei periodi di espansione della produzione e degli investimenti nel settore manifatturiero: gli anni Ottanta, il periodo giolittiano e la prima parte di quello fascista.

Si tratta, come già detto, di una caratteristica alquanto tipica delle prime fasi dello «sviluppo economico moderno».

La bilancia dei pagamenti correnti mostra, negli anni considerati, disavanzi molto meno consistenti di quelli commerciali. La tabella 2.6 mette meglio in evidenza l'alternarsi di *deficit* e *surplus* nei pagamenti correnti del paese e, con una certa approssimazione, dei movimenti netti di capitali da e per l'estero (colonna 1). Nel primo decennio di storia unitaria il disavanzo commerciale non è compensato che in piccola parte dal saldo delle altre transazioni e viene, pertanto, finanziato con l'indebitamento sull'estero che, alla fine del periodo, ha raggiunto un livello pari a un quarto del prodotto nazionale e a due volte e mezza il valore complessivo delle poste attive della bilancia corrente.

Nel decennio successivo, come si è detto, importazioni

TAB. 2.6. *Saldi della bilancia dei pagamenti correnti e stock di debito estero*

Periodo	Saldo Bil. Pag. % PIL	Stock di debito estero alla fine di ciascun periodo	
		% PIL	Debito/Entrate per transazioni correnti
	(1)	(2)	(3)
1861-1870	−2,7	24,9	2,4
1871-1883	+0,3	18,9	1,3
1884-1890	−2,2	31,6	2,6
1891-1893	+0,3	31,8	2,3
1894-1907	+2,6	−13,0	−0,7
1908-1913	−0,3	− 9,1	−0,5

Nelle colonne (2) e (3) il segno − indica credito netto sull'estero.
Fonte: Vedi tabella 2.5.

ed esportazioni tendono a un equilibrio che, sommato all'attivo delle altre partite correnti, consente di ridurre il peso del debito estero. Questo si accresce notevolmente durante gli anni Ottanta nei quali la forte crescita delle importazioni non è compensata che in parte dai redditi dei servizi e dei fattori produttivi (si veda anche la tabella 2.5). Di qui un nuovo ricorso ai capitali stranieri.

A partire dal 1890 la struttura complessiva dei conti con l'estero italiani subisce una notevole trasformazione. Sino a quel momento, la capacità di finanziare il disavanzo commerciale creato dalle fasi cicliche di espansione degli investimenti dipende per circa due terzi dalla possibilità di importare capitali dall'estero. Dopo il 1890, i redditi netti derivanti da fattori produttivi, dalla vendita all'estero di servizi e da trasferimenti unilaterali sono piú che sufficienti a compensare il crescente disavanzo commerciale. Nel 1907, benché le esportazioni coprano solo il 70 per cento delle importazioni, il nostro paese si è trasformato in esportatore netto di capitali verso l'estero, ancorché per somme relativamente trascurabili.

Durante l'«età giolittiana», la capacità di importare del paese non è piú determinata dalla disponibilità di capitale internazionale. Il turismo e le rimesse degli emigrati non solo riescono a finanziare la crescente domanda di importazioni ma consentono di ripagare i debiti esteri contratti sino al 1890 e di stabilire una modesta posizione creditrice netta sull'estero. Quest'ultima viene spazzata via entro i primi mesi di guerra. Nel 1920 il debito estero accumulato dall'Italia è pari alla metà del suo prodotto nazionale. Il «boom» degli anni successivi è consentito, in parte, da un ulteriore allargamento della posizione debitoria del paese.

NOTE AL CAPITOLO SECONDO

1 O. Vitali, *La stima degli investimenti*, in G. Fuà (a cura di), *Lo sviluppo economico*, cit., pp. 478-537.

2 Cfr. D. Usher, *The Measurement*, cit.

3 La cosa appare piú evidente se, invece di prendere le medie triennali della tabella 2.3 si considerano i punti di svolta inferiore (I) e superiore (S) di ciascun ciclo insieme a quelli nei quali viene nuovamente grosso modo raggiunto il livello massimo ottenuto nel precedente ciclo (gli anni 1900 e 1923) e a partire dai quali appare corretto calcolare il tasso di crescita per la nuova fase espansiva:

Anni	Indice	Tassi di crescita		
1861	100			
1876 (I)	107	11,1		
1886 (S)	307		4,4	
1897 (I)	102			
1900	300	9,7		4,1
1907 (S)	576			
1916 (I)	48		3,9	
1923	605	12,9		
1925 (S)	784			

4 S. Fenoaltea, *Le opere pubbliche in Italia, 1861-1913*, in «Rivista di Storia Economica», II (1985), pp. 335-369.

5 P. Ercolani, *Documentazione statistica*, cit., pp. 432-433.

6 Quest'ultima, come è noto, include oltre agli scambi di merci (che formano la bilancia commerciale) quelli di servizi (come noli marittimi, assicurazioni, turismo ecc.) e i redditi dei fattori produttivi (capitale e lavoro). Il saldo della bilancia delle transazioni correnti deve essere compensato da un movimento di segno opposto di capitali o da una variazione delle riserve valutarie per consentire l'equilibrio contabile della bilancia dei pagamenti.

7 Nel 1872 e nel 1878 si hanno due modestissimi avanzi commerciali.

l'estero. Queste ultime [illegible] passarono [illegible] di guerra nel 1920 [illegible] pari alla metà del [illegible] prodotto nazionale [illegible] negli anni successivi e consentito, in parte [illegible] gamento della posizione debitoria del paese.

NOTE AL CAPITOLO SECONDO

[illegible]

[illegible]

[illegible]

[illegible]	[illegible]	[illegible]
[illegible]	[illegible]	[illegible]

[illegible] (1939), pp. [illegible]

[illegible]

Questi dati [illegible] il saldo della bilancia dei [illegible] [illegible] dei pagamenti [illegible]

[illegible]

CAPITOLO TERZO

LA SOVRASTRUTTURA FINANZIARIA

1. *«Sviluppo economico moderno» e intermediazione finanziaria*

È impossibile parlare, anche in modo stilizzato, dello sviluppo di un'economia moderna senza un riferimento esplicito all'evoluzione del suo sistema finanziario. Quest'ultimo subisce un processo di «modernizzazione» [1] analogo a quello dell'economia reale e influisce a propria volta sulla crescita e sulle caratteristiche di quest'ultima.

È facile vedere come, in un mondo nel quale chi risparmia non coincide di norma con chi effettua investimenti produttivi [2], la diffusione di strumenti finanziari sia condizione necessaria dell'investimento stesso e, quindi, della crescita del reddito. Molto piú difficile è passare da quest'affermazione generica alla valutazione del contributo che una data organizzazione della sovrastruttura finanziaria può dare all'incremento della quantità di beni e servizi prodotta da un sistema economico. Su questo punto, peraltro cruciale, dell'analisi della crescita la teoria ha fatto meno progressi che su altri e, in assenza di più precise ipotesi teoriche, la ricerca storica ha dovuto limitarsi piú alla descrizione dei fenomeni che allo studio delle relazioni causali, sulle quali, tuttavia, non sono mancati alcuni interessanti contributi [3]. Questo capitolo è dedicato a una sintetica descrizione dell'evoluzione di lungo periodo del sistema italiano di intermediazione finanziaria. Il quadro di riferimento è costituito dal lavoro di Raymond Goldsmith [4] nel quale l'andamento delle principali variabili finanziarie viene studiato con interessi conoscitivi e metodi non lontani da quelli di Kuznets rispetto alle variabili reali [5].

Lo sviluppo finanziario — dice Goldsmith — è caratterizzato da talune regolarità nell'andamento del FIR [6], nella quota della ricchezza finanziaria detenuta da istituzioni finanziarie e nella posizione del sistema bancario. Le deviazioni da questo sentiero di sviluppo sembrano dovute soprattutto alla guerra e all'inflazione. Nella fase iniziale dello «sviluppo economico moderno» le strutture finanziarie dei singoli paesi sono assai diverse l'una dall'altra sia a causa della storia precedente sia dell'epoca storica in cui lo sviluppo ha inizio. L'evoluzione successiva si svolge in tempi e con velocità diversi, legati anche all'andamento complessivo delle variabili reali e, in particolare del reddito per abitante, ma segue, normalmente, un sentiero che può venire brevemente descritto partendo dalla seguente osservazione di Goldsmith: «Esiste un buon parallelismo tra lo sviluppo economico e quello finanziario, osservati lungo l'arco di parecchi decenni. La dimensione e la complessità della sovrastruttura finanziaria crescono al crescere della ricchezza e del reddito sia totali sia per abitante» [7]. Si tratta, è bene notarlo, di una correlazione che non indica in alcun modo la direzione del nesso causale tra i due fenomeni.

In generale si osserva che nel corso dello «sviluppo economico moderno» la sovrastruttura finanziaria cresce piú rapidamente della struttura costituita dal reddito e dalla ricchezza reali. Pertanto, il FIR, che ha valori iniziali assai bassi, tende ad aumentare almeno sino a un valore compreso tra 1 e 1,5 oltre il quale tende a stabilizzarsi. Al crescere del reddito si accompagna, di solito, anche una crescente specializzazione e separazione dei processi di risparmio da un lato e di formazione del capitale dall'altro. Essa si riflette in un aumento del rapporto tra le nuove emissioni di strumenti finanziari dei settori reali e il reddito nazionale (rapporto che Goldsmith chiama ANIR).

Altre caratteristiche dell'evoluzione del sistema di intermediazione finanziaria che accompagna lo «sviluppo economico moderno» sono le seguenti. *a*) Si verifica dapprima una crescita e poi una diminuzione del rapporto tra moneta circolante (banconote e pezzi metallici) e reddito nazionale. *b*) Il medesimo andamento, anche se sfasato rispetto al precedente, si verifica nel rapporto tra moneta bancaria (depositi a vista) e reddito. *c*) Ha luogo un'istituzionalizzazione del risparmio per cui una quota crescente degli strumenti finanziari viene acquisita da istituzioni finanziarie. *d*) Diminuisce la quota del sistema bancario nel complesso delle istituzioni finanziarie; in altre parole, gli intermediari non bancari crescono piú rapidamente di quelli bancari. *e*) Il costo di acquisizione di capitali finanziari tende a diminuire.

L'andamento del FIR e dell'ANIR dipende in buona parte dal rapporto tra l'emissione di nuovi strumenti finanziari da parte di operatori non finanziari (governo, imprese, famiglie) e la loro spesa totale in conto capitale. Tale andamento dipende, in altre parole, dal rapporto tra finanza esterna e autofinanziamento. Esso varia in relazione sia al livello di sviluppo e di investimento sia alle circostanze storiche e istituzionali peculiari di ogni singolo paese. È, pertanto, utile esaminare brevemente l'andamento di queste variabili nel caso italiano di «sviluppo economico moderno» tra la metà del secolo scorso e il primo quarto di quello attuale.

2. *Intermediazione finanziaria e sviluppo in Italia*

Le serie storiche piú attendibili per uno studio dell'evoluzione del sistema italiano di intermediazione bancaria sono quelle pubblicate dalla Banca d'Italia a cura di Renato De Mattia [8]. Resta difficile calcolare l'ammontare complessivo degli strumenti finanziari e della ricchezza nazionale: stime del FIR esistono solo per taluni degli anni che ci interessano [9] e mostrano come esso cresca da 0,38 nel 1881 a 0,47 nel 1914 a 0,68 nel 1938. Si tratta di valori che, sino alla vigilia del primo conflitto mondiale, sono di poco superiori alla metà di quelli osservati mediamente in cinque paesi sviluppati [10]. Ciò conferma, nel caso italiano, l'osservazione che a un'arretratezza relativa misurabile in termini di reddito per abitante se ne accompagna una analoga per quanto riguarda l'indicatore sintetico della dimensione della sovrastruttura finanziaria. Anche le altre caratteristiche dell'evoluzione di quest'ultima ricordate nel paragrafo precedente tendono a confermare questa conclusione. Il rapporto tra circolazione monetaria e prodotto interno lordo diminuisce assai lentamente dal 21 per cento del 1882 al 17 per cento del 1924. Piú rapida è la crescita dei depositi bancari che sono pari solo al 14 per cento del reddito nazionale lordo nel 1882, raggiungono nel 1905 il 37 per cento, oscillano attorno a questo livello per i dieci anni successivi, diminuiscono durante la guerra e si riportano attorno al 37 per cento nel 1925. L'andamento di quest'ultima variabile, in particolare, mostra come durante il periodo che stiamo analizzando l'Italia non raggiunga quel grado di maturità del sistema finanziario oltre il quale la quota dei depositi bancari sul prodotto interno lordo tende a diminuire. Va detto subito, tuttavia, che il fenomeno è dovuto, in parte, alla forte rilevanza che le banche mantengono tanto nel nostro paese quanto in altri *Latecomers* (ad esempio Germania e Giappone) lungo tutto l'arco storico dello «sviluppo economico moderno». A conferma di ciò basterà ricordare come le passività del sistema bancario costituiscano, nel 1870, il 97,8 per cento delle passività totali degli intermediari finanziari e come tale quota sia, cinquant'anni dopo, ancora pari a 95,8 per cento (92,8 per cento nel 1925). Non v'è dubbio, nel complesso, che la diminuzione dell'importanza relativa del sistema bancario che accompagna, secondo Goldsmith, lo «sviluppo economico moderno» sia, nel nostro paese, assai lenta. Questo fenomeno va ricollegato in parte alla complessiva arretratezza del paese ma in parte anche alle specifiche caratteristiche della crescita italiana che hanno creato istituti e comportamenti sia pubblici sia privati che hanno finito per divenire funzionali alla crescita medesima tanto da consentire di ipotizzare che la loro rimozione o trasformazione possa risultare piú costosa, sempre in termini di sviluppo economico, di quanto sia la loro sopravvivenza.

Questi *trend* di lungo periodo sono, naturalmente, il frutto di andamenti ciclici diversi. La periodizzazione adottata nella tabella 3.1 è simile a quella usata per lo studio delle variabili reali con alcuni aggiustamenti: in particolare, per quanto riguarda il sistema finanziario, il 1875 sembra segnare meglio del 1876 un importante punto di svolta ciclico mentre il 1920 costituisce il momento di massima espansione della cosiddetta «banca mista», prima della scomparsa della Banca Italiana di Sconto.

Tenuto conto di queste piccole variazioni si vede come vi siano due fasi di rapida espansione dell'intermediazione finanziaria, entrambe coincidenti con una forte crescita ciclica della produzione industriale: gli anni Ottanta del secolo scorso e gli anni Venti di quello attuale. In queste due fasi gli intermediari finanziari giocano un ruolo importante nel-

TAB. 3.1. *Evoluzione della sovrastruttura finanziaria*

	Passività degli intermediari finanziari				
		Quota % di:			
	Tasso di crescita medio annuo (1)	Sistema bancario (2)	Istituti emissione (3)	Società ordinarie credito (4)	Principali «banche miste» (5)
1870		97,9	66,6	10,9	
1877	3,9	93,7	39,4	27,8	
1887	8,7	90,2	27,2	23,3	
1896	1,8	85,8	26,2	10,4	1,7
1913	3,5	89,9	18,5	19,3	15,4
1920		95,8	32,0	29,9	27,0
1925	6,4	92,8	23,2	33,1	16,6
1870-1925	4,0				

Note: Colonna (1) valori a prezzi costanti 1938 (ottenuti con il deflatore implicito del settore Credito e assicurazioni)
Colonna (4) Banca Commerciale Italiana, Credito Italiano, Banco di Roma, Società Bancaria Italiana (sino al 1914) e Banca Italiana di Sconto (1914-1920). Nel 1925 solo le prime tre banche.

Fonte: A.M. Biscaini Cotula - P.L. Ciocca, *Le strutture finanziarie: aspetti quantitativi di lungo periodo (1870-1970)*, in F. Vicarelli (a cura di), *Capitale industriale e capitale finanziario: il caso italiano*, Bologna, Il Mulino, 1979, *passim*.

l'accelerare la riallocazione delle risorse ai settori la cui domanda si espande in modo particolarmente vivace.

Le caratteristiche e la stessa dimensione delle crisi che seguono queste fasi di sviluppo industriale e finanziario dipendono anche dal ruolo giocato dagli intermediari nella fase di espansione. Per il periodo che ci riguarda, si può notare come tra il 1887 e il 1896 la sovrastruttura finanziaria cresca molto lentamente: il prolungato ristagno produttivo cui si è fatto cenno nei capitoli precedenti è accompagnato da una grave crisi bancaria che culmina con la liquidazione di importanti istituti di credito e la riorganizzazione di quelli di emissione (1893). Gli effetti di queste vicende si notano nelle colonne 2 e 4 della tabella 3.1.

Piú complessa è la relazione fra finanza e sviluppo durante la cosiddetta età giolittiana. In termini aggregati, la crescita delle passività degli intermediari appare modesta soprattutto qualora se ne consideri il rapporto con la crescita del reddito (elasticità) che è il piú basso tra quelli di tutti i sotto-periodi considerati, inclusa la depressione degli anni Novanta [11].

È dunque giustificata l'osservazione di Biscaini e Ciocca secondo i quali non trova conferma «su un piano meramente quantitativo, l'ipotesi secondo cui nel primo decollo italiano, data la natura "forzata" del processo, il ruolo complessivo della finanza — indipendentemente dalle modifiche della sua composizione — sia piú importante che in altri periodi» [12]. In particolare va notato come durante questi anni sia minimo «il ricorso alle fonti esterne di finanziamento degli investimenti» [13]. È, pertanto, nelle variazioni strutturali - qualitative del sistema di intermediazione che va ricercato, per l'età giolittiana, un eventuale legame tra finanza e crescita reale. L'importanza relativa del sistema bancario non muta tra il 1887 e il 1914: ciò che cambia è la composizione di quest'ultimo. Diminuisce, tra il 1896 e il 1913 l'importanza degli Istituti di emissione e aumenta quella delle cosiddette società ordinarie di credito (tabella 3.1) la cui quota sulle passività totali del sistema resta tuttavia, nel 1913, al di sotto dei livelli del 1875 e del 1887. Il fatto nuovo del periodo è, semmai, la crescita delle principali «banche miste». Ad essa è stata legata l'interpretazione del «decollo» industriale italiano formulata da Gerschenkron.

NOTE AL CAPITOLO TERZO

1 Ancora una volta, l'aggettivo moderno viene utilizzato in senso kuznetsiano che esclude, tra l'altro, che esso possa contenere giudizi di valore impliciti.

2 Date un'ineguale distribuzione delle capacità imprenditoriali tra i diversi membri di una collettività e una soglia minima (*indivisibilita*) di molti investimenti.

3 Per buona sintesi di quanto gli storici hanno elaborato in proposito, il lettore può utilmente riferirsi ai saggi raccolti da R. Cameron (a cura di), *Le banche e lo sviluppo del sistema industriale*, Bologna, Il Mulino, 1972.

4 R. W. Goldsmith, *Financial Structure and Development*, New Haven & London, Yale University Press, 1969.

5 *Ibidem*, p. 40.

6 FIR sta, nella terminologia di Goldsmith, per «Financial Interrelations Ratio» ed è costituito dal rapporto, misurato a prezzi correnti, tra il volume complessivo degli strumenti finanziari a disposizione di una data collettività e la ricchezza totale di quella stessa collettività.

[7] R. W. Goldsmith, *Financial Structure*, cit., p. 48.

[8] R. De Mattia (a cura di), *I bilanci degli Istituti di emissione italiani (1845-1936)*, Roma, Banca d'Italia, 1967.

[9] Esse sono state effettuate dallo stesso Goldsmith e da Zecchini e presentate, con altri dati e numerose considerazioni analitiche in A. M. Biscaini Cotula e P. L. Ciocca, *Le strutture finanziarie: aspetti quantitativi di lungo periodo (1870-1979)*, in F. Vicarelli (a cura di), *Capitale industriale e capitale finanziario: il caso italiano*, Bologna, Il Mulino, 1979, pp. 61-136.

[10] Regno Unito, Stati Uniti, Francia, Giappone e Germania.

[11] L'elasticità delle passività degli intermediari finanziari in termini di reddito a prezzi costanti è pari a 1,25 nel periodo 1896-1913 e a 3,0 in quello precedente (1887-1896).

[12] A. M. Biscaini Cotula e P. L. Ciocca, *Le strutture finanziarie*, cit., p. 67.

[13] *Ibidem*.

CAPITOLO QUARTO

FATTORI DELLA PRODUZIONE, PRODUTTIVITÁ E BENESSERE

1. *Popolazione e «input» di lavoro*

Non è necessario ricorrere a criticabili formulazioni analitiche di «funzioni aggregate della produzione» per immaginare che la crescita di lungo periodo del prodotto lordo dipenda in qualche modo dall'incremento degli *input* di fattori — tradizionalmente intesi come lavoro, terra e capitale — e dal progresso tecnico, in un'accezione che comprenda l'organizzazione in senso lato.

La misurazione degli *input* implica difficoltà pratiche e teoriche probabilmente maggiori di quelle che si incontrano nelle stime della produzione [1]. La non omogeneità qualitativa del lavoro e del capitale, il fatto che i servizi resi da entrambi si distribuiscano su archi di tempo variabili e sconosciuti, il processo dell'«apprendere facendo» non sono che alcune delle piú ovvie circostanze che rendono non pochi studiosi scettici sulla stessa possibilità di effettuare analisi quantitative di questo genere. Lo scetticismo aumenta quando dalle difficoltà pratiche si passa a considerare le implicazioni teoriche di tentativi empirici di questo genere. L'utilizzo dei prezzi di mercato quali indicatori del «valore» delle risorse impiegate nella produzione, che costituisce l'unico modo per giungere a una «valutazione» omogenea degli *input*, viene respinto come forzatura teorica da molti autori. Anche coloro che non vi vedono particolari difficoltà a priori debbono riconoscere che l'adozione di tale metodo implica un giudizio circa l'esistenza, nei concreti casi storici esaminati, delle ipotesi entro le quali la teoria cosiddetta neoclassica stabilisce un'eguaglianza tra valore e prezzo. In particolare si tratta di quelle relative alla concorrenza perfetta, alla piena occupazione delle risorse, all'equilibrio del sistema: caratteristiche che non molti storici economici sarebbero disposti a vedere come prevalenti nelle singole fasi cicliche di un sistema economico che attua un processo di transizione da una società «tradizionale» sottosviluppata ad una caratterizzata dallo «sviluppo economico moderno».

Pur essendo consapevoli di queste difficoltà teoriche e pratiche, gli studiosi hanno cercato di quantificare l'andamento e il contributo dei singoli fattori della produzione alla crescita dell'*output*. Secondo Kuznets, «i dati disponibili indicano che l'incremento degli *input* pro-capite di ore lavorate e di capitale materiale spiega meno di un quinto della crescita secolare della produzione per abitante»[2] a conferma del fatto che «l'innovazione epocale che distingue l'era moderna consiste nell'applicazione estensiva della scienza ai problemi della produzione»[3]. Per quanto riguarda il contributo del lavoro, si può considerare che in generale il forte incremento della popolazione che caratterizza lo «sviluppo economico moderno» si traduce in aumenti assai limitati o nulli degli *input* di ore-lavoro nel processo produttivo poiché lo sviluppo stesso è associato a una cospicua diminuzione del numero di ore lavorate nel corso dell'anno (riduzioni dell'orario settimanale, maggiori vacanze annuali, assenze pagate per malattia) e nel corso della vita attiva di ciascuna persona (si entra piú tardi nel mercato del lavoro e se ne esce prima). Il tasso di partecipazione della popolazione alla forza lavoro tende a aumentare in quasi tutti i paesi durante le prime fasi dello «sviluppo economico moderno»: da questo punto di vista, l'Italia costituisce una delle poche eccezioni rilevate da Kuznets[4].

Per analizzare brevemente l'andamento degli *input* di lavoro nel caso italiano durante gli anni 1861-1921 è utile partire dai movimenti demografici. Essi sono riassunti, per intervalli decennali, nella tabella 4.1.

L'incremento naturale della popolazione, dato dall'eccedenza dei nati sui morti, tende ad aumentare sino alla guerra come risultato di una natalità in lieve diminuzione, almeno a partire dagli anni Ottanta, e di una piú accentuata diminuzione della mortalità. La crescita totale della popolazione presente viene a mano a mano contenuta da una crescente emigrazione.

Rispetto ai principali paesi europei (tabella 4.2), l'Italia si presenta, al momento dell'unificazione politica, con un tasso

TAB. 4.1. *Sviluppo della popolazione presente (1861-1920)*

Periodo	Crescita totale	Natalità	Mortalità	Crescita naturale	Saldo migratorio
1861-1870	6,2	37,6	30,3	7,3	1,1
1871-1880	5,1	36,9	29,9	7,0	1,9
1881-1890	6,9	37,8	27,3	10,5	3,6
1891-1900	5,4	35,0	24,2	10,8	5,4
1901-1910	6,8	32,7	21,6	11,1	4,3
1911-1920	2,3	27,2	20,6	6,6	4,3

I tassi di crescita sono medi annui per mille. Gli altri valori sono quozienti per mille abitanti.

Fonte: ISTAT, *Sommario di statistiche storiche*, Roma, 1968, pp. 12 ss.

TAB. 4.2. *Quozienti di natalità e mortalità per 1000 abitanti in taluni paesi europei (1861 e 1913)*

Paesi	1861		1913	
	n	m	n	m
Svezia	32,6	18,5	23,2	13,7
Regno Unito	34,6	21,6	24,1	13,8
Francia	26,9	23,2	18,8	17,7
Paesi Bassi	33,0	23,9	28,2	12,3
Germania	35,7	25,6	27,5	15,0
Spagna	39,0	26,6	30,6	22,3
Austria	37,4	29,8	29,7	20,3
Italia	38,0	30,9	31,7	18,7
Russia	49,7	35,4	43,1	27,4

Fonte: B.R. Mitchell, *European Historical Statistics*, London, Macmillan, 1978, pp. 20-31.

di mortalità assai elevato, a conferma del grado di arretratezza del paese (è noto, infatti, come questa variabile sia fortemente influenzata dal livello del reddito per abitante). Nei primi sessant'anni di storia unitaria, il tasso di mortalità italiano diminuisce costantemente: alla vigilia della guerra esso è inferiore di oltre il trenta per cento rispetto al 1861 (nel 1970 si colloca sul 9,7 per mille).

Nel 1913 anche il divario rispetto ai paesi a reddito piú elevato si è fortemente ridotto. Il tasso di incremento naturale della popolazione, che tende a diminuire nella maggior parte degli altri paesi, aumenta in modo non trascurabile in Italia a causa di una riduzione della natalità piú modesta che altrove.

Non è facile passare dai dati relativi al movimento demografico agli *input* di lavoro anche perché le statistiche storiche italiane in argomento sono assai rudimentali e incerte per tutto il periodo analizzato in questo volume. I Censimenti della popolazione effettuati a intervalli decennali a partire dal 1861, con l'esclusione del 1891, sotto questo profilo sono di qualità tutt'altro che eccellente e uniforme: si è reso necessario un paziente lavoro da parte di Vitali per renderli utilizzabili per uno studio della popolazione attiva [5]. Sulla base di tale lavoro e di altre stime, Fuà [6] ha calcolato i tassi di incremento settoriali e totali della forza lavoro italiana, esposti sinteticamente nella tabella 4.3.

TAB. 4.3. *Saggio annuo di variazione dei lavoratori nei principali settori produttivi (%)*

Settori	1881-1897	1897-1913	1913-1921
Agricoltura	8	– 3	13
Industria	–9	16	– 9
Servizi	2	12	8
Totale	3	3	7
Popolazione presente	7	6	4

Fonte: G. Fuà, *Formazione, distribuzione*, cit., tab. 2.9.

Si vede subito come gli *input* di lavoro aumentino a un ritmo che è circa la metà di quello della popolazione lungo tutto il periodo che va dall'unificazione alla guerra. L'andamento relativo delle due grandezze riflette, sostanzialmente, la diminuzione del cosiddetto tasso di attività cioè del rapporto tra lavoratori e popolazione residente totale: tra il 1881 e il 1911 esso passa dal 56 al 50 per cento principalmente per effetto di una diminuita partecipazione delle donne alla forza lavoro. Non si riduce, invece, nel medesimo arco di tempo, la percentuale della popolazione attiva formata da maschi di età inferiore ai 15 o superiore ai 65 anni [7].

La tabella 4.3 tiene conto solamente del numero dei lavoratori immessi nel processo produttivo. Per una valutazione, anche sommaria, degli *input* di lavoro sarebbe necessario da un lato introdurre coefficienti in grado di tradurre in unità omogenee apporti di lavoro assai diversi dal punto di vista dell'efficienza (a causa, ad esempio, della diversa forza fisica di maschi, femmine, bambini e vecchi oppure del diverso grado di istruzione o abilità). Valutazioni di questo genere sono, come è facile intuire, assai complesse; esse non sono state sino ad ora tentate dagli storici economici italiani. Il fatto che la riduzione della forza lavoro femminile «spieghi» quasi per intero la caduta del tasso di attività potrebbe indicare che, in termini di unità di paragonabile efficienza, gli *input* di lavoro crescono piú rapidamente di quanto appaia nella tabella 4.3. L'effetto di questo fenomeno potrebbe essere accresciuto da una maggiore scolarizzazione dei lavoratori, anche se gli autori non sono concordi nel ritenere che questa aumenti l'efficienza nelle occupazioni prevalenti durante le prime fasi dello «sviluppo economico moderno».

Per quanto riguarda le ore lavorate da ciascuno nel corso dell'anno, le ipotesi sono ancora piú aleatorie. Si può pensare che nell'agricoltura e in taluni settori manifatturieri caratterizzati da un eccesso di offerta di lavoro e da forme di «rotazione» — quali quelle prevalenti nella famiglia coltivatrice, tra i braccianti, nell'edilizia e in comparti manifatturieri legati alla terra — la quantità media di lavoro erogata da ciascuno *durante l'anno* sia rimasta grosso modo costante anche in presenza di mutamenti nella durata legale ed effettiva della *giornata* lavorativa [8].

Si noti, infine, l'andamento settoriale degli *input* di lavoro descritto dalla tabella 4.3: stando ai dati censuari gli attivi nel settore industriale sarebbero considerevolmente diminuiti nel corso dei primi trenta o quaranta anni di storia unitaria. Se confermato, il fenomeno sarebbe certamente interessante e peculiare del nostro paese: vi sono, tuttavia, ragioni per credere che le stime effettuate nel 1861 e nel 1871 siano assai poco attendibili per quanto riguarda l'attribuzione di lavoratori impegnati sia nell'agricoltura sia nell'industria domestica all'uno o all'altro dei due settori, con una probabile sovrastima del secondo nel 1861 [9].

Per concludere si può dire che l'avvio dello «sviluppo economico moderno» si verifica, come nella maggior parte delle analoghe esperienze storiche, in presenza di tassi di crescita naturali della popolazione crescenti dovuti a una diminuzione della mortalità piú che proporzionale rispetto a quella della natalità. L'emigrazione consente di mantenere grosso modo stabile durante tutto il periodo considerato l'aumento annuo della popolazione presente. La forza lavoro cresce, nel lungo periodo, del 3 per mille ogni anno ma il significato economico di questo dato, in termini di *input* di unità di lavoro (ore, giornate) di efficienza omogenea, appare assai difficile da decifrare.

2. *Alcuni dati e considerazioni sul prodotto per lavoratore e per unità di capitale*

Sulla base dei dati aggregati relativi agli *input* di lavoro e a quelli di capitale (dei quali si è detto quanto necessario ai nostri fini nel capitolo II) è possibile fare alcune considerazioni sull'andamento del prodotto per unità di lavoro e di capitale [10] nei principali settori economici, sempre sulla scorta dei calcoli di Fuà.

Si nota subito come il prodotto totale per lavoratore cresca lentamente sino al 1897 e subisca successivamente una brusca impennata dovuta in buona misura all'aumento che si verifica nel settore agricolo mentre assai piú contenuta, anche se importante, è l'accelerazione realizzata nel comparto industriale e in quello dei servizi.

Se si tiene presente il modo in cui sono stati derivati i dati della tabella 4.4 non è difficile osservare che il ristagno dell'agricoltura accompagnato da un aumento dei lavoratori del settore spiega la diminuzione nel prodotto per addetto

TAB. 4.4. *Prodotto lordo per lavoratore e prodotto netto per unità di capitale fisso (saggi annui di variazione%)**

Settori	1881-1897		1897-1913		1913-1921	
	lav.	cap.	lav.	cap.	lav.	cap.
Agricoltura	– 0,7	. .	2,2	2,0	– 1,6	. .
Industria	1,6		2,6		0,9	
		– 1,3		. .		. .
Servizi	1,2		2,5		1,5	
Totale	0,3	– 0,2	2,4	1,4	. .	. .

* Escluse le abitazioni e le opere pubbliche.
. . Indica valori non significativamente diversi da zero.
Fonte: Nostre elaborazioni da G. Fuà, *Formazione, distribuzione e impiego del reddito dal 1861*, cit., tabb. 5.1 e 5.15.

tra il 1881 e il 1897 e che l'incremento della produzione e il trasferimento di parte dei lavoratori ad altri settori dà ragione dei buoni risultati ottenuti in «età giolittiana». Bisogna tuttavia aggiungere che, secondo Fuà [11], la maggior parte dell'incremento del prodotto per addetto in agricoltura nel periodo 1897-1913 non viene attribuito alla riduzione della forza lavoro: come si vedrà (cap. X), il risveglio dell'agricoltura italiana negli anni che precedono la guerra è, in effetti, caratterizzato da una serie di innovazioni tecniche e organizzative di grande importanza i cui effetti trovano, in questi semplici calcoli, un riscontro non trascurabile. A ogni modo, la tabella 4.5 consente di confrontare il livello e la crescita del prodotto per uomo-ora italiano con quelli di altri paesi.

TAB. 4.5. *Livello e tasso di crescita del prodotto interno lordo per uomo-ora in alcuni paesi*

Paesi	Prodotto per uomo/ora*			Tasso di crescita**	
	1880	1900	1913	1880-1900	1900-13
Francia	0,53	0,71	0,90	1,47	1,84
Germania	0,50	0,79	0,95	2,31	1,43
Svezia	0,37	0,59	0,83	2,36	2,66
Regno Unito	0,94	1,20	1,35	1,23	0,91
Stati Uniti	0,88	1,29	1,67	1,93	2,00
Italia	0,45	0,53	0,72	0,82	2,35

* In dollari a prezzi relativi USA 1970.
** Per cento medio annuo.
Fonte: A. Maddison, *Phases of Capitalist Development*, Oxford, Oxford University Press, 1983, p. 212.

Anche tenendo conto dei limiti di simili confronti, è possibile che l'uso di prezzi relativi statunitensi del 1970 tenda a sovrastimare in modo particolare il reddito di un paese con struttura economica quale quella italiana. Anche tenuto conto di ciò, il confronto internazionale mette in luce il livello non eccezionalmente basso del prodotto per uomo-ora italiano rispetto a quello degli altri paesi (l'analogo valore attorno al 1880 si aggira in Giappone attorno a 0,20), mentre colpisce il modesto livello di crescita realizzato sino al 1900. Si tratta di un problema già discusso e che costituisce uno dei principali «nodi» interpretativi della storia economica italiana di questo periodo. Nell'«età giolittiana», al contrario, il prodotto per uomo-ora cresce, in Italia, a un tasso che è tra i piú elevati d'Europa.

I dati sul prodotto lordo per unità di capitale sono di piú difficile lettura. È pertanto utile vederli alla luce della tabella 4.6 che contiene stime del prodotto netto per unità di capitale fisso. Si tratta, come già avvertito piú volte, di valutazioni assai piú aleatorie di quelle, pure tanto grossolane, relative al fattore lavoro: esse vengono presentate soprattutto a fini di completezza espositiva delle «migliori» stime in argomento prodotte sino ad oggi. Il basso rapporto capitale/prodotto in agricoltura non può sorprendere dato il valore relativamente elevato della terra, fattore scarso nel nostro paese. Per quanto riguarda l'industria e i servizi, la diminuzione del prodotto netto per unità di capitale tra il 1881 e il 1897 conferma che in tali anni vengono attuati progetti di grandi dimensioni a redditività bassa o, comunque, differita. Ugualmente, il ristagno del prodotto netto del capitale in «età giolittiana» — in contrasto con quanto avviene nel secondo dopoguerra nel corso di un periodo di sviluppo per molti aspetti analogo (1949-67) — sembrerebbe confermare, sempre fatta salva la bontà delle stime, il verificarsi in questi anni di una crescita *à la* Gerschenkron, caratterizzata da forti investimenti in settori *capital intensive* per i quali, in quel momento, l'Italia non possiede un vantaggio comparato e che offrono, pertanto, rendimenti immediati poco elevati, tanto da rendere necessari interventi ripetuti dello stato.

A questo punto sarebbe di rigore la stima di una funzione aggregata della produzione per valutare quanta parte della crescita dei singoli settori dipenda dall'aumento dei fatto-

TAB. 4.6. *Prodotto netto per lira di capitale fisso (centesimi per lira)**

Settore	1881	1897	1913	1921	1949	1967
Agricoltura	13	13	18	18	17	22
Industria e servizi	48	36	35	35	50	76
Totale	20	20	25	26	30	56

* Escluse abitazioni e opere pubbliche.
Fonte: G. Fuà, *Formazione, distribuzione e impiego del reddito dal 1861*, cit., tab. 5.15.

ri della produzione e quanta possa essere attribuita al progresso tecnico. Quest'ultimo esercizio dovrebbe completare una sintesi dello «stato delle nostre conoscenze» quantitative sulla crescita economica italiana come quella proposta nel presente volume. Mancano, tuttavia, in Italia sia i necessari studi di base sia le analisi econometriche in argomento. Ciò non può che suscitare rammarico perché, ove sono stati condotti, i lavori necessari alla costruzione di solide funzioni aggregate e settoriali della produzione hanno considerevolmente contribuito alla storia quantitativa creando miniere di dati accuratamente ricostruiti e vagliati. Meno rammarico suscita, viceversa, l'assenza delle concrete stime dei parametri di tali funzioni: dati i problemi teorici e empirici che esse suscitano, l'apparente precisione parametrica di funzioni di produzione applicate alla storia di lungo periodo ottiene il piú delle volte effetti perversi rispetto agli obiettivi di interpretazione e valutazione complessiva delle cause e degli effetti della crescita economica.

Un'indicazione assai grossolana della crescita del prodotto netto per unità di fattori impiegata si può, comunque, ottenere da stime di Fuà [12] secondo le quali essa sarebbe assai prossima a zero per l'economia nel suo complesso durante il periodo 1881-1897 per aumentare poi rapidamente (2,4 per cento l'anno) in «età giolittiana». Un rapido aumento della produttività confermerebbe, una volta di piú, come il momento cruciale del processo di industrializzazione del paese vada situato nei quindici o vent'anni che precedono la Grande Guerra. Purtroppo, giova ripeterlo ancora una volta, la qualità dei dati disponibili consente per ora soltanto di ritenere come quest'aumento nel rendimento dei fattori costituisca un'importante ipotesi di lavoro. Se confermata da analisi quantitative piú accurate e condotte con metodi piú aggiornati (non si dimentichi che i lavori di Fuà, essi stessi tutt'altro che recenti, si basano su materiali elaborati in gran parte durante gli anni Cinquanta), quest'impennata della produttività porrebbe questioni assai importanti non solo sul ruolo del progresso tecnico ma anche su quello dell'«ambiente» nel quale le imprese operano nei due diversi periodi.

3. *Condizioni materiali di vita e benessere*

Coloro che sono cresciuti nel clima materiale e intellettuale stabilitosi nel cosiddetto Occidente durante gli ultimi quarant'anni faranno fatica a comprendere come solo in quest'epoca sia stato definitivamente acquisito che lo «sviluppo economico» ha come fine la promozione del benessere individuale dei cittadini. In periodi non lontani, la crescita del reddito nazionale è stata perseguita di solito per obiettivi diversi: in particolare essa è stata orientata a massimizzare la potenza, non necessariamente solo militare, del sovrano e delle classi egemoni. È questo, certamente, il caso delle politiche mercantiliste sulle quali si è basata la filosofia economica dei grandi stati-nazione del Seicento e del Settecento. Ma non occorre andare indietro due secoli e uscire dal nostro paese per avere esempi del genere: l'ideale degli «otto milioni di baionette» non indica altro che una subordinazione dell'economia e della stessa demografia ai fini «etici» di potenza dello stato. Né il mondo di oggi manca di esempi, più o meno espliciti, di paesi e aree nei quali il perseguimento del benessere individuale non costituisce l'obiettivo primario dello sviluppo economico. Non interessa qui discutere quali siano gli obiettivi economici ultimi della classe dirigente risorgimentale e di quelle che la seguono alla guida del paese: se si accenna a tale questione è solo per ricordare che non deve necessariamente stupire la povertà di statistiche *sistematiche* sulle condizioni di vita dell'«italiano medio» e, soprattutto, delle classi popolari che consentano di disegnare una dinamica di lungo periodo anche se non sono mancate, in Italia come nel resto d'Europa, importanti inchieste pubbliche e private riferite a particolari aree e classi di cittadini.

Va da sé che, anche se si disponesse dei migliori indicatori possibili, la scelta di quelli maggiormente adatti a misurare il «benessere» di una popolazione o di una classe è condizionata dal sistema di valori ai quali esplicitamente o meno si riferisce chi cerca di definire e misurare il benessere stesso. Il dibattito, tutt'ora vivace, sulle condizioni di vita della classe operaia durante la «rivoluzione industriale» inglese è intriso di giudizi di valore tanto che le fazioni contendenti sono state divise in «ottimisti» e «pessimisti». Ai primi, che sottolineano l'aumento dei salari reali verificatosi dopo le guerre francesi, i secondi hanno talvolta ribattuto indicando come esso venisse speso nel consumo di gin, vera e propria droga del povero disperato per le proprie condizioni di vita. In effetti, l'aumento del consumo di bevande alcoliche può essere visto, partendo da giudizi di valore diversi, come un indice di accresciuto o di diminuito benessere. Ciò va tenuto nel debito conto anche nel valutare le brevi considerazioni quantitative che seguono.

L'Italia della seconda metà dell'Ottocento è certamente uno dei paesi poveri d'Europa. Il divario nel reddito per abitante rispetto ai paesi piú ricchi del Continente, tuttavia, non è immenso: nel 1870 quello italiano corrisponde forse all'80 per cento di quelli tedesco e francese (ed è circa la metà di quello del paese piú ricco, il Regno Unito) [13]. Il problema, semmai, è che questo divario cresce sino alla fine del secolo, ma di esso ci siamo occupati e ci occuperemo altrove. Qui interessa uscire per un momento dai dati della contabilità nazionale che hanno fatto e faranno da cornice a tutta la breve narrazione contenuta in questo volume per utilizzare i pochi indicatori alternativi disponibili che consentono di formulare un giudizio di sintesi sul livello e sull'andamento del «tenore di vita» o del «benessere» degli italiani.

Il modo piú tradizionale di affrontare il problema del benessere in una società povera che muove i primi passi sulla strada dello «sviluppo economico moderno» consiste nello stimare le disponibilità pro-capite di generi alimentari e la loro composizione, tenuto conto che gli alimenti costituiscono in media il 68,6 per cento dei consumi privati italiani negli anni 1874-93 (65,6 per cento nel periodo 1894-1913) [14]. La tabella 4.7 sintetizza la disponibilità media per quantità e qualità delle principali sostanze nutritive e offre una stima del numero di calorie pro-capite.

Stando a questi dati, l'italiano medio sembra nutrito in modo probabilmente sufficiente, se si tiene conto che solo una parte della popolazione è composta da lavoratori manuali maschi adulti. Va, tuttavia, notato uno squilibrio nella composizione della dieta a favore delle sostanze di origine vegetale che formano circa l'80 per cento del totale [15]. Il problema si pone, come è ovvio, a livello distributivo: trattandosi di un numero di calorie medio pro-capite appena sufficiente al sostentamento di un lavoratore manuale [16], non vi è dub-

Tab. 4.7. *Disponibilità media giornaliera per abitante di sostanze nutritive e di calorie*

	Proteine	Lipidi	Glucidi	Calorie
1874-1893*	78,48	61,23	362,01	2.363
1894-1913*	85,04	58,79	388,12	2.475
Razione teorica normale**	130,0	84,0	404,0	

* Proteine, lipidi e idrati sono espressi in grammi; per le calorie viene dato il numero.

** Si tratta della razione considerata «normale» per un operaio maschio adulto secondo l'*Inchiesta sulle condizioni igieniche e sanitarie dei comuni del Regno* (Direzione Generale di Statistica, Roma, 1886) citata in S. Somogyi, *L'alimentazione nell'Italia unita*, in AA.VV., *Storia d'Italia*, vol. V, tomo I, Torino, Einaudi, 1973, p. 850.

Fonti: B. Barbieri, *I consumi nel primo secolo dell'unità d'Italia*, Milano, Giuffrè, 1961, p. 46.

bio che la forte ineguaglianza nella distribuzione dei consumi alimentari produce, in questi anni, situazioni di sotto-alimentazione diffusa in larghi strati della popolazione. Per rendersene conto basta la seguente considerazione: alla fine del secolo la disponibilità media pro-capite di carne è di 16,7 chilogrammi annui per il paese nel suo complesso ma nei principali centri urbani essa varia da un minimo di 31,5 chilogrammi per la Sicilia a un massimo di 89,8 chilogrammi per la Sardegna. Nel complesso, il consumo urbano di carne è pari ad almeno tre volte quello medio del paese: al 61 per cento della popolazione attiva dedita all'agricoltura e certamente non abitante nelle città la carne sembra essere quasi preclusa. In effetti, su quindici bilanci di famiglie contadine degli anni a cavallo del secolo, «solo in pochissimi casi, di composizione evidentemente anormale, si riscontrano eccezioni alla regola che vuole la stragrande proporzione del vitto sia ricavata dai cereali, dai legumi e dalla frutta, che alcune volte complessivamente superano i nove decimi della spesa» [17]. «Con l'andare degli anni, — nota Somogyi — le condizioni di vita delle classi piú basse hanno assunto caratteristiche meno tragiche, ma ancora il Chessa, all'inizio del secolo ha potuto constatare come il contadino sassarese si nutra quasi solo di pane, che sebbene di buona qualità, pure non è sufficiente a sfamarlo» [18].

Non è facile misurare — al di là dei dati aggregati o di quelli utili ma sempre parziali e poco confrontabili di singole inchieste — il miglioramento complessivo del «benessere» di una popolazione. A questo fine vengono oggi utilizzati indicatori quali la mortalità infantile e la durata media della vita di cui si scopre una forte relazione con una complessiva «qualità della vita» piuttosto che con i progressi della medicina.

La speranza di vita alla nascita di un italiano è di 35,4 anni all'inizio degli anni Ottanta. Vent'anni dopo è salita a 42,8 anni [19]. Questo miglioramento è dovuto soprattutto alla caduta della mortalità infantile. Al momento dell'unificazione 223 bambini su mille nati vivi muoiono nel primo anno di età, alla vigilia della guerra questa cifra è scesa a 138. La tabella 4.8 mostra l'andamento comparato di questa variabile evidenziando, da un lato, la costante diminuzione del tasso di mortalità infantile italiano e, dall'altro, come i livelli del nostro paese non sfigurino nel confronto internazionale anche con paesi a reddito per-abitante decisamente superiore.

TAB. 4.8. *Tassi di mortalità nel primo anno di vita per 1.000 nati vivi*

Periodo	Italia	Regno U.	Francia	Germania	Austria	Spagna	Russia
1865-1869	223	157	178	309	258	196	272
1880-1884	201	142	170	231	251	192	275
1900-1904	169	143	143	204	216	180	253
1910-1914	138	108	118	163	187	151	254

Fonte: B.R. Mitchell, *European Historical Statistics 1750-1970*, London, Macmillan, 1975.

Il maggiore «benessere» generale è, forse, sintetizzabile nella diminuzione del tasso di mortalità aggregato (tabella 4.2) che si riflette in un altro importante indicatore: l'età mediana dei morti maschi di età superiore ai 5 anni: essa è pari a 49,2 e a 63,5 anni rispettivamente nel 1865 e nel 1915 [20].

Piú complessa è la valutazione di un altro indice complessivo del tenore di vita di una popolazione: l'altezza dei maschi adulti che dipende non solo dalla quantità di alimenti assorbita nei primi anni di vita ma anche dalla loro qualità e dalle condizioni ambientali e igieniche che ne consentono una corretta assimilazione. Gli studi teorici in argomento sono ancora agli inizi e solo a uno stadio piú avanzato sarà possibile valutare a pieno il valore di questo indicatore di benessere; qui basta, pertanto, osservare che la statura media dei maschi al momento della visita di leva cresce per tutto il periodo che stiamo analizzando, a eccezione degli anni dal 1868 al 1871, passando da 162,92 centimetri (media 1861-70) a 166,62 centimetri (media 1911-20).

Nel complesso, indicatori quali i vari tassi di mortalità, la speranza di vita, l'altezza sembrano avere un andamento meno discontinuo di quello del reddito pro-capite. Mentre, come si è detto, quest'ultimo non aumenta sino alla fine del secolo, il miglioramento del «tenore di vita» sotteso dai vari tassi di mortalità e dalle misure antropometriche inizia negli anni Sessanta e Settanta e prosegue ininterrottamente sino alla Grande Guerra. Le ipotesi che si possono fare sono ovviamente due: le serie storiche della contabilità nazionale non rispecchiano l'andamento effettivo del reddito e dei consumi oppure queste variabili non si riflettono immediatamente sulla durata della vita media e su altri indicatori analoghi. Nell'attesa di una revisione della contabilità nazionale italiana che arrivi sino al 1861 e di lavori non descrittivi sul problema del «tenore di vita» degli italiani nelle prime fasi dello «sviluppo economico moderno» non è possibile dire quale combinazione delle due ipotesi sia quella maggiormente plausibile.

NOTE AL CAPITOLO QUARTO

1 La letteratura in argomento è sconfinata. Per un'utile sintesi, il lettore è ancora una volta rinviato a D. Usher, *The Measurement*, cit.

2 S. Kuznets, *Modern Economic Growth*, cit., p. 491.

3 *Ibidem*, p. 9.

4 *Ibidem*, p. 73.

5 O. Vitali, *Aspetti dello sviluppo economico italiano alla luce della ricostruzione della popolazione attiva*, Roma, Ateneo, 1970.

6 G. Fuà, *Formazione, distribuzione e impiego del reddito dal 1861: sintesi statistica*, Roma, ISCO, 1972, tabb. 2.9 ss.

7 G. Fuà, *Formazione, distribuzione*, cit., tab. 2.6.

8 Per una discussione delle caratteristiche del mercato del lavoro italiano in questi anni e sul significato della «rotazione» si vedano: P.K. O'Brien e G. Toniolo, *Sull'arretratezza dell'agricoltura italiana rispetto a quella del Regno Unito attorno al 1910*, in «Ricerche Economiche», 1986, pp.

266-285, e G. Toniolo e F. Piva, *Unemployment in the Nineteenthirties: the Case of Italy*, in «Note di lavoro», Dipartimento di Scienze Economiche dell'Università di Venezia», giugno 1987.

[9] In questi casi la stagione nella quale vengono poste le domande censuarie si rivela di grande importanza: il primo censimento viene svolto durante l'inverno. Lo stesso Vitali ha trascurato, ai fini del proprio lavoro, i primi due censimenti ritenuti troppo poco attendibili ai fini della ricostruzione della popolazione attiva.

[10] Concetto da non confondersi, evidentemente, con quello di «produttività parziale» che implica la costanza degli altri fattori mentre, in questo caso, si procede a semplici divisioni del prodotto totale per la quantità impiegata del singolo fattore.

[11] G. Fuà, *Formazione, distribuzione*, cit., tab. 5.3.

[12] *Ibidem*, tabb. 5.20 e 5.21.

[13] N.F.R. Crafts, *New Estimates of GNP in Europe*, in «Explorations in Economic History», XX (1983), p. 389.

[14] B. Barbieri, *I consumi nel primo secolo dell'Unità d'Italia, 1861-1960*, Milano, Giuffrè, 1961, p. 24, con le correzioni apportate da P. Sabbatucci Severini e G. Toniolo, *Aspetti macroeconomici del problema della povertà in Italia*, in «Ricerche di storia sociale e religiosa», X (1981), p. 22.

[15] Posta uguale a 100 la diponibilità media pro-capite di carni in Italia, quella di altri paesi risulta come segue: Inghilterra 228, Francia 182, Svizzera 178, Austria 155, Germania e Paesi Bassi 140 (Elaborazioni Sabbatucci Severini e Toniolo, *Aspetti*, cit., p. 31 da B.R. Mitchell, *European*, cit., *passim*).

[16] Ipotizzando un consumo di 45 chilogrammi di carne in media per il 20 per cento della popolazione residente nei centri urbani maggiori, al restante 80 per cento non rimangono che 9 chilogrammi l'anno.

[17] S. Somogyi, *L'alimentazione nell'Italia unita*, in AA.VV., *Storia d'Italia*, cit., vol. V, tomo I, p. 852.

[18] *Ibidem*, p. 851.

[19] ISTAT, *Sommario di statistiche storiche*, cit., p. 27. I dati sono rispettivamente medie dei periodi 1881-2 e 1899-1902. Nel 1900 la speranza di vita (in anni) alla nascita era: Svezia 55,7, Regno Unito 50,7, USA 47,3, Francia 47,0, Germania 46,6, Austria 40,1 (cfr. A. Maddison, *Phases of Capitalist*, cit., p. 189).

[20] ISTAT, *Sommario di statistiche storiche*, Roma, 1969, p. 22.

CAPITOLO QUINTO

PRIMA DELL'UNITÁ (1850-1860)

1. *Il nuovo trend demografico*

«Fra il 1740 e il 1750 — ricorda Alberto Caracciolo — nel mezzo delle incertezze e delle bufere, anche l'economia [tocca] in Italia uno dei suoi punti piú critici e in pari tempo il confine al di là del quale si delinea l'inversione di tendenza» [1]. Sembra, infatti, questo il periodo nel quale nella nostra penisola si rompe definitivamente il meccanismo della «trappola malthusiana» che per almeno due secoli — il XVI e il XVII — costringe la popolazione italiana a oscillare tra i 10 e i 12 milioni di abitanti. Secondo i calcoli di Cipolla [2] questi raggiungono i 17 milioni nel 1770. Stime piú prudenti collocano, nello stesso anno, la popolazione della penisola attorno ai 15 milioni di unità [3]. Nel 1800 questa sarebbe di 17,2 milioni, alla fine delle guerre napoleoniche di 18,4 milioni e alla vigilia delle rivoluzioni del Quarantotto avrebbe raggiunto i 23,6 milioni con una notevole accelerazione del *trend* [4] che si era innestato — secondo Caracciolo [5] — su di un aumento ancora tipicamente malthusiano volto al recupero dei vuoti lasciati dall'ultima grande pestilenza seicentesca. Tale accelerazione assume, appunto verso la metà del XVIII secolo, caratteri tali da permettere di considerare avviato il «meccanismo che consente una marcata eccedenza dei nati sui morti» [6].

Sono queste, probabilmente, le origini lontane dello «sviluppo economico moderno» in Italia. Origini, come si vede, tutt'altro che segnate da drammatiche discontinuità o da repentini «decolli». Si tratta, al contrario, di un processo assai lento nel corso del quale il divario tra il reddito della maggior parte della penisola italiana e quello dell'Europa nord occidentale tende, probabilmente, ad allargarsi mentre si viene creando forse la principale tra le condizioni che renderanno difficile e distorto il processo di crescita del reddito per abitante che inizia alla fine del XIX secolo: un elevato rapporto tra popolazione e risorse.

Verso la metà del Settecento, ricorda ancora Caracciolo [7], inizia un processo generalizzato di crescita urbana destinato a continuare per oltre due secoli. Se ciò è vero e se nel 1881 il 58 per cento della popolazione attiva è dedito all'agricoltura, si può ipotizzare che, attorno al 1740, almeno il 60-65 per cento degli italiani tragga dalla terra il proprio sostentamento. L'arretratezza della penisola rispetto alla Gran Bretagna, *prima* che questa inizi la propria «rivoluzione industriale», può essere misurata, grosso modo, considerando che attorno alla metà del Settecento in quel paese la popolazione attiva in agricoltura non supera il 40 per cento del totale [8]. Quanto al rapporto tra popolazione e risorse, basta ricordare che nel medesimo periodo gli abitanti della Gran Bretagna sono, probabilmente, circa la metà di quelli della penisola italiana che possiede una superficie agraria superiore solo del 30-35 per cento a quella delle isole britanniche (esclusa l'Irlanda).

Non esistono stime, neppure approssimate, dell'andamento della produzione tra la metà del diciottesimo e quella del diciannovesimo secolo ma le informazioni sparse esistenti rendono molto plausibile l'ipotesi di una crescita nulla o assai lenta del reddito *per abitante*. Per gli anni 1830-50, Paul Bairoch azzarda un calcolo di questa variabile che implicherebbe una crescita media annua pari allo 0,2 per cento [9] in presenza di un andamento demografico che non si discosta significativamente dal *trend* del secolo successivo. Per il Settecento, il fatto stesso che l'aumento della popolazione appaia assai piú contenuto fa propendere — accanto ad altre considerazioni [10] — per l'ipotesi di una quasi stazionarietà del reddito *per abitante*. In altre parole: l'incremento della produzione, rivelatosi poi irreversibile, che inizia verso la metà del diciottesimo secolo consente una diminuzione di lungo periodo dei tassi di mortalità che, a poco a poco, conduce l'aumento demografico ad assestarsi su valori che caratterizzano lo «sviluppo economico moderno» in Italia senza che quest'ultimo possa effettivamente dare luogo a un consistente aumento del reddito *per abitante*. Si tratta di una situazione che, ancorché in circostanze storiche molto diverse, ha caratterizzato numerosi paesi a basso reddito durante il nostro secolo in Asia, Africa e America Latina.

2. *La questione dei «diritti di proprietà»*

La maggior parte degli storici economici ritiene, sulla scia di Marx, che una «rivoluzione agraria» di un qualche tipo costituisca una condizione necessaria anche se non sufficiente all'avvio dello «sviluppo economico moderno». In particolare, si pensa che gli ordinamenti feudali che caratterizzano le «società tradizionali» costituiscano un impedimento all'aumento della produttività in agricoltura e alla mobilizzazione dei fattori produttivi nella misura in cui tali ordinamenti intralcino la libera disponibilità della terra da parte di coloro che ne hanno il possesso e la libera diponibilità della propria forza lavoro da parte dei contadini.

Le istituzioni feudali variano di regione in regione e vengono sovente adattandosi, lungo i secoli, alle caratteristiche produttive e demografiche delle singole aree alle quali si riferiscono. Cosí nell'Europa Occidentale — grosso modo quella che si situa a Ovest dell'Elba e del Danubio — la servitú personale viene rapidamente scomparendo a partire dal XII secolo, anche a causa della forte abbondanza di manodopera che la rende, nei fatti, obsoleta. Ciò avviene anche nella penisola italiana: quando i riformatori settecenteschi si pongono il problema dell'abolizione del feudalesimo, la servitú è un ricordo del passato.

I privilegi feudali dell'aristocrazia esistenti nel Settecento consistono in «diritti» alle piú diverse forme di esazione — che ha assunto, nei fatti, un carattere fiscale — e in una serie di poteri amministrativi, giurisdizionali e politici. Se nell'Italia Settentrionale questi ultimi sono già in parte erosi [11] nel Mezzogiorno «la potenza politico-giurisdizionale ed economica del baronaggio nei primi decenni del Settecento [è] ancora praticamente intatta» [12]. Qui il processo di «eversione della feudalità» è particolarmente lento: alla fine del secolo i baroni conservano ancora quasi intatto il proprio potere.

La polemica antifeudale, già presente nel pensiero del Genovesi, assume solo negli anni Ottanta «il carattere di una vera e propria radicale offensiva» di cui Gaetano Filangeri è, probabilmente, l'iniziatore [13]. Per quanto accennato sopra, gli obiettivi dei riformatori sono politici e amministrativi oltre che economici. Si tratta, nella buona sostanza, di creare lo stato moderno dotato di un sistema amministrativo basato su leggi certe, gestito da una burocrazia professionale e dotato di un imparziale sistema giudiziario di fronte al quale ogni cittadino possa essere e sentirsi uguale. Ai nostri fini basta ricordare come il cammino verso l'abolizione dei restanti privilegi feudali sia stato caratterizzato da notevoli differenze regionali. In Toscana, sin dal 1749, il granduca Francesco riserva a sé privilegi feudali quali l'amministrazione della giustizia criminale, i diritti di regalia, la scelta e l'obbedienza delle truppe. Nel 1771 vengono soppressi, nel ducato di Modena, i restanti obblighi di prestazioni personali. La Lombardia può godere delle riforme di Giuseppe II e i territori della Serenissima di un codice feudale del 1780. Ogni autorità feudale viene, infine, abolita dalla Repubblica Cisalpina nel 1796.

La rivoluzione partenopea del 1799, la cui legislazione riformista matura tardi e rimane inefficace, «rende consapevole la borghesia fondiaria e agraria della sua posizione di classe tra baroni e contadini» [14]. Tale consapevolezza matura nel decennio francese e si riflette, per quanto ci riguarda piú direttamente, in un'esaltazione della proprietà privata il cui stesso principio contrasta con molti degli istituti, dei privilegi e delle forme giurisdizionali di origine feudale. Si tratta, in altre parole, di rendere possibile la libera disponibilità della terra con l'abolizione dei cosiddetti fidecommessi che stabiliscono l'inalienabilità dei feudi e della manomorta ecclesiastica. Con l'arrivo di Giuseppe, il codice napoleonico viene esteso al Regno delle Due Sicilie. Sin dal 1806 si attuano provvedimenti per la vendita di terre dello stato o la loro assegnazione a coloro che ne hanno il possesso [15]. Nei due anni successivi, lo stato abolisce ordini religiosi e monasteri, si appropria delle loro terre e le rivende, liberandole da ogni vincolo.

Dal punto di vista che piú interessa qui, è utile ricordare che l'abolizione del feudalesimo nel Mezzogiorno non rappresenta una «riforma agraria» nel senso classico di «riforma fondiaria». Si tratta, nella buona sostanza, di un adeguamento del diritto proprietario in un senso che corrisponde, anche se in modo parziale e contraddittorio, alle esigenze dello «sviluppo economico moderno». L'effettiva redistribuzione della terra non rispetta i canoni egualitari a cui s'ispira — e ciò, probabilmente, non arreca grave danno alle prospettive di sviluppo — ma non riesce nemmeno a operare un'incisiva rottura del latifondo, una sua suddivisione in aziende agricole di dimensioni ottimali e un'allocazione di queste ultime all'agricoltore-capitalista — e ciò costituisce certamente un ostacolo alla succesiva crescita economica. Il 65 per cento dei beni dello stato venduti per finanziare la guerra durante i regni di Giuseppe Bonaparte e di Murat va a vantaggio di sole 154 persone tra le quali figurano alcuni dei maggiori esponenti della nobiltà napoletana [16]. La borghesia acquista soprattutto i lotti di media dimensione ma non si fa, per questo, imprenditrice agraria.

Un giudizio complessivo sul significato economico della cosiddetta eversione della feudalità — condotta a termine ed estesa alla Sicilia durante il regno di Ferdinando I — è tutt'altro che agevole. Essa non sembra creare un forte sovrappiú agricolo e, ad ogni modo, quello che si produce tra il 1815 e il 1850 va solo in piccola misura agli investimenti industriali. Il prestigio sociale e il potere economico dell'aristocrazia terriera, pur privata delle funzioni amministrative e giurisdizionali, sono ben poco scalfiti. Il Mezzogiorno e il paese intero pagheranno almeno per un altro secolo il peso di questa «conservazione».

In Sardegna gli ordinamenti feudali sopravvivono in parte per tutto il regno di Carlo Felice e vengono definitivamente soppressi, dopo il 1832, ad opera di Carlo Alberto. Le ultime leggi in materia portano la firma del Siccardi [17].

3. *L'agricoltura negli anni Cinquanta*

Alla fine del 1849, «la sconfitta politica ed elettorale della democrazia poneva, in un certo senso, le premesse per la realizzazione di quel progresso moderato e liberale, da attuare attraverso il Parlamento, che gli uomini migliori della parte liberale, e il Cavour prima di tutti, auspicavano» [18]. È questo il motivo per cui sembra utile fare cominciare attorno a quella data anche questa breve storia economica dell'Italia liberale. L'Italia, considerata a confini attuali, ha circa 24 milioni di abitanti attorno alla metà del secolo. Di questi, il 36 per cento circa risiede nel Regno delle Due Sicilie. Un altro 40 per cento è distribuito equamente tra il Regno di Sardegna e quello Lombardo-Veneto (vedi tabella 5.1).

TAB. 5.1. *Popolazione dei diversi stati italiani attorno al 1850 (in milioni)*

Regno di Sardegna			5,0
di cui:	Sardegna	0,55	
	Savoia	0,58	
Regno Lombardo-Veneto			5,0
Granducato di Toscana			1,8
Stato Pontificio			3,0
Regno delle Due Sicilie			8,7
di cui:	Continente	6,6	
	Sicilia	2,1	
	Totale		23,5
Totale Italia a confini attuali*			24,0

* Questo valore si ottiene togliendo dal precedente totale la popolazione della Savoia e aggiungendovi quella dei ducati emiliani, del Trentino Alto Adige e del Friuli Venezia Giulia.

Fonti: Per il Piemonte: R. Romeo, *Cavour e il suo tempo*, Bari, Laterza, 1977, p. 883. Per gli altri Stati italiani: M. Romani, *Storia economica d'Italia nel secolo XIX*, Bologna, Il Mulino, 1982, pp. 374-375.

Gli studi esistenti sull'economia della penisola nei decenni pre-unitari [19] non consentono, data la quasi totale mancanza di fonti, di formulare, ancorché in via di prima approssimazione, ipotesi quantitative convincenti circa l'andamento della produzione agricola e industriale italiana durante il decennio pre-unitario. In queste circostanze, le stime di Bairoch [20] — che implicherebbero una crescita media annua dello 0,8 per cento nel reddito reale per abitante tra il 1850 e il 1860 — non possono essere considerate che un tirare a indovinare. Bisogna, pertanto, resistere alla tentazione di speculare sul significato di una crescita, ancorché modesta, verificatasi durante il decennio che precede l'unificazione politica.

Va, comunque, ricordato che gli anni Cinquanta vedono un interessante sviluppo industriale in Inghilterra come nel Continente e che anche la congiuntura agricola, caratterizzata da un rialzo dei prezzi, non appare sfavorevole nel complesso delle economie europee.

Per l'Italia non è facile formulare un giudizio sintetico dell'andamento dell'attività agricola. Per quanto riguarda il frumento, si può citare Porisini.

> Alcuni accrescimenti [nel prodotto per ettaro], anche abbastanza notevoli dopo il 1840-48, si registrano in talune parti dell'Emilia ma, in genere, i livelli delle rese unitarie non subiscono modificazioni di rilievo [...] sia nel Settentrione che nel Mezzogiorno la tecnica della semina, coltivazione e raccolta del frumento si presenta molto arretrata. Gli strumenti agricoli utilizzati sono ovunque assai imperfetti e poco utili alla coltura; le specie di frumento conosciute facilmente si allettano; le rotazioni continue o non esistono o sono solo biennali; e le concimazioni, costituite da solo stallatico, sono somministrate al grano in quantità insufficienti, e spesso anche in modi e in tempi sbagliati [21].

Allo scarso dinamismo delle colture cerealicole, che non sembrano rispondere allo stimolo derivante dall'aumento internazionale dei prezzi, si accompagnano vicende sfavorevoli nelle coltivazioni della vite e del baco da seta, entrambe colpite da malattie parassitarie. Nel primo caso si tratta della crittogama, o oidio, che, a partire dal 1851-52, si diffonde in tutta la Penisola, colpendo con particolare virulenza il Lombardo-Veneto e la Toscana. In taluni casi «già nel 1852 la produzione complessiva del vino è ridotta ad un terzo nei riguardi di quella del 1838 e nel 1854 è ridotta a poco piú di un decimo della media del decennio 1842-51» [22]. Nel caso del baco da seta, la pebrina «già molto estesa dal Piemonte al Friuli tra 1854 e 1855, arrivata nel Napoletano l'anno seguente, diffusa ovunque a partire dal 1857 [...] sembra avere grosso modo dimezzato, sul finire del secolo il raccolto complessivo medio annuale» [23].

La crisi della vite e del baco da seta colpisce piú il Nord che il Mezzogiorno del paese. È, tuttavia, in quest'ultima area che essa produce i piú gravi effetti di lungo periodo. Nel Settentrione, infatti, l'agricoltura è sostenuta dalle colture irrigue e dall'allevamento mentre nel Sud vino e seta rappresentano la speranza di diversificazione e ampliamento dei prodotti destinati al mercato, anche internazionale. Discutendo di origini del dualismo economico italiano, Luciano Cafagna ha posto in luce come durante gli anni Cinquanta sia sfumata la speranza dei produttori meridionali di divenire i principali fornitori di bozzoli per le numerose filande che operano nell'Italia Settentrionale [24]. «Quando si diffusero [nelle provincie meridionali] la crittogama e la pebrina e quando si cominciò a constatare quanto presto il mercato ortofrutticolo locale si venisse a saturare, divenne evidente che anche le poche colture miglioratarie che si erano introdotte, come vite, frutta, baco — con l'eccezione soltanto dell'olio — non incidevano in profondità in un regime agrario cerealicolo e in un assetto fondiario latifondistico-parcellare» [25]. Nel complesso, conclude Caracciolo, il «decennio» vede «esaurirsi gli sforzi che fino al 1848 avevano caratterizzato l'azione dei governi borbonici ed è segnato da profonda crisi a tutti i livelli» [26].

Si tratta, come è stato già ricordato, di impressioni derivanti dall'osservazione di numerosi quadri locali, non suffragate da una solida intelaiatura statistica complessiva. Vi è, tuttavia, un sostanziale concordare degli autori quantomeno attorno al fatto che gli anni Cinquanta non vedono progressi generalizzati dell'agricoltura mentre si verificano situazioni di crisi, anche grave, almeno in due settori di importanza non trascurabile. Si può, pertanto, azzardare la conclusione che è difficile vedere nelle vicende agricole del decennio pre-unitario quello sprigionarsi di forze produttive e quella formazione di «sovrappiú» nelle campagne che una visione classica riteneva dovessero derivare dalle riforme agrarie anti-feudali costituendo un pre-requisito dello «sviluppo economico moderno».

4. *Progressi dell'industria*

Le sette-ottocento filande di seta esistenti in Piemonte e Lombardia verso la metà del secolo occupano circa 150 mila operai, giovandosi del *part-time* agricolo. «Non si esagera — ricorda Cafagna — nell'asserire che queste piccole fabbriche offrirono l'opportunità di un primo tirocinio industriale a lavoratori che vennero successivamente occupati in altre industrie manifatturiere» [27]. In questo senso l'importanza dei filati di seta va al di là della loro capacità di garantire circa un terzo delle esportazioni italiane [28]. Legato all'agricoltura delle zone collinari meno fertili, questo settore si situa tra la cosiddetta proto-industria e il moderno sistema di fabbrica, accresce il potere d'acquisto sia degli agricoltori sia dei contadini creando un mercato per altri manufatti, diffonde il credito nelle campagne, crea a poco a poco tanto una classe di piccoli imprenditori quanto una nuova classe operaia.

L'industria cotoniera, tradizionalmente ritenuta il «settore guida» della prima rivoluzione industriale inglese raddoppia «il numero dei fusi» in quello che oggi viene chiamato il triangolo industriale (Piemonte, Lombardia, Liguria). Anche in questo caso si tratta di uno sviluppo tipicamente dualistico che vede convivere forme di lavorazione a domicilio con moderni stabilimenti, benché sovente di dimensioni modeste. Anche l'industria della lana possiede già alcune manifatture di rilievo in Piemonte, Lombardia e Veneto. Le aree pedemontane nelle quali è possibile sfruttare sia la forza motrice dell'acqua sia l'abbondanza di manodopera — derivante dalla minore capacità di assorbimento da parte dell'agricoltura rispetto alla piana del Po — sono quelle di maggiore intensità di insediamento della piccola e media impresa serica, cotoniera e laniera. Diversa è la condizione dei cotonifici napoletani, concentrati soprattutto nell'area di Salerno, nati per volontà del principe con imprenditorialità e manodopera straniera, soprattutto svizzera, sostenuti dalle commesse governative e dagli elevati dazi protettivi [29].

Assai modeste sono, nel complesso del futuro Regno, le dimensioni delle industrie manifatturiere di trasformazione che costituiranno, a partire dalla fine del secolo, i comparti piú dinamici dello «sviluppo economico moderno» in Italia: metallurgia, meccanica e chimica. Su di esse, inoltre, i dati appaiono piú incerti di quelli relativi al comparto tessile. Per la ghisa, indicatore non trascurabile, la stima di 29 mila tonnellate prodotte alla fine del decennio che Romeo deriva, probabilmente, dall'ISTAT [30] appare piuttosto modesta in vista del fatto che il solo Granducato di Toscana esporta 51 mila tonnellate nel 1855, scese a 31 mila nel 1859 [31]. È, forse, piú credibile la stima di 60 mila tonnellate fatta da Caracciolo [32]. Ad ogni modo, si tratta ancora di ben poca cosa, a confronto con le produzioni dei principali paesi europei [33]. La meccanica è, per lo piú, costituita da piccole unità locali di pochi addetti, assai piú simili all'officina tradizionale che alla fabbrica moderna. Fanno eccezione alcuni comparti, come quello della cantieristica, nei quali l'organizzazione di fabbrica e l'integrazione verticale con la siderurgia sono indispensabili. Compiono i primi passi imprese come la Giovanni Ansaldo e la Giuseppe Orlando destinate a giocare un ruolo assai importante nella storia industriale del paese; ma anch'esse sono, in questi anni, di dimensioni e organizzazione tali da non potere competere con le principali aziende in mani straniere [34]. Anche nel Regno di Napoli si sviluppano, con l'aiuto determinante dello Stato, alcune produzioni cantieristiche e di meccanica pesante. La chimica è assai indietro rispetto ai paesi piú avanzati d'Europa: si tratta soprattutto di produzioni in mani straniere, di saponifici e del trattamento di essenze profumate. Colori, vernici e concimi vengono per lo piú importati.

Mantengono un certo prestigio alcune industrie caratterizzate da *input* di lavoro particolarmente qualificato che costituiscono la migliore eredità dell'organizzazione e regolazione urbana delle arti e dei mestieri. Basterà ricordare i vetri e cristalli veneziani e le ceramiche milanesi, toscane e napoletane; né va dimenticata l'antica arte della stampa. Nella maggior parte di questi come dei casi precedenti, le statistiche restano assai incomplete e non consentono di formulare un giudizio complessivo circa l'andamento della produzione industriale durante gli anni Cinquanta.

Per quanto riguarda la grande innovazione di questa prima metà del secolo, il trasporto ferroviario, va detto che il suo comparire alla metà degli anni Trenta è praticamente coevo a quello del resto d'Europa ma che la crescita successiva è assai piú lenta. Nel 1850 esistono, nella Penisola, solo 620 chilometri di rete. Il progresso compiuto dopo di allora è tutt'altro che trascurabile se nel 1860 la rete ferroviaria del nuovo Regno misura circa 2.400 chilometri. Come si è visto e contrariamente a quanto succede, ad esempio, in Germania durante questa prima fase l'attivazione di domanda industriale interna di ferro, acciaio e materiale rotabile è molto modesta. Si può supporre, tuttavia, in analogia con quanto avviene nei decenni successivi, che — data l'elevata intensità di lavoro della costruzione delle strade ferrate — si sia avuto un aumento della domanda di beni-salario quali gli alimentari e i tessili.

5. *Le politiche economiche pre-unitarie*

A partire dal riformismo illuminato del Settecento prendono corpo, pure con forme e intensità diverse, anche negli stati della Penisola due tendenze apparentemente contrastanti nella politica economica. Da un lato vengono a poco a poco assumendo peso pratico le idee del *laissez faire*, collegate al piú ampio movimento volto a conquistare maggiori libertà politiche e civili. D'altro lato, lo stato, mentre si sveste lentamente delle bardature mercantilistiche, assume nuove iniziative riformando l'amministrazione e il sistema fiscale. Soprattutto, accresce sia la pressione tributaria sia la spesa, in particolare per le opere pubbliche. In altre parole, accanto al diffondersi del liberismo economico nascono nuove e diverse iniziative statali. Nota Caracciolo che le due tendenze sono solo apparentemente in contrasto tra loro: «il fatto stesso di volere applicare il *laissez faire* in un quadro irto di vincoli feudali, induce a favorire le libertà economiche attraverso l'interventismo statale»[35]. In un'area economicamente arretrata come la penisola italiana alla metà del secolo scorso, lo strato borghese resta sottile e non trova spontanei consensi attorno ai propri progetti e ai propri interessi: manca, pertanto, alla nuova classe la forza politica autonoma per indurre uno spontaneo rovesciamento del mercantilismo assolutistico. Lo spazio che la borghesia moderata acquista, soprattutto dopo il fallimento delle rivoluzioni del 1848, le consente, in misura diversa nei singoli stati e circostanze, di promuovere «riforme» utilizzando il potere politico amministrativo di cui si trova, insperatamente, a disporre e, per questo stesso motivo, a creare una nuova forza economica e burocratica dello stato.

Economisti e riformatori di livello europeo non mancano all'Italia tra il Settecento e il momento dell'unificazione politica. Le idee circolano in un'*élite* ristretta ma destinata ad assumere le redini dello stato unitario. Gli economisti italiani non sono semplici diffusori del nuovo verbo liberista inglese: una lunga tradizione di legami intellettuali con la Francia e la Germania consente loro di non cadere in un nuovo provincialismo culturale. La cultura economica della Penisola è quasi ovunque pervasa di un certo eclettismo e non vi è chi manca di parlare di una «scuola italiana» caratterizzata da un forte e specifico interesse per la ricerca empirica, la raccolta dei dati statistici, l'analisi concreta e pragmatica della realtà [36].

In questo contesto e con questo supporto culturale possono lentamente affermarsi quasi ovunque nuove linee di politica economica. L'intervento dello stato si identifica sempre meno con la prassi protezionistica e con la minuta codificazione delle regole cui devono sottostare i produttori; esso assume lentamente e non senza contraddizioni la forma di nuove e piú snelle strutture burocratiche, di interventi per l'abolizione di privilegi secolari, di unificazione e semplificazione dei sistemi tariffari, di promozione di industrie e di nuovi strumenti di intermediazione finanziaria. La spesa pubblica — orientata soprattutto alla creazione di capitale fisso sociale — cresce piú rapidamente del reddito nazionale.

Nell'ambito di queste tendenze generali, le politiche economiche seguite dai governi dei singoli stati differiscono in modo sostanziale le une dalle altre. Nel Regno delle Due Sicilie, area piú arretrata e al tempo stesso culla di una vivace cultura economica, era stato compiuto alla fine degli anni Venti un interessante tentativo di industrializzazione promossa dallo stato e caratterizzata da un non trascurabile apporto di capitale, tecnici e persino maestranze stranieri [37]. Uno dei pilastri della politica economica napoletana rimane la dogana. Tra il 1823 e il 1824 era stata attuata una riforma della tariffa che la rendeva maggiormente consona a servire le esigenze dell'industria. Erano stati aboliti, salvo poche eccezioni, i dazi sull'importazione di materie prime mentre era stata accordata notevole protezione ai manufatti [38]. Inoltre, il governo aveva accresciuto la propria domanda di prodotti nazionali — soprattutto per forniture all'esercito e alla marina — e incentivato direttamente alcune industrie manifatturiere quali la metallurgica e la meccanica. Non erano nemmeno mancati esperimenti di imprese create e gestite in proprio dallo stato come le ferriere di Mongiana e l'industria meccanica di Pietrarsa creata da Ferdinando II per la produzione di caldaie a vapore per navi e ferrovie, materiale rotabile, ponti in ferro e simili. Negli anni Trenta e Quaranta la produzione manifatturiera del napoletano aveva compiuto progressi non trascurabili soprattutto nei comparti tessile (cotone, lana, seta) e meccanico. Nel complesso, tuttavia, l'intervento diretto e indiretto dello stato non era riuscito a creare un'adeguata industria manifatturiera sia perché gli interventi posti in essere erano, probabilmente, troppo limitati sia perché il mercato era angusto e l'agricoltura arretrata non riusciva a generare una significativa domanda di prodotti industriali.

Con il passare del tempo, le idee libero-scambiste prendono piede in tutta la penisola. Tra il 1845 e il 1846 Napoli rivede in senso meno drasticamente protettivo voci della tariffa che interessano circa il 40 per cento del commercio di importazione [39]. Nei primi mesi del 1847 Richard Cobden è ascoltato e applaudito ospite di uomini d'affari e di governo da Torino sino a Napoli. Alla fine del medesimo anno, dopo la firma dei trattati di commercio e navigazione tra Piemonte, Toscana e Stato Pontificio si giunge a una dichiarazione di principio a favore di una lega doganale italica. I motivi politici di tale proposta si legano strettamente con quelli economici, cosí come era avvenuto per la *Zollverein*. Il fatto che la lega non sia mai stata realizzata non è certo privo di conseguenze: come si vedrà nel prossimo capitolo, il modo sbrigativo con cui viene realizzata, un decennio piú tardi, l'unificazione doganale del paese dà luogo a furiose polemiche non del tutto ingiustificate. Nota Caracciolo [40] che i programmi e le «riforme» (alcune delle quali sono destinate a durare) partoriti dai governi rivoluzionari provvisori attorno al 1848 non hanno, in genere, carattere eccezionalmente radicale. Essi costituiscono piuttosto l'accelerazione e, in taluni casi, la maturazione di idee e provvedimenti amministrativi ispirati ai nuovi principi di libertà, di uniformità e certezza del diritto, di amministrazione oggettiva e efficiente che erano venuti a poco a poco impregnando di sé lo spirito del tempo. Non va, comunque, sottovalutato questo ruolo di accelerazione e maturazione giocato dal biennio rivoluzionario anche per quanto riguarda l'adozione di nuove politiche economiche. In Piemonte si introduce nel 1851 una tariffa decisamente liberista preceduta e seguita da significativi trattati commerciali. I dazi, già relativamente modesti, del Granducato di Toscana vengono abbassati con una serie di decreti pubblicati tra il 1851 e il 1854 [41]. L'Austria abbandona il sistema quasi proibizionistico che aveva sino ad allora caratterizzato la sua politica doganale riformando, tra il 1853 e il 1854, in direzione piú liberista la propria tariffa esterna e abbattendo numerosi dazi interni all'impero [42]. A Roma, un'inchiesta del 1851 condotta dalla Camera di Commercio pone in luce un diffuso desiderio da parte degli operatori di una riduzione dei dazi di importazione. Essa viene in parte attuata nel giugno 1855 [43].

Per il ruolo che gli uomini politici o le idee piemontesi avranno nella prima fase dell'unificazione dell'economia italiana, è di particolare interesse la politica economica posta in essere dal Regno di Sardegna dopo la promulgazione dello statuto albertino. Nota a questo proposito Alberto Caracciolo che «maturazione del corpo sociale, ammodernamento delle strutture economiche, consolidamento di un certo quadro istituzionale, affermazione di una nuova classe dirigente, appaiono aver proceduto con tale coerenza tra loro, come una sorta di unitario blocco storico, che è difficile considerarle separatamente» [44]. Né va dimenticata la stretta interdipendenza che si stabilisce durante gli anni Cinquanta tra politica economica e politica *tout-court* se è vero che anche la prima è «letteralmente dominata dalle decisioni [...] che si esprimono nel disegno austriaco di mantenere e migliorare una posizione egemonica nelle cose d'Italia e nel disegno piemontese di sostituirsi all'Austria in tale funzione, sia pure per gradi».

Divenuto nel 1850 ministro dell'agricoltura e del commercio, Cavour dà immediatamente un indirizzo liberista alla politica doganale piemontese concludendo trattati di commercio con Belgio e Inghilterra che aprono la strada alla tariffa promulgata nel luglio 1851 che segna un radicale mutamento di rotta nella politica commerciale del Regno di Sardegna. Ai dazi specifici vengono sostituiti quelli *ad valorem*. L'imposta di confine è fissata tra l'1 e il 5 per cento per le materie prime destinate all'agricoltura, attorno al 10 per cento per la maggioranza dei beni di consumo ad eccezione di quelli considerati di lusso. Per talune materie prime (lana, cotone, carbone, minerale di ferro) è consentita l'importazione in esenzione di dazio. Si tratta di un provvedimento di grande importanza: con poche modifiche, sarà questa la tariffa doganale che il Piemonte estenderà a tutto il Regno d'Italia e la cui impostazione liberoscambista durerà sino al 1878.

La politica fiscale piemontese è finalizzata negli anni Cinquanta alla riduzione del cospicuo disavanzo creato dalle spese sostenute per la guerra del 1849 e dal pagamento degli interessi sui forti debiti contratti in quell'occasione e dell'indennità all'Austria. Tra il 1849 e il 1858 il *deficit* di bilancio viene ridotto, secondo la ricostruzione di Felloni, da 108 a 17 milioni [45]. Questo risultato è ottenuto quasi esclusivamente con un aumento delle entrate tributarie che crescono, tra il 1850 e il 1858, del 5,2 per cento l'anno mentre le spese fluttuano attorno a un livello sostanzialmente stabile. Le imposte indirette costituiscono ancora nel 1858 oltre il 56 per cento delle entrate anche se il loro peso è venuto gradualmente riducendosi per l'introduzione, seppure timida, di tributi di carattere diretto. Quanto alla composizione delle spese, diminuisce l'importanza di quelle cosiddette generali — che comprendono, nella classificazione di Felloni, l'amministrazione e la gestione dei ministeri — mentre aumenta il peso di quelle per la difesa e per gli oneri finanziari. Gli affari economici generali, le opere pubbliche, l'istruzione e la sanità assorbono una parte relativamente modesta e descrescente del bilancio dello stato. La creazione di un efficiente sistema di infrastrutture costituisce, agli occhi di Cavour, il contributo forse piú importante che lo stato può offrire per sostenere e agevolare la crescita dell'industria privata. A questo fine, malgrado le forti difficoltà di bilancio, viene impostato un non trascurabile programma ferroviario attuato in parte direttamente dallo stato, in parte con la promozione di «patti larghissimi» [46] con imprese private. Nel 1858 il Piemonte possiede una rete ferroviaria estesa per 803 chilometri. Alle ferrovie si aggiungono le strade, il telegrafo, la portualità.

Nel 1849 Cavour riesce a manovrare dietro le quinte per ottenere l'unificazione delle due banche di emissione di Genova e di Torino in un'unica Banca Nazionale degli Stati Sardi. Questa ottiene successivamente l'aiuto del governo per mantenere il monopolio dell'emissione, aumentare il capitale e aprire filiali in tutte le provincie. Si tratta di un sostegno che trova la violenta opposizione da parte di coloro che non ritengono conciliabili i principi liberali con quelli del monopolio dell'emissione. Il compromesso viene trovato con l'abolizione del corso forzoso dei biglietti. A questo proposito ha, probabilmente, ragione Romeo nel sottolineare che esso «rallenterà in definitiva l'affermazione della circolazione bancaria negli stati sardi, rendendo anche meno esteso e meno efficace il concorso della Banca allo sviluppo economico del paese» [47]. Per il resto, l'intermediazione finanziaria piemontese rimane in questi anni prevalentemente nelle mani delle case bancarie private di Genova e Torino. Viene disciplinata la Cassa

Depositi e Prestiti, si provvede a regolare e promuovere la nascita di Casse di Risparmio, si affida ad autorità laiche l'amministrazione delle Opere Pie di San Paolo, destinate a un grande avvenire [48].

NOTE AL CAPITOLO QUINTO

[1] A. Caracciolo, *La storia economica*, in AA.VV., *Storia d'Italia*, cit., vol. III, p. 517.

[2] C.M. Cipolla, *Four Centuries of Italian Demographic Development*, in V. Glass e C. Eversley, *Population in History*, London, 1965, pp. 570-587.

[3] B.R. Mitchell, *European Historical Statistics 1950-1970*, London, Macmillan, 1975, p. 5. Nel primo caso la crescita tra il 1700 e il 1770 sarebbe pari al 3,8 per mille l'anno, nel secondo solo al 2 per mille.

[4] *Ibidem*. I tassi di crescita (per mille) sarebbero, pertanto, i seguenti: 1770-1800: 5,3 per cento, 1800-1825: 5,2, 1825-48: 7,9.

[5] A. Caracciolo, *La storia economica*, cit., p. 518.

[6] *Ibidem*.

[7] *Ibidem*, pp. 520-523.

[8] Si veda, ad esempio, P. Mathias, *The First Industrial Nation*, London, Methuen, 1983[2].

[9] P. Bairoch, *Europe's Gross National Product: 1800-1975*, in «The Journal of European Economic History», V (1976), p. 286.

[10] Tra le altre c'è anche la considerazione della lentezza con cui cresce, sino al 1780, il reddito pro-capite britannico in presenza di un forte incremento demografico. Anche tra il 1780 e il 1800 esso cresce solo dell'1 per cento l'anno.

[11] Il movimento comunale aveva dato una forte spallata alla feudalità nell'Italia settentrionale ma gli istituti feudali hanno un apparente risveglio nel secolo XV per poi declinare nuovamente. Va detto che è assai difficile tracciare una rapida sintesi del fenomeno dato che esso assume caratteri diversi in aree sovente assai vicine. Cosí nel XVIII secolo si mantengono, in tutta Italia, ancora vasti feudi imperiali. La Repubblica di Venezia e il Regno di Sardegna sono, nel Settecento, i territori nei quali piú gelosamente si cerca di conservare l'antico privilegio feudale.

[12] P. Villani, *Mezzogiorno tra riforme e rivoluzione*, Bari, Laterza, 1973, p. 155.

[13] *Ibidem*, p. 164.

[14] *Ibidem*, p. 200.

[15] Cfr. L. De Rosa, *Property Rights, Institutional Change and Economic Growth in Southern Italy*, in «The Journal of European Economic History», VIII (1979), pp. 543-545.

[16] A. Caracciolo, *La storia economica*, cit., p. 561.

[17] Per dettagli in proposito si veda G. Sotgiu, *Storia della Sardegna Sabauda*, Bari, Laterza, 1984.

[18] R. Romeo, *Dal Piemonte sabaudo all'Italia liberale*, Torino, Einaudi, 1963, p. 127.

[19] Va ricordata, soprattutto, la collana «Archivio Economico dell'Unificazione Italiana» voluta da Pasquale Saraceno per il 25° anniversario della fondazione dell'IRI e diretta da Carlo Maria Cipolla.

[20] P. Bairoch, *Europe's Gross National Product, 1800-1915*, cit., p. 286.

[21] G. Porisini, *Produttività e agricoltura: i rendimenti del frumento in Italia dal 1815 al 1922*, in «Archivio Economico dell'Unificazione Italiana», Torino, ILTE, 1971, p. 16.

[22] M. Romani, *Storia economica d'Italia nel secolo XIX*, Bologna, Il Mulino, 1982, pp. 154-155.

[23] *Ibidem*, p. 157. Data la posizione oligopolistica dell'Italia in questo settore, i prezzi raddoppiano ma crescono parimenti i costi di produzione a causa della caduta dei rendimenti unitari e alla necessità di importare il seme a prezzi in forte aumento.

[24] L. Cafagna, *Intorno alle origini del dualismo economico italiano*, in A. Caracciolo (a cura di), *Problemi storici dell'industrializzazione e dello sviluppo*, Urbino, Argalia, 1969, p. 120.

[25] A. Caracciolo, *La storia economica*, cit., pp. 619-620.

[26] *Ibidem*.

[27] L. Cafagna, *The Industrial Revolution in Italy 1830-1914*, in C.M. Cipolla (a cura di), *The Fontana Economic History of Europe*, vol. IV, Glasgow, Fontana-Collins, 1973, p. 280.

[28] «Per circa cento anni, tra la Restaurazione e la prima guerra mondiale, la seta costituisce il principale prodotto di esportazione italiano e genera, piú o meno regolarmente, circa un terzo del valore delle esportazioni del paese» (*ibidem*, p. 281).

[29] A. Caracciolo, *La storia economica*, cit., p. 630.

[30] R. Romeo, *Breve storia della grande industria in Italia*, Bologna, Cappelli, 1972, p. 20.

[31] M. Romani, *La storia economica d'Italia nel secolo XIX*, Bologna, Il Mulino, 1982, pp. 396-397.

[32] A. Caracciolo, *Storia economica*, cit., p. 622.

[33] Produzione di ghisa (migliaia di tonnellate):

	1850	1860
Regno Unito	2285	3888
Francia	406	898
Germania	210	529
Russia	228	298

Fonte: B.R. Mitchell, *European Historical Statistics*, cit., pp. 215-216.

[34] N. Merger, *Un modello di sostituzione: la locomotiva italiana dal 1850 al 1914*, in «Rivista di Storia Economica», III (1986), pp. 66-108.

[35] A. Caracciolo, *Stato e società civile*, Torino, Einaudi, 1960, p. 22.

[36] A. Caracciolo, *La storia economica*, cit., p. 691.

[37] *Ibidem*, pp. 572-577, e J. Davis, *Società e imprenditori nel regno borbonico 1815-1860*, Bari, Laterza, 1979.

[38] Si veda A. Graziani, *Il commercio estero del Regno delle Due Sicilie*, in «Archivio Economico dell'Unificazione Italiana», vol. X, fasc. I, Roma, 1960, pp. 9-10.

[39] *Ibidem*, p. 10. Ancora piú importante, ai fini di una liberalizzazione degli scambi è, forse, il trattato di commercio e navigazione siglato con il Regno Unito nell'aprile 1845 (M. Romani, *Storia economica*, cit., p. 86).

[40] A. Caracciolo, *La storia economica*, cit., pp. 608 ss.

[41] G. Parenti, *Il commercio estero del Granducato di Toscana dal 1851 al 1859*, in «Archivio Economico dell'Unificazione Italiana», serie I, vol. VIII, fasc. I, Roma, 1959, p. 20.

[42] I. Glazier, *Il commercio estero del Regno Lombardo-Veneto dal 1815 al 1865*, in «Archivio Economico dell'Unificazione Italiana», serie I, vol. XV, Roma, 1966. Sulla politica doganale austriaca si veda J. Komlos, *The Habsburg Monarchy as a Customs Union*, Princeton, Princeton University Press, 1983.

[43] F. Bonelli, *Il commercio estero dello stato pontificio nel secolo XIX*, in «Archivio Economico dell'Unificazione Italiana», serie I, vol. XI, Roma, 1961, pp. 43 ss.

[44] Si veda R. Romeo, *Vita di Cavour*, Bari, Laterza, 1984, pp. 192 ss.

[45] G. Felloni, *Le entrate degli stati sabaudi dal 1825 al 1860*, in «Archivio Economico dell'Unificazione Italiana», voll. III-IV, fasc. 2, Roma, 1956 e Id., *Le spese effettive e il bilancio degli stati sabaudi dal 1825 al 1869*, in «Archivio Economico dell'Unificazione Italiana», vol. IX, fasc. 5, Roma, 1956. Nel 1849 il disavanzo è pari al 132 per cento delle entrate effettive e si riduce al 12 per cento nel decennio.

[46] R. Romeo, *Vita di Cavour*, cit., p. 202.

[47] *Ibidem*, p. 201.

[48] R. Romeo, *Cavour e il suo tempo*, vol. II, Bari, Laterza, 1977, pp. 682-683.

CAPITOLO SESTO

I PROBLEMI ECONOMICI DELL'UNIFICAZIONE

1. *Economia e politica nel processo di unificazione*

«I protagonisti del Risorgimento — nota efficacemente Carocci [1] — a parte alcune eccezioni (la piú importante delle quali è costituita da Cavour) erano tutto sommato scarsamente sensibili, pur senza scartarlo dal loro orizzonte, a quell'insostituibile elemento dinamico e unificatore che è lo sviluppo economico». In questo senso, il contrasto con la Germania — l'altro grande paese europeo che intraprende in questo periodo un processo di unificazione nazionale — è assai marcato. Sia le riforme agrarie portate a compimento in Prussia nei primi anni Venti sia l'unione doganale (*Zollverein*) realizzata tra il 1817 e il 1834 fanno parte di un disegno, certo non privo di chiaroscuri e contraddizioni, nel quale l'ammodernamento dell'apparato produttivo è sentito come elemento indispensabile del processo di unificazione nazionale. Negli anni Cinquanta e Sessanta, le ferrovie, le grandi imprese e le banche operano in Germania come fattori al tempo stesso di sviluppo e di unificazione economica nazionale cosicché si può dire, pur tenendo conto dei caratteri dualistici dell'economia tedesca, che al momento della proclamazione del *Reich* la Germania ha già compiuto passi decisivi sulla strada della creazione di un unico mercato nazionale e su quella dello «sviluppo economico moderno».

In Italia, l'unione doganale era rimasta allo stadio di progetto, la rete ferroviaria aveva progredito assai piú lentamente e in modo meno organico che altrove, le riforme economiche erano state — al di fuori del Piemonte e della Toscana — piuttosto timide. Nel complesso la partecipazione degli interessi manifatturieri al Risorgimento è quasi inesistente e la guida del movimento è assunta dai rappresentanti moderati degli interessi agrari piemontesi e toscani e da un gran numero di esponenti della cosiddetta borghesia delle professioni. Da questo processo politico sono, parimenti, del tutto esclusi i rappresentanti delle masse popolari.

Per dirla ancora con Carocci, «i fattori fondamentali dell'unificazione italiana furono la cultura e la diplomazia. Fu, come si direbbe oggi, un'"operazione di vertice" che, pur ricca di motivi civili, mirò a contenere i due fattori — il rivoluzionario e il militare — suscettibili di mobilitare le masse» [2]. Il processo di unificazione politica si realizza con una rapidità inattesa dagli stessi protagonisti che rende, se possibile, ancora piú precari gli equilibri politici e sociali sui quali esso si regge sia all'interno sia nel contesto internazionale. A ben vedere, quest'«operazione di vertice» che appoggia su uno strato assai sottile di consensi riesce miracolosamente nell'impresa dell'unificazione politica della Penisola giocando nello spazio incredibilmente ridotto dei punti di incontro di interessi assai divergenti mostrandosi, di volta in volta, come il «male minore» per ciascuna delle forze in campo. Operando in questo modo, la destra moderata riesce a compiere un miracolo di equilibrismo politico che garantisce la nascita e la sopravvivenza del nuovo stato. Questa è resa possibile dall'abbandono della complessiva coerenza tra le diverse politiche poste in essere, nella quotidiana ricerca di compromessi con altre espressioni della vita politica nazionale in formazione, al fine di impedire lacerazioni irreparabili all'interno, di contenere la spinta democratica, di evitare l'intervento armato di Francia e Austria.

In questo modo, il nuovo stato riesce a superare i primi difficili anni della sua esistenza malgrado la sconfitta militare del 1866, le avventure garibaldine, l'indifferenza delle masse centro-settentrionali e il malcontento diffuso nel Mezzogiorno che obbliga a mantenervi duecentomila baionette. Al bene ultimo della sopravvivenza devono, in queste circostanze, essere sacrificate le soluzioni a molti problemi e l'impostazione di politiche economiche coerenti e di ampio respiro. La ricerca indispensabile dell'arco di consensi piú ampio possibile si attuerà in successivi equilibri politici, dal «connubio» di Cavour al trasformismo di Depretis sino alle diverse forme del giolittismo. Sul piano economico-sociale questa ricerca implicherà alleanze innaturali tra i grandi affittuari padani e il latifondo assenteista del Sud e tra quest'ultimo e la nascente industria manifatturiera.

2. *I problemi di fondo: arretratezza e dualismo*

Ricorda Ragionieri come, una volta unificata, l'Italia costituisca la «sesta grande potenza» d'Europa. Come tale essa viene riconosciuta alla Conferenza di Londra del 1867 [3]. La dimensione demografica [4], piuttosto che lo status politico o la prosperità economica, costituisce il fattore che trasforma la Penisola — per Metternich mera «espressione geografica» — in una «potenza» continentale. Ma si tratta di un gigante dai piedi d'argilla.

Sul piano politico, nota efficacemente Chabod, l'Italia è «uno stato satellite, uno stato vassallo della Francia imperiale: uno stato di scarse capacità interne, con le finanze in dissesto, travagliato fra reazione e rivoluzione, con il Papa scomunicante da Roma e Garibaldi e Mazzini sempre in cerca di avventure e di colpi di testa rivoluzionari» [5]. Ma è soprattutto dal punto di vista economico che la «sesta potenza» mostra la sua debolezza. Malgrado l'estrema incertezza delle stime del reddito per abitante relative a questo periodo e la complessità di confronti internazionali in proposito, l'ordine di grandezza del divario tra l'Italia e i piú avanzati paesi dell'Occidente è tale da lasciare scarsi dubbi sulla posizione relativa della nostra penisola. Regno Unito, Paesi Bassi, Svizzera, Belgio [6] e la stessa Francia hanno probabilmente raggiunto, nel 1861, livelli di reddito per abitante compresi tra due volte e una volta e mezza quello italiano. Il consumo di cotone greggio non raggiunge il 3 per cento di quello britannico, il 9 per cento di quello francese e l'11 per cento di quello tedesco [7]. Quanto all'industria cosiddetta pesante, basta ricordare che la produzione di ghisa è, all'inizio degli anni Settanta, pari solamente a un quinto di quella di un paese arretrato e di piccole dimensioni quali l'Ungheria [8]. Le ferrovie, simbolo sopravvalutato ma non trascurabile del progresso dell'epoca in cui si forma l'unità d'Italia, sviluppano nella Penisola (1860) una rete di circa 2.400 chilometri pari a quella spagnola e non molto superiore a quella del piccolo Belgio [9].

A quest'arretratezza complessiva si aggiunge un'eccezionale varietà di situazioni locali: non a caso Alberto Caracciolo parla non di una ma di piú «Italie economiche» [10]. Non vi è dubbio, in particolare, che la spiccata diversità delle realtà regionali e il forte divario nel livello di sviluppo economico raggiunto dall'area nord-occidentale rispetto a quella meridionale del paese costituiscano una delle piú rilevanti peculiarità del «caso italiano» nel contesto dello «sviluppo economico moderno» europeo durante il secolo scorso [11]. Le dimensioni del «dualismo» sono cosí pronunciate da non potere essere attribuite all'ambiguità degli indicatori, che pure sono relativamente scarsi e asistematici. Luzzatto sottolinea il ristagno demografico dei centri urbani, ad eccezione, appunto, di Milano, Genova, Torino e Firenze [12]. Il tasso di analfabetismo si aggira attorno al 50-55 per cento in Piemonte e in Lombardia mentre varia tra l'86 e il 90 per cento nelle diverse provincie del Regno delle Due Sicilie. A quest'ultimo appartiene solo il 5 per cento del capitale italiano investito in società anonime [13] e una percentuale analoga dei chilometri di rete ferroviaria in esercizio. La scarsità di capitale nelle regioni meridionali è testimoniata anche dai tassi di interesse piú elevati praticati dagli intermediari che vi operano. Quanto all'agricoltura, se è vero che al nord come al sud si trovano «anche terre nelle quali i saggi di rendimento superano i quindici quintali per ettaro» [14], è altrettanto vero che l'elemento piú appariscente e grave del divario tra il nord e il sud della Penisola al momento dell'unificazione può essere sintetizzato nell'«enorme disoccupazione contadina» del Meridione «dato che il grano non richiede che trenta giorni lavorativi l'anno e la vigna due o tre volte tanto» [15].

Un basso livello del reddito per abitante e dell'accumulazione ed un divario interregionale eccezionalmente pronunciato costituiscono, pertanto, i due grandi problemi strutturali, d'altronde strettamente interconnessi, del Regno d'Italia nato nel marzo 1861. L'industrializzazione avvierà lentamente il primo a soluzione nel secolo successivo mentre la «questione meridionale», benché in termini diversi, resta tutt'ora aperta.

3. *L'organizzazione dello Stato*

Benché il problema delle istituzioni statuali che vengono prendendo corpo negli anni dell'unificazione abbia un carattere e risvolti assai piú ampi e complessi di quelli relativi allo «sviluppo economico moderno», la dinamica di quest'ultimo è strettamente interconnessa con quella dell'organizzazione politico-amministrativa dello stato che riceve, negli anni attorno all'unità, assetti destinati a una durata a volte secolare.

La ristretta *élite* moderata che guida la fase finale del Risorgimento e i primi passi dell'Italia unita non ha dubbi circa l'organizzazione del nuovo stato in monarchia costituzionale retta dallo statuto albertino del Regno di Sardegna. Vi è pure accordo sostanziale sul fatto che l'elettorato attivo debba essere limitato a un numero ristretto di cittadini maschi, cioè a coloro che paghino imposte dirette per somme che possono variare secondo l'attività esercitata e le regioni. Alle prime elezioni, svoltesi nel 1861 a cavallo tra gennaio e febbraio, hanno diritto al voto 418.696 cittadini, su una popolazione di quasi 22 milioni [16]. Il mantenimento di una legge elettorale a suffragio tanto ristretto accentua il carattere oligarchico delle istituzioni del nuovo regno e rende difficile l'entrata delle masse nella vita dello stato; questa si verificherà, come ricorda Candeloro [17], solo «attraverso crisi violente» che contribuiranno alla fragilità del tessuto sociale, non senza risvolti negativi sullo stesso sviluppo economico.

Nel parlamento piemontese e nello stesso gruppo moderato guidato da Cavour esiste, invece, una non marginale differenza di opinioni circa il problema delle autonomie locali. L'idea di rifarsi a un «modello» inglese caratterizzato da un forte decentramento dei poteri amministrativi sembra ad un certo punto avere la meglio: essa attrae lo stesso Cavour che pure non manca di scorgervi pericoli concreti. Nel discorso della corona pronunciato nell'aprile 1860, Vittorio Emanuele dice, a questo proposito: «Fondata sullo statuto, l'unità politica, militare e finanziaria e l'uniformità delle leggi civili e penali, la progressiva libertà della provincia e del comune rinnoverà nei popoli italiani quella splendida e vigorosa vita che in altre forme di civiltà e di assetto europeo era il portato delle autonomie e dei municipii, alle quali oggi ripugna la costituzione degli stati forti e il genio della nazione» [18].

Nella buona sostanza, il governo si propone di creare dapprima uno stato accentrato ma non esclude, anzi si augura, una progressiva delega di potere alle istanze locali. Nel marzo 1861 Minghetti presenta alla Camera disegni di legge per il decentramento a comuni, circondari e provincie di poteri che la legge amministrativa piemontese del 1859 aveva riservato al governo centrale. Nel presentarli, il ministro dell'interno esordisce dicendo: «trattasi di accordare alle varie parti del regno le massime franchigie amministrative possibili, purché rimanga integra, anzi si consolidi l'unità nazionale» [19]. Questi disegni di legge trovano, tuttavia, forte opposizione e vengono ritirati dopo la morte di Cavour. Nell'ottobre 1861 Ricasoli estende a tutto il regno la legge piemontese. Il dibattito si trascina, poi, stancamente sino all'approvazione, nel marzo 1865, di una nuova legge comunale e provinciale che, tuttavia, «differisce ben poco da quella del 23 ottobre 1859» [20].

I motivi del prevalere delle tendenze piú estreme dell'accentramento burocratico e amministrativo di tipo bonapartista sono molteplici. Essi vanno ricercati anzitutto nell'insicurezza della classe dirigente moderata che si traduce nell'esigenza di lasciare il minimo spazio possibile sia a ritorni clerico-reazionari sia ad aperture sociali [21]. Ma il facile trionfo delle tendenze accentratrici sulla visione non strumentale del liberismo di ispirazione anglosassone dipende, in buona parte, dalle stesse condizioni di arretratezza del paese [22]. Un circolo vizioso tende, infatti, a legare i bassi livelli di consumo e di accumulazione e le scarse aspettative di crescita a una diffusa povertà di valori e tradizioni civili, all'esistenza di una borghesia asfittica e miope, e all'abitudine — diffusa ovunque ma radicatissima nel Mezzogiorno — di fare affidamento tanto sul paternalismo del principe che risiede nella capitale quanto, a livello locale, sui sistemi di protezione e «clientela» personale. Ed è proprio l'annessione delle province meridionali a determinare in Cavour e nei suoi seguaci centro-settentrionali un ripensamento delle precedenti aperture a schemi dei *self-government* quando si trovano «di fronte a una realtà sociale e politica non prevista da quegli schemi» [23]. D'altra parte, la maggioranza dei liberali del Mezzogiorno non concorda con l'opinione di Crispi — poi tanto radicalmente mutata — che «l'accentramento amministrativo [sia] un gran male e il suo sviluppo [minacci] le libertà nelle presenti condizioni dell'Italia»[24]. Al contrario, la discussione svoltasi alla Camera nell'aprile 1861 sulle condizioni delle provincie meridionali mette in luce l'angustia di vedute e le paure della maggior parte dei deputati meridionali le cui richieste sono, nella buona sostanza, ridotte a un limitato programma di lavori pubblici a fini assistenziali e a una riorganizzazione e rafforzamento delle forze di sicurezza[25]. La borghesia meridionale non ha, probabilmente, torto nel temere di essere spazzata via dalla vecchia e non indebolita aristocrazia o dalle rivolte popolari qualora non si provveda a istituire in ogni borgo un comando di regi carabinieri.

Vi sono, in teoria, buoni motivi per ritenere preferibile la soluzione «centralista» in un paese arretrato quale l'Italia del secolo scorso, qualora esistano al centro la volontà politica e la capacità di rompere con le tradizioni e i blocchi di potere che hanno condotto al ristagno e al dualismo. Ma, come si è visto, i motivi della scelta di un assetto istituzionale centralizzato di tipo francese non si rifanno a grandi disegni di sviluppo ma a semplici esigenze di sopravvivenza della nuova ristretta classe dirigente moderata. L'inadeguatezza delle norme piemontesi a servire come strumenti centrali di promozione dello sviluppo e l'impreparazione dell'apparato burocratico amministrativo a svolgere un compito di tale portata contribuiranno a un'ulteriore fossilizzazione del sistema.

4. *L'unificazione doganale*

Al contrario di quanto avviene negli altri settori della vita sociale, amministrativa ed economica, l'unificazione doganale del paese si attua nel modo piú radicale e repentino possibile. La tariffa piemontese del 1859 viene estesa, praticamente senza modifiche, ai territori che vengono a mano a mano unendosi per formare il Regno d'Italia. I trattati di commercio e navigazione degli antichi stati sono dichiarati decaduti e ad essi subentrano quelli in vigore con il Regno di Sardegna improntati a una filosofia liberoscambista. Inoltre, nell'estate 1860, il ministro delle finanze Vegezzi decreta riduzioni dei diritti doganali gravanti sui prodotti tessili in una misura che arriva alla metà del dazio.

Il fatto che una simile misura di politica economica sia condotta a termine senza i logoranti compromessi che caratterizzano la maggior parte delle scelte compiute allora e nella successiva storia unitaria dipende da varie circostanze. Anzitutto si tratta di un provvedimento che rispecchia l'ideologia dei liberali moderati piemontesi e, anzi, sintetizza e in qualche modo simboleggia la strategia di sviluppo economico da essi predicata durante gli anni Cinquanta. Preso a caldo, prima dell'apparire in Parlamento di nuovi e vecchi interessi costituiti, il provvedimento di unificazione doganale riesce a trovare, proprio per i riferimenti ideologici del quale è carico, consensi assai vasti. Né va dimenticata l'importanza della *leadership* di Cavour. Ricorda Romeo come l'occasione della conversione in legge dei decreti Vegezzi offra al primo ministro l'opportunità di esporre in modo compiuto alla Camera la propria visione strategica dello sviluppo economico italiano e come il suo discorso sia «il canto del cigno del grande combattente del libero scambio e l'ultima volta che egli condu[ce] al successo un disegno di legge a favore della libertà economica». Ma non vanno dimenticate altre circostanze, di ordine piú generale, che spingono, anche in modo tanto affrettato e maldestro, sulla strada del libero scambio. L'intero clima culturale e politico dell'Europa occidentale è orientato in tale direzione sin dagli anni Cinquanta e il movimento culmina, nel gennaio 1860, con il trattato commerciale cosiddetto Cobden-Chevalier tra Regno Unito e Francia costruito su basi liberoscambiste che, ben presto, anche attraverso l'operare della clausola della «nazione piú favorita» coinvolge la *Zollverein* degli stati tedeschi. Il decennio che si inaugura con l'unità d'Italia è, pertanto, quello nel quale i dazi sono piú bassi in tutto il Continente: per ritrovare una situazione analoga da questo punto di vista bisognerà attendere la lenta attuazione del Trattato di Roma, un secolo dopo. Clima culturale, dunque, e desiderio di non essere tagliati fuori da un grande movimento europeo spingono nella direzione del libero scambio. Ma non basta: vi sono, come ricorda Romani, «nuove, pesanti ragioni politiche, legate alla necessità indeclinabile per il nuovo stato di consolidare la sua formazione mediante il mantenimento delle alleanze e delle simpatie inglesi e francesi»[26]. Nel giugno 1862 viene siglato un trattato con la Francia di natura estremamente liberista che, probabilmente, Cavour aveva iniziato a negoziare sin dal marzo dell'anno precedente.

L'estensione a tutti i territori del Regno della tariffa sarda del 1859 si presta a una critica di carattere tecnico per il modo con il quale viene attuata e a un'altra, piú generale, relativa al ruolo che questo provvedimento avrebbe secondo taluni giocato nel ritardare lo sviluppo del Mezzogiorno. Quanto al primo aspetto, è facile osservare come i provvedimenti per la creazione di un'unione doganale — dalla *Zollverein*, a quelli posti in essere nella monarchia asburgica sino alla Comunità Economica Europea — vengono normalmente attuati con gradualità, ritenuta necessaria a consentire quelle riallocazioni dei fattori della produzione che in teoria giustificano simili provvedimenti ma che solo in teoria avvengono in modo istantaneo. Il caso italiano fa eccezione a questa regola di buon senso e di buona amministrazione e, da questo punto di vista, la fretta con cui con un colpo di penna si vogliono creare situazioni doganali radicalmente diverse da quelle esistenti non configura la migliore soluzione tecnica al problema.

Piú complessi sono i termini di un giudizio complessivo di strategia economica. Su di essi dovremo ritornare. Per ora, basta ricordare che il problema è stato ritenuto rilevante soprattutto per quanto riguarda la «questione meridionale». La Toscana, infatti, gode già di un regime tariffario liberista simile a quello piemontese mentre la Lombardia ha un'agricoltura a produttività elevata in grado di trarre vantaggio dal libero scambio e un'industria tessile sufficientemente forte da non temerne troppo le ripercussioni; infine, nei territori pontifici non esiste una base industriale degna di questo nome che possa essere danneggiata dalla nuova tariffa. Il problema si pone, dunque, per le provincie meridionali nelle quali, come si è visto nel capitolo precedente, era nata, al riparo della tariffa e nutrita dalle commesse statali, un'industria manifatturiera — soprattutto tessile e meccanica — di dimensioni non del tutto trascurabili. In queste circostanze vi è chi ritiene che una politica doganale meno radicale e attenta alle esigenze dell'«industria nascente» avrebbe conservato al napoletano la propria «base industriale» e chi, al contrario, ritiene che imprese incapaci di sostenersi con le proprie forze utilizzano le risorse in modo inefficiente e vanno, pertanto, abolite. Si tratta, sostanzialmente, dell'antica *querelle* tra protezionisti e liberoscambisti che riassume, nella circostanza, tutto il risentimento a torto o a ragione provato da gran parte delle popolazioni meridionali quantomeno per il modo con cui viene portata a termine l'annessione del Regno delle Due Sicilie. Sul merito del problema va detto, tuttavia, da un lato che le dimensioni dell'industria sono, nel 1860, tali da non consentire di pensare che in presenza di una tariffa adeguata la storia economica successiva della regione sarebbe stata caratterizzata da uno sviluppo significativamente piú rapido e, d'altro lato, che il Mezzogiorno d'Italia continua a godere per alcuni decenni di «protezioni non tariffarie» dovute anzitutto all'elevatezza dei costi di trasporto.

5. *L'unificazione finanziaria*

La diversa impostazione della politica economica nei singoli stati pre-unitari alla quale si è fatto cenno nel capitolo precedente si riflette nella diversità dei sistemi impositivi e nell'entità dello stock di debito per abitante esistenti nel 1859. La finanza straordinaria di guerra rende ancora piú difficile e intricata la situazione che devono affrontare i primi governi nazionali [27].

Bastogi, divenuto ministro delle finanze nel marzo 1861, compie una prima opera di riordinamento con l'istituzione del gran libro del debito pubblico nel quale vengono iscritti tutti i debiti degli stati pre-unitari, per un capitale nominale di lire 3.103 milioni, convertito per la maggior parte in rendita italiana 5 per cento [28]. Il nuovo stato inizia, pertanto, la propria vita finanziaria con uno stock di debito pari a circa il 40 per cento del prodotto interno lordo stimato dal gruppo Fuà per l'anno 1861. Il carico non è, tuttavia, equamente distribuito tra i cittadini degli stati pre-unitari. Al netto dei debiti dovuti alla guerra d'indipendenza, l'indebitamento per abitante dei cittadini dell'ex Regno di Sardegna è di 188 lire contro le 84 di quelli dell'ex Regno delle Due Sicilie e le 55 dei toscani [29]. Nella misura in cui i disavanzi degli anni Cinquanta erano serviti a dotare il Piemonte e altre aree settentrionali di capitale fisso sociale, l'unificazione del debito implica un trasferimento di risorse reali dal sud al nord del paese.

Nel prossimo capitolo si dirà brevemente delle difficoltà finanziarie di questo periodo, qui basta ricordare che i disavanzi sono subito elevatissimi anche a causa della lentezza e dell'inefficienza dell'amministrazione finanziaria ma, soprattutto, per la difficoltà politica di smorzare immediatamente le grandi speranze palingenetiche risorgimentali con forti inasprimenti tributari. Si deve, cosí, provvedere all'emissione di nuova rendita italiana 5 per cento che, tuttavia, date le incertezze del momento, viene quotata 70,5 lire per ogni 100 di valore nominale.

L'unificazione tributaria non è né semplice né relativamente indolore quale quella del debito pubblico. Le diversità nei regimi fiscali dei vari stati pre-unitari sono infatti profonde. All'esigenza di giungere a una legislazione unitaria incidendo in tradizioni assai radicate, si intreccia quella, ancora piú impopolare, di procurare nuove entrate all'erario. Bastogi propone e fa approvare dal Parlamento leggi per l'unificazione delle imposte di registro e bollo, di quelle di successione, sui beni delle manomorte e sulle concessioni governative. Vengono riviste le imposte sui sali e sui tabacchi ed esteso a tutto il territorio del Regno il monopolio governativo per questi ultimi prodotti.

Le proteste non mancano, soprattutto nel Mezzogiorno ove i Borboni avevano tradizionalmente seguito una politica di mano leggera in campo fiscale alla quale aveva corrisposto una spesa pubblica relativamente esigua. Il processo di unificazione e riordinamento dei tributi è, tuttavia, appena iniziato. Nel 1862 Sella, succeduto a Bastogi alla guida delle finanze, prepara un primo disegno di legge per l'imposta cosiddetta di ricchezza mobile, basata sul principio, allora generalmente accolto in Italia, che il reddito e non il capitale sia «il solo titolo per cui il cittadino possa sentirsi tenuto a concorrere in un'annua spesa che si faccia per il beneficio di tutti»[30]. L'importanza dell'imposta — che Minghetti fa votare alla Camera nel luglio 1863 — sta, appunto, piú nella modernità del principio a cui si ispira che nel gettito, il quale raggiunge in questo periodo solamente i 30 milioni annui.

Il processo di unificazione e riforma finanziaria procede lentamente, come si vedrà nel prossimo capitolo, e piuttosto disordinatamente piú sotto la spinta delle esigenze crescenti di spesa che in base a un disegno organico e preciso.

6. *L'unificazione monetaria*

La circolazione monetaria degli stati pre-unitari è costituita prevalentemente di monete metalliche, alcune delle quali «erose», cioè a valore intrinseco inferiore a quello facciale. Durante la prima metà del 1861 si cerca di ritirare queste ultime e di sostituirle con pezzi di nuovo conio. Una legge del luglio 1861 stabilisce il tasso di cambio tra le diverse monete in circolazione e la lira piemontese. La scarsa diffusione dei biglietti e, in generale, dei mezzi di pagamento bancari rende assai lenta la penetrazione della nuova unità monetaria e si possono, d'altronde, immaginare le resistenze psicologiche di una popolazione in gran parte analfabeta e legatissima alle tradizioni locali ad accettare mutamenti nelle unità di conto e nello stesso disegno delle monete in circolazione.

Il provvedimento formalmente piú rilevante per l'unificazione della circolazione metallica del paese viene preso con la legge 24 agosto 1862 n. 788 che istituisce la lira italiana — di valore pari a quella piemontese — quale unità di conto e moneta legale con potere liberatorio. La stessa legge stabilisce il contenuto metallico della lira sulla base di un provvedimento del dicembre precedente che aveva fissato in 15,59 il rapporto tra i prezzi ufficiali dell'oro e dell'argento [31]. Il modello di riferimento sembra essere quello del «franco germinale» francese basato su uno *standard* bimetallico destinato ad avere necessariamente vita difficile [32]. Di fatto, durante questi primi anni, il sistema è basato su un *silver standard*. Nel marzo 1863, infine, viene fissato in 25,3 lire il cambio ufficiale della sterlina: esso resta invariato, nei periodi di convertibilità, sino al luglio 1914.

Il secondo importante problema che si presenta per l'unificazione monetaria del nuovo regno è quello dell'assetto da dare agli istituti di emissione. Si è visto come Cavour avesse manovrato per l'unificazione delle due banche con diritto di emissione nell'unica Banca Nazionale degli Stati Sardi e ciò fa presumere che egli sia, ancora nel 1860-61, favorevole, almeno in linea di principio, alla concessione del monopolio dell'emissione a una sola grande banca. La linea seguita è, tuttavia, assai diversa. La Banca nazionale sarda, diventa Banca Nazionale *nel* Regno[33], riesce ad assorbire solamente la piccola Banca degli Stati Parmensi, la Banca Pontificia per le Quattro Legazioni di Bologna e, nel 1866, il modesto Stabilimento Mercantile di Venezia. Per il resto, ancora vivo Cavour, nel 1860 il governo provvisorio fiorentino autorizza la creazione di una seconda banca di emissione (la Banca Toscana di Credito). Sono, cosí, cinque le banche con diritto di emissione operanti nel territorio del nuovo Regno al momento dell'unificazione politica; ad esse si aggiungerà, nel 1870, la Banca Romana. Il progetto di unificazione dell'emissione viene sconfitto dai particolarismi e dagli interessi locali: gli equilibri politici del tempo sarebbero stati, probabilmente, sconvolti dalla trasformazione dell'ex-banca sarda in un unico grande istituto di emissione. Non va, infatti, dimenticato che — con le eccezioni di cui dirò subito — le banche di emissione sono, in questo periodo, in tutto e per tutto normali istituti di credito che operano a breve e a lungo termine finanziando anche opere e imprese di grande importanza. Si tratta, sostanzialmente, delle sole grandi banche del paese. L'emissione costituisce, d'altra parte, una quota cospicua delle loro passività, in un ambiente nel quale il deposito bancario si diffonde assai lentamente. In queste circostanze è ben comprensibile la riluttanza dei circoli finanziari delle ex-capitali a vedere concentrata nelle sole mani della Banca Nazionale una quota tanto cospicua degli affari bancari del paese. Sarà necessaria una grave crisi finanziaria che coinvolgerà, in modo piú o meno grave, tutti gli istituti di emissione per fare, nel 1893, il primo grande passo verso il monopolio che sarà, tuttavia, definitivamente completo solo nel 1926.

Si deve notare che, per il 1862, la circolazione metallica è stimata in circa 1.800 milioni contro i 200 milioni di banconote. Solo l'estensione progressiva dell'uso di queste ultime conduce, negli anni successivi, a un'effettiva unificazione monetaria del paese. Le anticipazioni concesse dalla Banca Nazionale nel Regno al Tesoro contribuiscono all'affermarsi della lira italiana quale unità di conto e delle banconote quali mezzi di pagamento. Il passo decisivo viene compiuto, come si dirà nel prossimo capitolo, con il cosiddetto «corso forzoso». Si noti che, malgrado il mantenimento della pluralità dell'emissione, il legame privilegiato che si instaura tra governo e Banca Nazionale, e che altro non è se non la continuazione di precedenti rapporti, fa di quest'ultima il perno del sistema monetario e bancario del paese. Si è detto che le banche di emissione operano, in questo periodo, quali normali istituti di credito che non disdegnano le operazioni a lungo termine e, in quanto tali, costituiscono l'ossatura embrionale del sistema di intermediazione finanziaria del nuovo regno. Tuttavia, nota Luzzatto, il credito a medio o lungo termine è riservato ancora, per la massima parte, ai banchieri privati, di cui alcuni di notevole importanza si incontrano a Genova (Parodi, Rossi), a Livorno (Bastogi), a Milano (Belinzaghi, Vonwiller, Pisa, Brambilla), ma in maggior numero a Torino (fra i tanti, Cotta, Nigra, Ceriana, Stallo, Geisser, Long, De Fernex, Montu, Fontana, Todros, Genero, Bolmida, Barbaroux)[34]. Per il resto, esiste al momento dell'unificazione, una serie di piccole banche locali, in particolare Casse di Risparmio, la prima delle quali era stata fondata a Venezia nel 1822, la seconda a Milano l'anno successivo.

L'unificazione politica e l'annuncio di grandi programmi di creazione di capitale fisso sociale, in particolare le ferrovie, fanno intravedere la possibilità di elevati redditi di intermediazione: nascono, pertanto, tra il 1862 e il 1865 ben dodici nuove banche di deposito. Alcune di esse hanno vita effimera e falliscono nel giro di pochi anni (la Cassa Mobiliare di Credito a Torino e la Cassa Sociale di Prestiti e Risparmi a Milano). Altri istituti sorgono, invece, su solide basi e sono destinati a giocare un ruolo importante nei decenni successivi. Tra tutti va ricordata la Società Generale di Credito Mobiliare Italiano nata a Torino nel 1863 per iniziativa del *Crédit Mobilier* dei fratelli Pereire e di un gruppo di banchieri locali. Gestito da Domenico Bolduino sino al 1885, il Credito Mobiliare, pur impegnandosi a fondo nel programma ferroviario, eviterà di ripetere gli errori della casa madre francese, dalla quale si affrancherà assai presto.

Tra le altre banche sorte in questi primi anni, vanno ricordate la Banca anglo-italiana, la Banca di credito italiano, il Banco di Sconto e Seta, la Cassa nazionale di sconto toscana. Si tratta dei primi passi, assai in ritardo rispetto a quelli compiuti dagli altri paesi europei, sulla strada della creazione di un moderno sistema bancario in grado di unificare effettivamente il mercato del credito: a giudicare dal persistere di ampi divari nei tassi di interesse per operazioni sostanzialmente simili compiute in aree diverse del paese, bisogna, tuttavia, concludere che tale unificazione richiede parecchi decenni.

NOTE AL CAPITOLO SESTO

1 G. Carocci, *Storia d'Italia dall'Unità a oggi*, Milano, Feltrinelli, 1975, p. 18.

2 *Ibidem*, p. 19.

3 E. Ragionieri, *La storia politica e sociale*, in AA.VV., *Storia d'Italia*, Torino, Einaudi, 1976, vol. IV, p. 1674.

4 Il Regno d'Italia conta, nel 1861, circa 22 milioni di sudditi. Solo l'impero russo, quello asburgico, e la Francia hanno, a quell'epoca, una consistenza demografica decisamente superiore a quella italiana. Nel 1871 il *Reich* tedesco avrà 41 milioni di abitanti. Il Regno Unito, Irlanda inclusa, ha 29 milioni di abitanti: due in piú di quelli censiti in Italia nel 1871, una volta conquistati il Veneto e il Lazio. La Spagna aveva nel 1861 solo 15,6 milioni di abitanti. Nessuno degli altri stati europei raggiungeva i 10 milioni di abitanti (cfr. B.R. Mitchell, *European Historical Statistics*, London, Macmillan, 1975, pp. 3 ss.).

5 I. Chabod, *Considerazioni sulla politica estera dell'Italia dal 1870 al 1915*, in Id., *Orientamenti per la storia italiana del Risorgimento*, Bari, Laterza, 1952, p. 25.

6 Secondo le stime di Kuznets, posto pari a 100 il reddito italiano per abitante in questo periodo, l'indice degli altri paesi è il seguente: Regno Unito 230, Svizzera 200, Paesi Bassi e Belgio 180 (S. Kuznets, *Economic Growth of Nations. Total Output and Production Structure*, Cambridge (Mass.), Belknap, 1971, p. 24). Le stime di Bairoch (*Europe's Gross National Product 1800-1975*, cit.) danno un divario minore ma sempre considerevole (Regno Unito 194, Svizzera 160, Belgio 163, Paesi Bassi 150).

7 B.R. Mitchell, *European Historical Statistics*, cit., pp. 251 ss.

8 *Ibidem*, pp. 211 ss.

9 Mancano stime delle tonnellate-chilometro trasportate. Un rozzo indicatore dell'importanza delle ferrovie si può, tuttavia, ottenere dividendo le tonnellate trasportate in totale per il numero di chilometri della rete. Cosí facendo si ottengono i seguenti valori (1871): Gran Bretagna 7.800, Austria-Ungheria 4.200; Belgio 3.800, Francia 2.400, Italia e Spagna 800.

[10] A. Caracciolo, *La storia economica*, cit.

[11] L'esistenza di un forte «dualismo» economico già prima dell'unificazione è stata posta in discussione da un filone di pensiero meridionalista che vede le politiche economiche post-unitarie come causa dell'allargamento di un divario assai poco pronunciato nel 1860. Ma si tratta di una tesi non difendibile sul piano empirico.

[12] G. Luzzatto, *L'economia italiana dal 1861 al 1914*, Milano, Banca Commerciale Italiana, 1963, p. 19.

[13] A. Caracciolo, *La storia economica*, cit., p. 680.

[14] G. Porisini, *Produttività e agricoltura: i rendimenti del frumento in Italia dal 1815 al 1922*, cit., p. 16.

[15] M. Aymard, *Rendements et productivité agricole dans l'Italie moderne*, in «Annales», XXVIII (1973), p. 497. Il fatto che la cerealicoltura costituisca in gran parte del Mezzogiorno una forzatura del vantaggio comparato di un'area ricca di manodopera e dotata di un clima adatto a colture di pregio non era sfuggito agli economisti napoletani del primo Ottocento. Si vedano, ad esempio: D. Balsamo, *Memorie economiche e agrarie riguardanti il Regno di Sicilia*, Palermo, Reale Stamperia, 1803 e N. Palmieri, *Saggio sulle cause e i rimedi delle angustie attuali dell'economia agraria in Sicilia*, Palermo, Reale Stamperia, 1826.

[16] Di questi, solo 239.583 (il 57,2 per cento) si recano effettivamente alle urne: il consenso al nuovo assetto posa su una base assai sottile (cfr. R. Romeo, *Vita di Cavour*, cit., p. 508).

[17] G. Candeloro, *Storia dell'Italia moderna*, vol. IV, Milano, Feltrinelli, 1980, p. 534.

[18] Segretariato Generale della Camera dei Deputati, *Il Parlamento dell'Unità d'Italia (1859-61)*, vol. II, Roma, 1961, p. 55.

[19] *Ibidem*, vol. III, pp. 8-9.

[20] E. Ragionieri, *La storia politica e sociale*, cit., p. 1685.

[21] Cfr. E. Ragionieri, *Politica e amministrazione nella storia dell'Italia Unita*, Bari, Laterza, 1967, p. 104.

[22] Si veda su questo punto A. Caracciolo, *Stato e società civile*, Torino, Einaudi, 1960, p. 22.

[23] E. Ragionieri, *La storia politica e sociale*, cit., p. 1685.

[24] R. Romeo, *Vita di Cavour*, cit., p. 496.

[25] *Ibidem*, p. 497.

[26] M. Romani, *Storia economica d'Italia*, cit., p. 206.

[27] «Le spese straordinarie per la campagna del 1859 ammontano a 263 milioni, l'indennità all'Austria [...] fu di 180 milioni, quella dovuta alla Francia di 80». Vengono accesi prestiti per 300 milioni dal solo Piemonte «mentre i governi provvisori facevano a loro volta prestiti nelle varie regioni». E. Corbino, *Annali dell'economia italiana*, vol. I, Milano, IPSOA, 1981, p. 207.

[28] A. Plebano, *Storia della finanza italiana*, Torino, Frassati, 1899, vol. I, p. 76.

[29] Mie stime sulla base di dati di P. Maestri, *L'Italia economica nel 1868*, Firenze, Civelli, 1869, pp. 323-324.

[30] Q. Sella citato in A. Plebano, *Storia della finanza*, cit., p. 114.

[31] L'oro viene valutato lire 3,437 il grammo e l'argento lire 0,2205 (E. Corbino, *Annali*, cit., vol. I, p. 281).

[32] Nel 1866 verrà ratificata la convenzione monetaria tra Italia, Francia, Belgio e Svizzera (le cui monete hanno il medesimo valore intrinseco e, dunque, tutte un tasso di cambio con le altre pari a 1) per la conversione e lo scambio, tra privati e tra governi, delle rispettive monete.

[33] Si noti il *nel* invece di *del* che avrebbe indicato quantomeno una supremazia quale quella della Bank *of* England e della Banque *de* France che si intendeva, invece limitare.

[34] G. Luzzatto, *L'economia italiana dal 1861 al 1914*, cit., pp. 63-64.

[illegible] 1866, Firenze, [illegible] 1868, pp. [illegible]

[illegible] nella citate [illegible] [illegible]

[illegible] Banca [illegible] [illegible]

[illegible] ratificante la convenzione monetaria tra Italia, Francia, Belgio e Svizzera [illegible] il medesimo valore [illegible] [illegible] per la [illegible] [illegible] [illegible] monete.

[illegible] quale quello della Bank of England e della Banque de France [illegible]

[illegible] [illegible] 1874 [illegible]

CAPITOLO SETTIMO

L'ETÁ DELLA DESTRA

1. *Crescita lenta in un clima di incertezza*

Secondo le stime del gruppo Fuà, il reddito per abitante resta sostanzialmente stazionario durante gli anni di governo della Destra. Per lo storico economico del periodo, questo è il principale fenomeno da spiegare.

Va detto subito che, in un saggio assai noto, Romeo ha risolto il problema negandone l'esistenza. «Si tratta indubbiamente — egli scrive — di uno dei periodi di piú rapido progresso che l'agricoltura italiana abbia mai conosciuto» [1]. Dato che il settore primario è di gran lunga il piú importante e, inoltre, che la produzione industriale *per abitante* aumenta dell'1 per cento l'anno [2], il giudizio complessivo su questi anni potrebbe effettivamente venire rovesciato qualora Romeo fosse in grado di basare la propria affermazione su solide basi statistiche. Ma le cose non stanno in questi termini. Le serie usate da Romeo sono quelle dell'ISTAT [3] che si rivelano solo moderatamente piú ottimistiche di quelle riviste da Orlando per il gruppo Fuà: le prime danno un tasso di crescita annuo *pro capite* della produzione agricola pari a 0,5, le seconde di 0,1 [4]. Si tratta di una differenza che, dato l'elevato margine di errore implicito in questo tipo di ricostruzioni, non consente di considerare le due cifre come significativamente diverse.

Anche alla luce delle stime piú ottimistiche, la crescita del reddito per abitante resta al di sotto di quella che Kuznets assume come soglia dello «sviluppo economico moderno». Questa situazione può contribuire a spiegare la delusione che molti provarono dopo le speranze suscitate, almeno in buona parte della borghesia, dal processo di unificazione politica.

Il quadro economico internazionale del periodo è caratterizzato da uno sviluppo relativamente rapido dei principali paesi dell'Europa occidentale: tra il 1861 e il 1876 il prodotto nazionale inglese cresce di circa il 2,2 per cento l'anno, quello tedesco del 3,0. L'economia francese ha forse perso lo smalto degli anni Cinquanta ma continua a crescere. Lo sviluppo americano riprende a partire dal 1866-67, con la fine della guerra civile. Il libero scambismo tende a dominare la scena internazionale. Tuttavia, l'ottimismo degli anni Cinquanta va lentamente incrinandosi anzitutto a causa delle guerre europee: quella austro-francese del 1859, quella austro-prussiana del 1866 e, soprattutto, lo scontro tra Francia e Prussia del 1870 che porta alla proclamazione del *Reich* in una Parigi sconfitta e umiliata che non dimenticherà l'onta subita. Le riparazioni di guerra pagate a Berlino costituiscono probabilmente una delle cause della febbre speculativa e della successiva crisi finanziaria scoppiata in quella città nel 1873 e da lí diffusasi ad altre borse europee. Benché gli effetti reali di questa crisi siano stati probabilmente modesti, essa costituisce, in una certa misura, il simbolo della fine di un periodo di crescita al quale si sostituisce, a partire dalla metà degli anni Settanta, una vera o presunta «Grande depressione» di durata ventennale.

La stessa creazione di un Regno d'Italia molto piú vasto di quanto Francia e Inghilterra avrebbero desiderato viene a turbare l'equilibrio pre-esistente che, nel corso del decennio successivo, è posto ben piú radicalmente in discussione dal definitivo emergere della Prussia come potenza continentale. Questo contesto — che obbliga, ad esempio, i governi italiani a mantenere un esercito sproporzionato alle risorse del paese — va certo tenuto presente anche nello studiare l'andamento delle variabili economiche durante l'età della Destra. Cosí come va ricordata la situazione interna del paese caratterizzata da divisioni secolari, dalla prevalenza di interessi locali, dall'estrema difficoltà delle comunicazioni (la stessa unificazione linguistica della penisola non è nemmeno all'orizzonte), dalla sostanziale incomprensione mostrata dalle masse — soprattutto, ma non solo, da quelle meridionali — per il processo di unificazione del paese. Questa situazione interna e internazionale, le sconfitte del 1866, l'irrequietezza di Garibaldi, la tensione dei mesi precedenti il settembre 1870 non sono certamente tali da contribuire al clima di prospettive stabili che meglio consente lo sprigionarsi degli *animal spirits* imprenditoriali.

2. *I problemi della finanza pubblica*

La cosiddetta Destra storica esprime, tra il 1861 e il 1876, dodici governi. Alle finanze, il ministero chiave per la condotta degli affari economici, si susseguono personaggi come Bastogi, Sella, Minghetti, Scialoja, Ferrara, Rattazzi, Cambray-Dighy. Non è, pertanto, facile dopo la scomparsa di Cavour e di fronte al verificarsi di circostanze nuove e inaspettate definire con precisione una «linea» di politica economica per questo periodo. Un certo filo conduttore può essere probabilmente ricercato in principi generali circa il ruolo che si ritiene lo stato debba svolgere per la creazione dello sviluppo: promozione delle condizioni piú favorevoli all'esplicarsi dell'iniziativa individuale attraverso lo smantellamento dei residui regolamenti di stampo mercantilista e formazione di capitale fisso sociale (strade, porti, canali ma, in quel momento, soprattutto ferrovie). Quest'ultima deve avvenire nel rispetto dei precetti dell'ortodossia finanziaria e monetaria del tempo che impongono il pareggio di bilancio e la convertibilità aurea della moneta. Le circostanze, tuttavia, sono tali da obbligare i ministri delle finanze ad accettare notevoli compromessi con i propri princípi. Nel 1862 le entrate effettive coprono solo la metà delle spese dello stato mentre il debito pubblico accumulato sino a quel momento [5] è pari al 38 per cento del prodotto interno lordo. La pressione tributaria non può venire accresciuta rapidamente non fosse altro che per vincoli di carattere amministrativo. Non va d'altronde dimenticato che la tassazione piemontese suscita già notevole malcontento, soprattutto nel Mezzogiorno. D'altra parte, è impossibile comprimere le spese, soprattutto quelle per il servizio del debito e per la difesa. Di qui l'ulteriore rapida espansione dell'indebitamento. Nel 1866, quando lo *stock* di debito pubblico in circolazione ha già raggiunto il 72 per cento del prodotto interno lordo, la guerra a fianco della Prussia pone ulteriori urgenti esigenze di spesa. Il ricorso a nuove emissioni di titoli appare impossibile. Il governo decide, pertanto, di rivolgersi alla Banca Nazionale del

Regno per un prestito di 250 milioni di lire. La Banca chiede, quale contropartita, l'autorizzazione a sospendere la conversione metallica dei propri biglietti e l'instaurazione del cosiddetto regime di «corso forzoso». Questo viene proclamato con un decreto del I maggio 1866 [6]. Le esigenze finanziarie del governo non si limitano ai primi 250 milioni: il totale delle somme prese a prestito supera, alla fine, i 600 milioni [7]. Lentamente tuttavia il disavanzo pubblico, che nel 1866 raggiunge l'8 per cento del prodotto interno lordo, viene ridotto da un'attenta politica della spesa e dal notevole aumento delle entrate. Nel 1876 il bilancio dello stato è virtualmente in equilibrio anche se il debito pubblico in circolazione resta al livello raggiunto nel 1870 (pari al 92 per cento del prodotto interno lordo). Questo processo di riduzione del disavanzo costituisce senza dubbio uno degli aspetti piú importanti della politica economica del periodo.

I primi tentativi di accrescere le entrate e ridurre le spese attuati da Sella tra il 1864 e il 1865 abortiscono a causa della guerra. Alla conclusione di questa, Scialoja — che tiene il dicastero delle finanze nei mesi difficili del «corso forzoso» — cerca di aumentare la pressione tributaria riordinando l'imposta diretta esistente [8] e, soprattutto, aumentando quelle indirette tra cui il dazio sul grano. I suoi successori ricorrono a un espediente di finanza straordinaria quale la liquidazione dell'asse ecclesiastico [9] che, tuttavia, si dimostra — come quasi sempre avviene in simili casi — assai poco efficace. Si giunge, pertanto, a pensare a un'imposta di carattere generale e di facile esazione: la tassa sul macinato. Viene, inoltre, reintrodotta una ritenuta fiscale sugli interessi del debito pubblico che era stata abolita qualche anno avanti. Nel 1869 Sella torna alle finanze e vi rimane sino al 1873 ponendo in essere una serie di misure soprattutto di carattere organizzativo che portano le entrate dello stato da 850 a 1.010 milioni riducendo il disavanzo a una cifra pari solo all'1 per cento del prodotto interno lordo.

3. *Effetti del corso forzoso*

L'introduzione del corso forzoso per i biglietti di banca è vissuta come una tragedia nazionale. Il Parlamento nomina una commissione d'inchiesta. Le polemiche sono vivacissime: basta ricordare, con Luzzatto [10], le dure parole pronunciate alla Camera da Ferrara contro il ministro Scialoja. Anche coloro che giustificano l'operato del governo, lo fanno ricordando lo «stato di necessità» che preclude ogni altra soluzione. Il giudizio degli storici non è, nel complesso, molto diverso.

Manca a tutt'oggi uno studio rigoroso degli effetti del corso forzoso sulle piú rilevanti variabili economiche. Le ipotesi che possiamo formulare sulla probabile direzione di tali effetti sembrano, tuttavia, condurre a una valutazione piú ottimista del provvedimento del maggio 1866.

Nel breve periodo, il corso forzoso produce un aumento nel prezzo in lire dell'oro (quello che all'epoca è chiamato «aggio»). Si ha, in altre parole, una diminuzione del valore esterno della moneta (svalutazione del cambio della lira) [11]. Questo è pari a circa l'8 per cento nel 1866 e al 7,4 per cento l'anno successivo [12]. L'aumento dei prezzi non è altrettanto pronunciato: 4,5 e 0,5 rispettivamente nel 1866 e nel 1867 [13]. L'effetto netto, *a parità di altre circostanze*, non può pertanto essere che quello di accrescere la competitività delle esportazioni italiane. Inoltre, poiché i dazi vengono riscossi in oro, l'esistenza di un «aggio» implica un aumento proporzionale della protezione doganale. Nel complesso, il corso forzoso produce, probabilmente, uno stimolo per la domanda di prodotti italiani sia all'estero sia sul mercato nazionale. Di fatto, tra il 1865 e il 1867 il disavanzo commerciale italiano passa da 367 a 109 milioni. È impossibile dire quanta parte di questo miglioramento e del sostanziale incremento delle esportazioni sia dovuta alla svalutazione della moneta, ma essa molto probabilmente vi contribuisce. Inoltre nella misura in cui almeno parte dell'aumento dei prezzi interni è attribuibile al corso forzoso, esso produce una riduzione del valore reale del debito e dei pagamenti correnti per interessi. Si tratta, comunque, di variazioni per ammontari modesti. Ben piú importante sembra essere il fatto che parte del nuovo debito acceso per la guerra e, in genere, per la copertura del disavanzo viene, sostanzialmente, monetizzata. Si noti che l'interesse dell'1,5 per cento che lo stato si impegna a versare alla Banca Nazionale è inferiore al tasso di inflazione.

Molto piú importanti, anche se difficilmente misurabili, appaiono gli effetti di lungo periodo dell'introduzione del corso forzoso sul sistema monetario e sull'intermediazione finanziaria. Va detto, anzitutto, che solo con il provvedimento del maggio 1866 si ottiene un'accelerazione del processo di unificazione monetaria del paese che sino ad allora aveva proceduto assai lentamente. La moneta metallica viene tesaurizzata e sostituita da quella cartacea sino ad allora emessa solo in biglietti di taglio elevato. Soprattutto, il corso forzoso avvicina il pubblico agli intermediari bancari e favorisce la crescita di questi ultimi. Le banche di emissione, che gestiscono una quota notevole delle operazioni bancarie a breve e a lungo termine, possono accrescere gli sconti e le anticipazioni concessi. Le nuove banche d'affari di modello francese — in particolare il Credito Mobiliare — trovano piú facile la propria affermazione in un mondo che, sino ad allora, aveva guardato con sospetto carta moneta e deposito bancario. Questi effetti del corso forzoso non si limitano, ovviamente, agli anni 1866-67. Al contrario, essi si producono lentamente ma restano, poi, acquisiti nella mentalità e nel comportamento quotidiano di una grande massa di piccoli operatori. Il corso forzoso diffonde, con il tempo, le prime grandi innovazioni «moderne» degli strumenti monetari e finanziari: la moneta cartacea e il deposito bancario. Nella misura in cui ciò riduce i costi delle transazioni e dell'intermediazione, si tratta di un contributo permanente allo sviluppo economico.

Alla Commissione parlamentare d'inchiesta si afferma che la Banca Nazionale ha esercitato pressioni sul governo per ottenere il corso forzoso dei propri biglietti. L'accusa viene respinta con sdegno dallo stesso Ferrara che aveva, a suo tempo, attaccato la politica di Scialoja. È tuttavia possibile che la Banca Nazionale fosse stata, nel 1866, fortemente preoccupata per la sorte di una banca che si sarebbe trovata in una seria crisi di liquidità [14]. Se le cose stanno, come sembra, in questi termini, il corso forzoso consente quella che appare, benché se ne sappia assai poco, come la prima operazione importante di «salvataggio» operata dal prestatore di ultima istanza nel nostro paese. Tra il 1865 e il 1866 i mercati finanziari europei sono tutt'altro che tranquilli e il futuro del nuovo Regno è legato alle armi prussiane: in questo clima confuso e incerto una crisi bancaria sarebbe stata a dire poco inopportuna: pertanto, se si pensa che il corso forzoso contribuisca a evitarla, ciò segna un ulteriore punto a favore del provvedimento.

Nel complesso non importa molto stabilire se il corso forzoso sia stato imposto da circostanze finanziarie interne e internazionali, dalle pressioni della Banca Nazionale o, come appare verosimile, da entrambi questi fattori. È assai piú importante notare che il provvedimento — avversato, o accettato quale male minore — appare, in prospettiva, come tutt'altro che dannoso all'Italia che muove i primi passi sulla via dello «sviluppo economico moderno».

4. *Ferrovie e opere pubbliche*

La Destra, si è detto, crede in una promozione indiretta dello sviluppo soprattutto attraverso la creazione di quel capitale fisso sociale (alcuni direbbero «infrastrutture») la cui creazione non può essere lasciata interamente all'iniziativa privata sia per l'ammontare di risorse necessarie a ogni singolo progetto, sia per gli interessi pubblici coinvolti (anzitutto di natura strategica) sia, infine, per il loro ineliminabile carattere di monopolio tecnico o naturale. Verso la metà dell'Ottocento, il nuovo capitale fisso sociale è rappresentato soprattutto, dalla diffusione della ferrovia, grande innovazione del tempo.

Quest'ultima assume, per i protagonisti del Risorgimento, anche un carattere simbolico. Si tratta di attuare, nei fatti, il processo di unificazione che, nel 1861, ha ricevuto una sanzione politica che ne è condizione necessaria ma non sufficiente.

Attorno al 1860 la rete ferroviaria italiana ha una lunghezza di circa 2.000 chilometri, paragonabile a quella della Spagna ma assai inferiore a quella di Gran Bretagna, Germania e Francia [15]. Sono, tuttavia, in stato di avanzata costruzione linee che portano la rete, per la fine del 1864, a un totale di circa 3.400 chilometri. Di questi, meno di 600 sono gestiti direttamente dallo stato (soprattutto in Piemonte) mentre il resto della rete è ripartito tra ventidue società private, alcune delle quali di dimensioni assai modeste [16]. Nel maggio 1865 viene approvata dal Parlamento la prima importante legge ferroviaria italiana. Essa sanziona e regola il regime di concessione governativa per l'esercizio delle strade ferrate, ripartendo le linee principali tra quattro grandi società. La stessa legge riorganizza il sistema dei contributi governativi alla costruzione e alla gestione delle ferrovie.

Tra il 1865 e il 1876 vengono aperti all'esercizio altri 3.857 chilometri che portano l'estensione totale della rete non lontano dagli 8.000 chilometri che, all'indomani dell'unificazione politica, venivano giudicati necessari alle prime esigenze di unificazione economica del paese. Durante il governo della Destra si inaugurano, in media, 350 chilometri di nuove ferrovie ogni anno [17] e si crea la base di una rete nazionale. Nel 1863 vengono unite Napoli con Roma e, l'anno dopo, Bologna con Firenze. Nel 1866 si può viaggiare dal Nord sino a Lecce e sino a Napoli. Negli anni successivi l'espansione della rete continua, anche se tra il 1867 e il 1876, le spese annue a tale scopo si mantengono, in media, di un buon terzo al di sotto di quelle effettuate prima della guerra per la conquista del Veneto.

Le ferrovie costituiscono la grande innovazione di questo periodo. Va, tuttavia, ricordato che il valore delle costruzioni ferroviarie rappresenta, tra il 1861 e il 1876, solo la metà di quello delle nuove opere pubbliche [18]. Viene dedicata una certa cura all'ampliamento dei porti il cui sviluppo è regolato da una legge del 1865. Aumenta di circa il 15 per cento l'estensione delle strade nazionali e provinciali e del 30 per cento quella delle strade comunali. Viene creato un servizio telegrafico nazionale.

Nel complesso, da un punto di vista strettamente quantitativo, l'impegno dei governi della Destra alla creazione di capitale fisso sociale nel nostro paese non può essere sottovalutato. Nel 1861 le spese per opere pubbliche rappresentano il 47 per cento degli investimenti lordi attuati nell'intero paese. Come si è detto, tali spese diminuiscono nettamente dopo il 1866. Malgrado ciò, dieci anni dopo, nel punto di minimo del loro primo ciclo lungo, esse contribuiscono ancora per oltre un quarto alla formazione del capitale del paese.

Piú complessa è la valutazione della produttività di questi investimenti. A tale proposito va, forse, ricordato come negli ultimi vent'anni gli storici economici abbiano dedicato non poche energie al tentativo di misurare il contributo dato dalle ferrovie — viste come grande innovazione ottocentesca nella tecnica dei trasporti — allo «sviluppo economico moderno» [19]. Senza entrare in dettagli, basta qui ricordare come questo contributo sia stato individuato in tre direzioni: l'unificazione del mercato — ed è questa la linea di ricerca seguita tradizionalmente dagli storici — il «risparmio sociale» di risorse (capitale e lavoro) nel sistema nazionale di trasporti e l'attivazione di domanda per l'industria nazionale.

Per quanto riguarda i primi due punti, va detto subito che l'inefficienza delle ferrovie italiane non tarda a emergere. Alla fine degli anni Settanta viene nominata una commissione di inchiesta *ad hoc* [20] ma già durante la discussione in Parlamento sul disegno di legge del 1865 non era mancata la consapevolezza che le costruzioni ferroviarie nascevano da un'esigenza politica piú che economica [21]. E i risultati d'esercizio delle società concessionarie confermano indirettamente questo giudizio [22]. Certamente la costruzione di strade ferrate nel nostro paese è impresa mediamente piú costosa che altrove, date le caratteristiche orografiche della penisola. Ma anche i costi di esercizio rimangono assai elevati. Secondo Fenoaltea essi superano, alla fine del secolo, di circa due terzi gli analoghi costi tedeschi e francesi [23]. L'abbondante lavoro italiano è a buon mercato ma possiede una «produttività eccezionalmente bassa» [24] mentre il prezzo dell'energia è assai piú elevato che nell'Europa nord-occidentale. In questa situazione, la rete è sovente sotto-utilizzata, soprattutto durante gli anni della Destra, prima del completamento delle linee secondarie. Il contributo all'unificazione del mercato è, pertanto, modesto.

È, d'altra parte, piuttosto poco significativo calcolare il «risparmio sociale» di risorse, quali il lavoro, ampliamente sotto-utilizzate [25]. Quanto all'eventuale risparmio di capitale, non vi è alcuna certezza che, in un'economia aperta come quella italiana di questi anni, esso sarebbe stato utilizzato piú produttivamente all'interno invece di emigrare all'estero [26]. Infine, gli studi condotti sino ad ora sembrano indicare che la costruzione della ferrovia produce modesti effetti di attivazione sull'industria nazionale [27]: ciò pare particolarmente vero per i tre lustri di governo della Destra.

5. *I progressi dell'industria*

Si è visto come le stime esistenti concordino nell'attribuire al periodo 1861-1876 una crescita della produzione industriale *per abitante* vicina all'1 per cento. Si tratta di un progresso lento ma non privo di significato soprattutto se considerato alla luce degli andamenti precedenti e seguenti. Si guarda oggi, infatti, da taluni alla crescita di lungo periodo dell'industria italiana come ad un «processo di evoluzione di lungo periodo»[28] caratterizzato da una modesta ma costante accelerazione della crescita della produzione manifatturiera.

Nel corso dello «sviluppo economico moderno» si ha una crescita dell'industria cosiddetta pesante orientata alla produzione dei beni di investimento assai piú rapida di quella dei comparti leggeri quali l'alimentare, il tessile, le lavorazioni del cuoio e del legno. D'altra parte questi ultimi settori sono i primi a svilupparsi, partendo dalle manifatture domestiche, attraverso un ambiguo processo di «protoindustrializzazione» sino al moderno sistema di fabbrica. Ciò dipende da condizioni legate sia alla domanda interna (l'urgenza di soddisfare bisogni primari) e internazionale (i vantaggi comparati di un paese che si sviluppa in ritardo) sia alle caratteristiche dell'offerta. Su quest'ultimo punto va sottolineata soprattutto la forte capacità che questi settori hanno di integrarsi con l'attività agricola. Nel caso italiano, come nella maggior parte degli altri processi di «sviluppo economico moderno», la prima fase dell'industrializzazione segue in buona misura — anche se certo non totalmente — le fortune del settore tessile. Al momento dell'unificazione, la produzione dei filati e tessuti di seta, cotone e lana costituisce una quota difficilmente misurabile ma, probabilmente, superiore al 30 per cento della produzione manifatturiera totale.

L'industria della seta guadagna, in questi anni, quasi la metà della valuta estera che entra nel paese. Il suo vantaggio comparato consiste nel basso costo-opportunità della produzione di bozzoli in una campagna sovrappopolata nella quale il contadino dispone di parecchie giornate libere nel corso dell'anno. Questo stesso vantaggio si riflette sui primi stadi della lavorazione. Quasi tutte le filande sono localizzate nella campagne e utilizzano, sovente in modo discontinuo, la manodopera esuberante, soprattutto femminile. I salari possono, dunque, mantenersi a livelli estremamente bassi, inferiori a quelli «di sussistenza» dato che si tratta, per l'operaio, di un reddito aggiuntivo a quello familiare derivante dall'attività agricola. Nel 1866 esistono in Italia 4.092 filande, per la maggior parte assai rudimentali: di esse, infatti, solo 386 utilizzano il vapore per riscaldare la bacinella, tutte le altre si servono di piccoli fuochi diretti [29]. L'offerta subisce violente fluttuazioni, legate all'andamento del raccolto dei bozzoli. Tra il triennio 1863-65 e quello 1875-77 la produzione di seta tratta cresce al tasso medio annuo dell'1,4 per cento [30]. Gran parte di questa produzione tratta viene esportata come tale data la modesta capacità produttiva della tessitura nazionale.

L'industria cotoniera non gode di un simile vantaggio comparato. La materia prima deve essere interamente importata (si noti che nei primi anni Sessanta, a causa della guerra civile americana, i prezzi salgono enormemente in tutta Europa). L'utilizzo di manodopera con costo-opportunità prossimo a zero non è altrettanto agevole. I fusi e i telai a mano, che sono numerosi [31], si concentrano soprattutto nei centri urbani ove i salari sono piú elevati. Ciò induce, tuttavia, a perseguire i guadagni di produttività propri del sistema di fabbrica. Alcune imprese sono ormai di grandi dimensioni e crescono rapidamente in questi anni. Il Cotonificio Cantoni e le Manifatture di Cuorgnè si trasformano in società anonime [32]. I Crespi muovono i primi rapidi passi [33]. Nel complesso, a giudicare ad un indice importante quale l'importazione di cotone greggio, la produzione fisica sembra crescere in questi anni ad un tasso molto elevato (vicino all'8 per cento l'anno tra 1861-63 e 1875-77) [34]. In un decennio, tra il 1867 e il 1877, il numero dei fusi in funzione passa da 450 a 880 mila superando il Belgio, paese piccolo ma di antica industrializzazione che al momento dell'unità sopravanzava abbondantemente l'Italia [35]. Ciò pare dovuto esclusivamente all'adeguamento della domanda interna data la quantità trascurabile di tessuti di cotone esportata dall'Italia sino alla metà degli anni Novanta.

Ben piú modesta appare la crescita della produzione laniera, a giudicare dal consumo apparente di materia prima: solo 1,1 per cento l'anno nel periodo della Destra. L'industria, tuttavia, è importante perché include alcuni degli stabilimenti piú avanzati e meglio organizzati del paese [36]. Completano il panorama tessile le industrie del lino e della canapa sulla crescita delle quali, tuttavia, è a tutt'oggi difficile formarsi un'opinione, seppure grossolana.

Considerazioni analoghe si possono fare sull'industria alimentare, basata «ancora su una miriade di mulini (mossi talvolta dalla sola forza animale) e di piccoli laboratori enologici a carattere artigianale: l'unica eccezione su questo versante è costituita dallo sviluppo del settore conserviero e della raffinazione dello zucchero, monopolizzato in gran parte dalla Cirio e dalla Società Ligure Lombarda, sorta a Genova nel 1871» [37].

Quanto ai settori che negli anni Sessanta e Settanta possono essere considerati i piú «moderni», dato il livello tecnologico raggiunto dall'industria europea, le statistiche di questi anni, per quanto incerte e incomplete inducono a pensare che la base di partenza attorno al 1860 sia limitata e il tasso di crescita modesto. In quest'epoca, produzione e consumo di ghisa costituiscono un indicatore grossolano ma significativo del livello di avanzamento dell'industria cosiddetta pesante. Quanto alla prima, le 27.000 tonnellate prodotte nel 1861 restano sostanzialmente invariate per i successivi quindici anni. Un confronto della situazione italiana con quella di altri paesi viene attuato nella tabella 7.1 e pone chiaramente in luce l'arretratezza dell'Italia anche rispetto alla povera Austria [38]. Sono ancora diffusi i vecchi altiforni a carbone di legna [39]. Maggiore, ma comunque sempre modesta, è la produzione del ferro ottenuto da ghise importate e da rottami mentre il minerale dell'Elba viene ancora esportato.

TAB. 7.1. *Produzione di ghisa in alcuni paesi, 1861-1875*

	Italia	Regno Unito	Germania	Francia	Belgio	Austria	Russia
1861	1	140	22	33	12	9	12
1875	1,1	239	65	53	20	11	16
tasso di crescita medio annuo (1861-1875)	0,5	3,7	7,5	2,7	3,7	1,8	1,9

Fonte: B.R. Mitchell, *European Historical Statistics*, cit., pp. 216-219.

Assai variegata è la situazione delle produzioni meccaniche sul cui andamento sappiamo assai poco. Le importazioni di ferro e acciaio passano da 69.000 tonnellate (media 1861-63) a 117.400 al momento della caduta della Destra (media 1875-77) [40]. Considerando anche la produzione interna, si ottiene un incremento medio annuo del 3,8 per cento nel consumo apparente di questi importanti *input* dell'industria meccanica [41]. Ma si tratta di un indicatore poco attendibile dell'andamento del valore aggiunto. Le ulteriori informazioni che possediamo sono, d'altra parte, asistematiche e di carattere descrittivo. Esse inducono tuttavia a pensare che le produzioni meccaniche italiane soffrano, nei primi lustri post-unitari, di una globale arretratezza tecnica. Romeo nota, ad esempio, come la produzione cantieristica italiana che segna un vivace incremento tra il 1861 e il 1875 sia ancora in gran parte basata sulla tradizione della marineria velica e, quando questa non riesce piú a competere con i bastimenti a vapore, la produzione di navi diminuisce velocemente [42]. Un'altra indicazione della relativa arretratezza della nostra industria meccanica viene dal fatto che gran parte della domanda attivata dalle ferrovie si rivolge all'estero per quanto riguarda i prodotti tecnologicamente piú avanzati: su 806 locomotive messe in servizio dalle tre principali compagnie ferroviarie italiane tra il 1861 e il 1874 solo 110 sono di fabbricazione nazionale, prodotte soprattutto dalle officine Ansaldo di Sampierdarena e da quelle di Pietrarsa presso Napoli [43].

Per un altro grande settore destinato a divenire molto importante per lo «sviluppo economico moderno» italiano, quello della chimica, non si possiedono statistiche sistematiche che a partire dagli anni Novanta, ma le poche monografie e inchieste del tempo testimoniano, complessivamente, che quell'industria è quasi inesistente. Dei primi anni Settanta è la fondazione, da parte del giovane ingegnere Giovanni Battista Pirelli, del primo stabilimento per la lavorazione della gomma elastica ma lo sviluppo di quest'impresa e dell'industria nel suo complesso avviene solo nei decenni successivi con i materiali isolanti, i cavi sottomarini e, infine, i pneumatici per gli autoveicoli.

6. *La Destra e i problemi dello sviluppo*

L'appartenenza di molti esponenti della Destra alla classe dei proprietari agrari e il liberoscambismo da essa professato hanno indotto e inducono tutt'ora a pensare che questa ristretta *élite* di moderati abbia avuto un atteggiamento costantemente e coerentemente contrario alla crescita dell'industria e quindi, indirettamente, un'influenza negativa su quello che noi oggi chiamiamo «sviluppo economico moderno». Cosí Castronovo parla di un generale «atteggiamento antiindustrialista» della Destra ritenendo che «ben difficilmente l'industria italiana sarebbe uscita dal vicolo cieco cui la condanna l'insufficienza liberista» [44]. I primi a lamentare questo stato di cose sono, all'indomani dell'unificazione, gli industriali meridionali che si ritengono rovinati dal liberoscambismo imposto al paese dagli interessi agrari del nord (la polemica muterà ben presto di segno ma di questo si dirà in seguito).

La questione dell'ideologia complessiva della Destra e della sua presunta capacità di comprendere i problemi dello «sviluppo economico moderno» va tenuta distinta da quella, piú specifica, dell'atteggiamento rispetto alle leggi doganali sul quale dovremo ritornare. Circa il primo punto, va detto che nemmeno la Destra storica costituisce un gruppo omogeneo dal punto di vista dell'ideologia e degli interessi economici. Cavour, si è visto, non ha certo una visione silvo-pastorale dello sviluppo economico. Sella si impegna a promuovere condizioni favorevoli alla crescita della produzione industriale [45]. Egli possiede, ad esempio, una lucida visione dell'importanza e del ruolo, si direbbe oggi, dell'accumulazione e del progresso tecnico. La sua stessa insistenza per il raggiungimento del pareggio di bilancio, tutt'altro che pacificamente accettata, si basa sulla consapevolezza dell'esistenza di un effetto di spiazzamento operato dai titoli del debito pubblico nei confronti di un uso produttivo del risparmio finanziario [46]. La preferenza di molti esponenti della Destra per l'unificazione dell'emissione monetaria e per la statizzazione delle ferrovie si spiega, in parte, con l'avversione alla rendita finanziaria e il desiderio che lo stato si faccia piú attivo promotore dello sviluppo.

Va, piuttosto, detto con Carocci che esiste una «diffidenza, comune alla maggioranza della classe politica sia di destra sia di sinistra [...] verso le manifestazioni piú compiute del capitalismo per il timore che si risvegliasse la lotta di classe. Sotto questo profilo, tutti i successori di Cavour, di destra come di sinistra, i Minghetti come i Depretis (ad eccezione di Sella), furono dei provinciali rispetto al maestro e alla sua coerente ideologia capitalistica» [47]. E si deve aggiungere che questa diffidenza caratterizza anche i *leaders* del mondo cattolico, per ora emarginati dalla politica attiva ma ben presenti e dotati di largo seguito e influenza presso le masse, soprattutto contadine. Al primo congresso cattolico, tenutosi a Venezia nel 1874, si denunciano tanto la società moderna quanto la rivoluzione liberale che capovolge «il rapporto città-campagna a svantaggio delle popolazioni agricole [creando] la piaga dell'urbanesimo, il vero peccato di Caino» [48].

Partendo da motivazioni diverse sino a essere, in taluni casi, radicalmente opposte, gran parte di coloro che guidano il governo o influenzano i comportamenti sociali mostrano, durante gli anni Sessanta e Settanta, cautela, diffidenza o aperta ostilità verso le caratteristiche di quello che noi oggi chiamiamo «sviluppo economico moderno». Ciò non può stupire, dato che una di tali caratteristiche è quella di sovvertire i rapporti esistenti fra gruppi di produttori e di creare modi di vita drasticamente diversi da quelli prevalenti in una società statica tradizionale. Non è, questa, una situazione eccezionale: lo «sviluppo economico moderno» è favorito da un'ideologia ad esso omogenea ma questa diviene dominante solo con il rafforzamento dello sviluppo stesso le cui prime fasi soffrono, pertanto, da questo punto di vista, di un circolo vizioso da cui l'Italia non va esente.

7. *Il significato dell'inchiesta industriale*

Nell'inverno 1869-70 si parla per la prima volta ufficialmente in parlamento di predisporre un'inchiesta sull'industria italiana. L'obiettivo dichiarato è quello di raccogliere materiali per una revisione dei trattati doganali. Secondo non pochi industriali, infatti, il liberoscambismo era stato introdotto troppo rapidamente nel paese all'inizio degli anni Sessanta.

Il Comitato inquirente si insedia nel 1870 sotto la presidenza di Antonio Scialoja. Ne fanno parte Luigi Luzzatti — che presiederà la commissione parlamentare per la legge doganale del 1887 — e l'industriale laniero Alessandro Rossi [49]. Quest'ultimo è personaggio di un certo rilievo nella storia industriale italiana: gli va attribuito, quantomeno, il merito di fare sentire, non senza autorevolezza, la voce degli imprenditori nel dibattito politico post-unitario [50]. Si tratta di una voce sostanzialmente dissenziente sia da quella della Destra moderata di governo sia da quella del movimento cattolico che va organizzandosi. Rossi viene, pertanto, considerato da taluni studiosi come la mente che piú precocemente comprende le esigenze dello sviluppo economico italiano. Egli chiede apertamente, data l'arretratezza italiana, che lo stato si faccia promotore di condizioni ambientali che rendano le imprese piú competitive con l'estero. Perché ciò avvenga, almeno sul mercato nazionale, è necessario abbandonare il liberismo dogmatico dei primi anni post-unitari per fare anche della dogana strumento, e non l'ultimo, dello sviluppo.

L'inchiesta industriale si svolge in quattro anni. Gli imprenditori industriali forniscono numerose informazioni sullo stato della manifattura nel nostro paese. Ma l'obiettivo principale non è conoscitivo. L'inchiesta serve a rendere i produttori piú coscienti della necessità di organizzarsi e li induce a chiedere la misura piú semplice a proprio favore: la protezione doganale. Una volta pubblicata, l'inchiesta funge da strumento di pressione per ottenere dal governo maggiore attenzione ai problemi dell'industria. Vedremo subito come il clima politico muterà, dopo il 1876, nella direzione voluta da Rossi e dai promotori dell'inchiesta, anche se si tratterà di un mutamento pieno di ambiguità — in parte spregiudicatamente scontate dal pragmatismo del leader degli industriali — assai lento e contraddittorio anche sul piano della politica economica.

NOTE AL CAPITOLO SETTIMO

1 R. Romeo, *Risorgimento e capitalismo*, Bari, Laterza, 1959, p. 111.

2 Per questo particolare periodo (1861-1876) ISTAT-Fuà e Fenoaltea danno il medesimo tasso di crescita (cfr. tab. 2.3.).

[3] ISTAT, *Indagine statistica*, cit.

[4] Nel calcolo della produzione totale, Romeo usa i dati relativi «ai confini dell'epoca [...] per rendere comparabili questi calcoli con quelli del Bodio» (*Risorgimento*, cit., p. 111). In tale modo ottiene una crescita media annua del 2,0 per cento tra gli anni 1861-63 e 1875-77. Si tratterebbe effettivamente di uno sviluppo molto vicino a quello dell'età giolittiana. Ma la popolazione aumenta nel medesimo periodo dell'1,5 per cento ogni anno. Entrambi i fenomeni (incremento produttivo e incremento demografico) sono, ovviamente, gonfiati dall'acquisizione del Veneto (1866) e del Lazio (1870), come mostra il modesto incremento pro-capite. Un simile risultato si ottiene se si prendono gli anni 1861-1880 ai quali è interessato Romeo. Diverso è il risultato che si ottiene se si prendono per buoni i dati di Bodio (anch'essi a confini dell'epoca). Tenendo conto dell'aumento dei prezzi agricoli, il tasso di crescita della produzione agraria implicito in tali calcoli è dell'1,1 per cento l'anno, sempre *per abitante*, tra il 1862 e il 1880. In questo caso, ovviamente, il giudizio dovrebbe essere alquanto diverso.

[5] Per la consistenza del debito si veda E. Corbino, *Annali dell'economia italiana*, Roma, 1931, vol. I.

[6] È forse utile ricordare che, sino ad allora, le banche di emissione erano obbligate a tenere una riserva d'oro o d'argento pari a una quota dei propri biglietti in circolazione. La Banca Nazionale del Regno, per concedere al governo un credito pari a circa la metà delle sue entrate tributarie annue non poteva che accrescere la circolazione oltre il limite consentito dalle proprie riserve. Non appena questa circostanza fosse stata conosciuta dal pubblico, quest'ultimo si sarebbe recato agli sportelli della Banca per chiedere la conversione delle proprie banconote. Di qui la richiesta della Banca stessa di essere sollevata da tale obbligo. Ma ciò non poteva bastare: in regime di circolazione fiduciario il pubblico avrebbe rifiutato i biglietti di banca. Di qui l'esigenza del cosiddetto corso forzoso che conferiva ai pagamenti effettuati tramite biglietti della Banca Nazionale (e delle altre banche di emissione entro il territorio delle rispettive regioni) pieno valore legale per la liberazione dai debiti comunque contratti.

[7] E. Corbino, *Annali*, cit., vol. I, p. 281.

[8] L'imposta di ricchezza mobile, riordinata con legge del luglio 1866.

[9] Una legge dell'agosto 1867 prevedeva l'emissione di un prestito da estinguersi con i proventi della vendita dei beni ecclesiastici.

[10] G. Luzzatto, *L'economia italiana*, cit.

[11] Rispetto, almeno, alle monete il cui valore rimane agganciato all'oro nel sistema internazionale di «gold standard».

[12] Valori medi dell'aggio (E. Corbino, *Annali*, cit., vol. I).

[13] ISTAT, *Sommario*, cit., p. 172.

[14] A. Confalonieri, *Banca e industria in Italia 1894-1906*, Milano, Banca Commerciale Italiana, 1974.

[15] S. Fenoaltea, *Italy*, in P.K. O'Brien, *Railways and Economic Development 1930-1914*, London, Macmillan, 1983, p. 52. L'estensione della rete era la seguente: Gran Bretagna 15.000 Km, Germania 12.000 Km, Francia 9.000 Km, Spagna e Italia 2.000 Km. In rapporto alla superficie

(indice dei chilometri di rete per chilometro quadrato) Gran Bretagna = 100 le cose stavano cosí: Gran Bretagna 100, Germania 34, Francia 26, Italia 11, Spagna 6.

[16] E. Corbino, *Annali*, cit., vol. I, p. 182.

[17] Per le piú recenti stime delle costruzioni ferroviarie e tramviarie in Italia si veda: S. Fenoaltea, *Le costruzioni in Italia*, in «Rivista di Storia Economica», I (1984), pp. 61-94.

[18] S. Fenoaltea, *Opere pubbliche*, cit.

[19] Per una lucida sintesi dei problemi affrontati e delle tecniche usate per risolverli si veda: P.K. O'Brien, *The New Economic History of the Railways*, London, Croom Helm, 1977.

[20] Cfr. *Atti della commissione d'inchiesta sull'esercizio delle ferrovie*, Roma, 1881. Essa apre la via alla legge del 1885 di cui si dirà nel prossimo capitolo.

[21] B. Caizzi, *Il commercio*, Torino, Utet, 1975, p. 78.

[22] La legge ferroviaria del 1865 prevedeva un contributo chilometrico e, in taluni casi, garantiva un rendimento minimo ai titoli ferroviari. Ma questi sussidi dovettero venire sovente accresciuti, soprattutto nel corso delle linee operanti nel Mezzogiorno. Fenoaltea stima attorno al 3 per cento il rendimento interno lordo del capitale investito nelle ferrovie alla metà degli anni Settanta (S. Fenoaltea, *Italy*, cit., p. 90).

[23] *Ibidem*, pp. 81-82.

[24] *Ibidem*, p. 86.

[25] Su questo punto cfr. G. Toniolo, *Railways and Economic Growth in Mediterranean Countries: some Methodological Remarks*, in P.K. O'Brien, *Railways and Economic Development*, cit., pp. 227-236.

[26] S. Fenoaltea, *Italy*, cit., p. 89.

[27] S. Fenoaltea, *Le ferrovie e lo sviluppo industriale italiano*, in G. Toniolo, *L'economia italiana 1861-1940*, Bari, Laterza, 1978.

[28] La frase è di V. Castronovo, *La storia economica*, cit., p. 40.

[29] R. Romeo, *Breve storia della grande industria in Italia*, cit., p. 41.

[30] ISTAT, *Sommario*, cit., p. 128.

[31] *Ibidem*, p. 42.

[32] R. Romano, *Borghesia industriale in ascesa*, Milano, Angeli, 1977.

[33] R. Romano, *I Crespi*, Milano, Angeli, 1985, pp. 21-36.

[34] Dati sull'importazione di «Cotone in massa greggia» da ISTAT, *Sommario*, cit., p. 159.

[35] B.R. Mitchell, *European Historical Statistics*, cit., p. 258.

[36] Basta ricordare il lanificio Rossi di Schio e la Manifattura Lane di Borgosesia che si costituiscono in società anonime.

[37] V. Castronovo, *L'industria italiana dall'ottocento a oggi*, Milano, Mondadori, 1980, p. 26.

[38] La stessa Spagna produce 68 mila tonnellate contro le 21 mila dell'Italia nel 1861 (B.R. Mitchell, *European Historical Statistics*, cit., p. 216).

[39] Molti ne vengono chiusi in questi anni ma nel 1881 ve ne sono ancora in attività (R. Romeo, *Breve storia*, cit., p. 43).

[40] ISTAT, *Sommario*, cit., p. 159.

[41] R. Romeo, *Breve storia*, cit., pp. 45-46.

[42] Si varano, nel 1862, 1.215 navi per 25.271 tonnellate di stazza e 337 navi per 87.961 tonnellate di stazza nel 1875 con un incremento medio annuo del 10,1 per cento. Dopo il 1875 la produzione diminuisce rapidamente e in molti anni non raggiunge nemmeno un decimo di tale livello. Esso viene nuovamente toccato solo nel 1919 quando si varano 17 navi per 92.900 tonnellate: la stazza media molto maggiore sta a indicare il salto di qualità tecnologico compiuto dalla cantieristica italiana (dati da ISTAT, *Sommario*, cit., p. 130).

[43] M. Merger, *Un modello di sostituzione: la locomotiva italiana dal 1850 al 1914*, in «Rivista di Storia Economica», III (1986), pp. 66-108.

[44] V. Castronovo, *L'industria italiana*, cit., p. 36.

[45] Si veda, in generale, sulla Destra e i problemi dell'economia la sintesi lucidissima di G. Carocci, *Storia d'Italia dall'Unità a oggi*, Milano, Feltrinelli, 1975, pp. 37-44.

[46] Sull'opera e l'ideologia di Sella si veda G. Are, *Alle origini dell'Italia industriale*, Napoli, Guida, 1974, p. 167.

[47] G. Carocci, *Storia d'Italia*, cit., p. 42.

[48] G. De Rosa, *Storia del movimento cattolico in Italia dalla Restaurazione all'Età Giolittiana*, Bari, Laterza, 1966, p. 126.

[49] G. Are, *Alle origini dell'Italia*, cit., p. 9.

[50] Di Rossi si sono occupati, oltre ad Are, Avagliano e, soprattutto, Silvio Lanaro anche nel contesto di un'interpretazione del rapporto ideologie-sviluppo economico sul quale dovremo tornare.

CAPITOLO OTTAVO

LE CONTRADDIZIONI DEGLI ANNI OTTANTA

1. *Ristagno agricolo e sviluppo industriale*

Con la crisi finanziaria del 1873 che da Berlino si diffonde ad altre importanti piazze europee prende l'avvio quella «grande depressione» che, secondo molti studiosi, segue a un quarto di secolo di sviluppo di gran parte delle economie europee. Il fenomeno appare piuttosto chiaro se si osserva l'andamento dei prezzi la cui diminuzione è quasi universale. Meno evidente è la «depressione» dei livelli reali di attività economica. Gli indici della produzione industriale continuano a crescere nel lungo periodo anche se si verificano cadute di un certo rilievo in singoli anni [1]. Lo stesso il reddito nazionale aumenta in Europa durante questi anni benché, probabilmente, a tassi meno sostenuti di quelli realizzati nel periodo 1849-73. La depressione, a ben vedere, riguarda soprattutto la cerealicoltura colpita dalla concorrenza delle praterie americane rese accessibili dalla seconda ondata di investimenti ferroviari seguita alla guerra civile. Data l'importanza sia economica sia politica dei produttori agrari, il dogma liberoscambista cede rapidamente il passo, quasi ovunque in Europa, alle esigenze pratiche: si innalzano barriere doganali per proteggere i cereali nazionali. Ciò comporta un accordo con gli interessi industriali e, pertanto, compromessi tariffari, piú o meno inefficienti, che finiscono per abbracciare settori piú numerosi e vasti di quello cerealicolo.

In questo contesto, la situazione italiana non appare, complessivamente, molto diversa da quella del resto dell'Europa, almeno sino alla fine degli anni Ottanta che vedono l'aprirsi di una crisi particolarmente lunga e difficile, della quale si dirà nel prossimo capitolo. Se ciò è vero nelle grandi linee dell'evoluzione economica, va detto tuttavia che, da un punto di vista quantitativo, il caso italiano degli anni 1876-1888 appare caratterizzato da una crisi agraria particolarmente severa alla quale si contrappone un andamento eccezionalmente brillante della produzione industriale.

Il prodotto lordo dell'agricoltura è, nel 1887, praticamente uguale a quello del 1876. In termini di prodotto *per abitante* la situazione è, pertanto, venuta deteriorandosi. Nel medesimo periodo, l'indice ISTAT-Fuà della produzione industriale cresce solo dell'1,2 per cento l'anno, con una depressione tra il 1878 e il 1880, mentre quello di Fenoaltea mostra un incremento annuo del 5,4 per cento. Se ci si limita al periodo 1880-87 i due tassi sono pari rispettivamente a 3,4 e 7,5. Certamente, l'onda ciclica espansiva disegnata dai calcoli di Fenoaltea è molto piú accentuata di quella ricavabile dalle stime dell'ISTAT, ma in entrambi i casi ci si trova di fronte a una situazione che contrasta decisamente con il ristagno dell'agricoltura e che segna un'accelerazione rispetto al *trend* precedente.

2. *La crisi agraria*

Il ristagno della produzione agricola appare dovuto principalmente all'andamento dei raccolti di frumento. Questi passano da 38,6 a 32,6 milioni di quintali annui come media rispettivamente dei periodi 1875-77 e 1886-88. Nel medesimo arco di tempo i prezzi all'ingrosso del frumento tenero diminuiscono di circa il 28 per cento, malgrado l'introduzione del dazio [2]. È, pertanto, difficile sfuggire all'impressione che una diminuzione esogena dei prezzi, dovuta alla concorrenza transoceanica e manifestatasi soprattutto a partire dal 1880, stia alla base della forte riduzione della produzione e delle terre coltivate a frumento.

Porisini, lo studioso che ha dedicato maggiore attenzione ai problemi della cerealicoltura durante questo periodo [3], nota una diminuzione anche nelle rese per ettaro e la attribuisce «al fatto che molti buoni terreni non vengono piú destinati alla coltura del frumento dal momento che numerosissimi agricoltori, colpiti dalla concorrenza transoceanica, dedicano ora al grano solo i terreni meno fertili delle loro possessioni» [4]. Il comportamento normale, di fronte a una diminuzione dei prezzi e in assenza di usi alternativi della terra, è quello di abbandonare i terreni marginali (con la conseguenza di un aumento e non di una riduzione nel prodotto per ettaro): il fatto che durante la «crisi agraria» italiana gli agricoltori si siano comportati in modo esattamente opposto sta a indicare che un movimento dei prezzi relativi ha reso conveniente una riallocazione della terra migliore a colture alternative quali foraggi, patate, canapa e riso nella pianura padana e agrumi, viti, olivi nell'Italia meridionale. In effetti, alla diminuzione della produzione di frumento e della maggior parte degli altri cereali si accompagnano incrementi non disprezzabili in quella di barbabietola da zucchero, agrumi, olio e vino [5]. Stando cosí le cose, non è improbabile che la «crisi agraria» spinga l'agricoltura italiana a riallocare le proprie risorse in modo maggiormente rispondente al vantaggio comparato del paese. A parte le considerazioni sulla natura dei terreni e sul clima, questo vantaggio consisteva anche, negli anni Ottanta, in colture a elevata intensità di lavoro, data la forte sotto-occupazione presente nelle campagne.

Dire questo non significa, ovviamente, affermare che la «crisi agraria» non sia stata molto penosa in termini di benessere o che non abbia avuto effetti negativi, anche di medio periodo, sull'incipiente «sviluppo economico moderno». I processi di riallocazione delle risorse, infatti, lungi dallo svolgersi in modo istantaneo, avvengono lentamente attraverso una sequenza di situazioni di disequilibrio (non solo economico) i cui esiti sono tutt'altro che scontati.

Una delle manifestazioni macroeconomiche di questa crisi è costituita dall'aumento delle importazioni di cereali [6] che tuttavia non consente di evitare una diminuzione complessiva del consumo pro-capite di prodotti alimentari [7]. Non è difficile immaginare che cosa ciò possa significare per la grande massa della popolazione in un'economia già molto prossima ai livelli di sussistenza.

La crisi colpisce «soprattutto l'Italia settentrionale perché la sua agricoltura è abbastanza inserita nel mercato» [8]. Il prezzo del grano duro, tipica produzione meridionale, diminuisce meno di quello del grano tenero. Quanto ai produttori, Orlando rileva che «la piccola proprietà, proprio perché meno cerealicola e piú arboricola non è colpita o comunque resiste meglio alla crisi almeno sino a che non si scatena la guerra commerciale con la Francia (1887-90)» [9].

3. *La crescita dell'industria*

Alla crisi agraria si contrappone, come si è visto, una vivace dinamica della produzione industriale tra il 1880 e il 1887. Le sole disaggregazioni settoriali di cui disponiamo sono quelle di Gerschenkron [10]. Esse pongono in luce come il rapido sviluppo di questi anni vada attribuito soprattutto ai comparti metallurgico, chimico e meccanico. Quello tessile sembra continuare la lunga accelerazione di *trend* iniziata dopo il 1848 mentre quello alimentare risente della pesantezza della congiuntura agraria.

La storia della metallurgia è segnata dalla fondazione, nel 1884, della Terni [11]: la produzione di acciaio, che sino al 1885 oscilla attorno alle 3-4 mila tonnellate annue, balza a 157 mila nel 1889 [12]. Si tratta ancora di quantità estremamente modeste di fronte ai tre milioni di tonnellate del Regno Unito, ai due della Germania e, anche, alle 600 mila prodotte dalla Francia nel medesimo periodo; ma il balzo compiuto nel giro di un triennio è tale da influenzare fortemente l'indice settoriale. Piú significativo, perché non dovuto alla nascita di una singola impresa, è il raddoppio della produzione di ferro verificatosi tra il 1880 e il 1889 [13].

Anche l'industria meccanica vede sorgere, durante gli anni Ottanta, aziende destinate a svolgere ruoli di protagonista: la Franco Tosi (1882) e la Breda (1886). Quest'ultima offre sin dalle origini un contributo assai importante alla sostituzione delle locomotive importate con quelle di fabbricazione nazionale [14] che nel periodo 1885-90 coprono circa il 40 per cento della domanda totale [15], mentre, secondo Corbino, «già nel 1881 è assolutamente eccezionale il caso di importazione di vetture e carri ferroviari» [16]. Tutto ciò non deve fare dimenticare la struttura ancora molto arretrata del settore: dei 218 mila addetti stimabili per il 1881 ben 145 mila sono fabbri ferrai. Tuttavia, stando alle stime di Warglien, [17] la produzione italiana di macchinari cresce del 14,6 per cento l'anno nel periodo 1881-87. Malgrado ciò aumentano assai rapidamente anche le importazioni nette: l'industria nazionale parte da una base assai ristretta e si trova di fronte alle strozzature tipiche dei paesi arretrati, che si traducono in una curva d'offerta relativamente rigida che non consente di soddisfare la forte domanda di beni d'investimento che caratterizza il breve «boom» degli anni Ottanta.

Quanto alla chimica, anch'essa in grande espansione secondo Gerschenkron, le notizie quantitative sono scarse. Corbino valuta a circa 50 mila tonnellate la produzione di acido solforico nel 1890, contro le 11 mila del 1880 [18]. Anche in questo caso, il livello raggiunto dall'Italia rimane assai indietro rispetto alle 900 mila tonnellate del Regno Unito e alle 400 mila della Germania, ma il tasso di crescita (16,3 per cento l'anno) appare eccezionale.

Piuttosto dinamica è anche la produzione cotoniera, a giudicare dall'aumento del consumo di greggio (pari al 7,8 per cento l'anno tra il 1881 e il 1887). Va notato che quest'industria, almeno nel comparto dei filati, si sviluppa, durante gli anni Ottanta, caratterizzati da una crescita relativamente modesta dei consumi pro-capite, a spese delle importazioni che vengono rapidamente sostituite da prodotti nazionali.

Nel complesso, l'industria manifatturiera appare caratterizzata da una rapida crescita delle industrie «nuove» che producono prevalentemente beni di investimento o intermedi e che partono da livelli molto bassi, da uno sviluppo sostenuto di settori già relativamente affermati e capaci di operare una sostituzione delle importazioni, da una crescita molto modesta nelle lavorazioni piú tradizionali legate all'agricoltura (seta, prodotti alimentari).

Lo sviluppo di questi anni non si limita all'industria manifatturiera: il valore aggiunto di quella delle costruzioni cresce, tra il 1876 e il 1887, del 7,2 per cento l'anno secondo le stime ISTAT-Fuà. Le opere pubbliche danno un contributo considerevole a questa crescita. Anche l'espansione dell'edilizia privata è legata, piú o meno indirettamente, all'intervento dello stato: basti pensare al programma per il cosiddetto risanamento di Napoli e ai grandi lavori per l'adeguamento della struttura urbana di Roma alle esigenze di una capitale.

4. *Intermediazione finanziaria e sviluppo*

Si è detto come, al momento dell'unificazione politica della penisola, le banche di emissione siano, di fatto, i soli istituti di credito le cui dimensioni e capacità operative trascendano significativamente i limiti provinciali [19]. Ad esse, dunque, si rivolge principalmente la domanda di credito non solo commerciale ma anche industriale, cioè a medio e lungo termine. Quest'esigenza nasce dal fatto che il mercato finanziario è, in Italia, praticamente inesistente se si eccettua quello dei titoli del debito pubblico. Il capitale industriale proviene, dunque, dalle fortune familiari, individuali o associate anche in forme societarie, e dalle case finanziarie straniere. Si viene, tuttavia, lentamente creando lo spazio per intermediari finanziari relativamente nuovi e, in Italia, praticamente inesistenti: le cosiddette «banche d'affari». I fratelli Péreire, impegnati in una contesa di dimensione europea tra il loro *Crédit Mobilier* e la casa Rothschild, fondano nel 1863 la Società Generale di Credito Mobiliare Italiano che, nota Confalonieri, rimane «a lungo modellata sulle realizzazioni» dei due tenaci finanzieri saint-simonisti «assumendo caratteri piú simili a quelli di una moderna "finanziaria" che a quelli di una banca» [20]. Di minori dimensioni e, probabilmente, maggiormente attenta anche alle operazioni che oggi si direbbero di credito ordinario è la Banca Generale che inizia la propria attività a Roma nel 1872. Vanno anche ricordate, in questo contesto, la Banca Tiberina «ben piú di un puro e semplice istituto di credito ipotecario quale ama raffigurarsi, impegnato com'è in attività tipicamente immobiliari» [21] e la Banca di Torino «con piú di un tratto tipico della holding» [22]. Questo «tratto» è, d'altronde, assai diffuso anche se in misura piú modesta a gran parte degli istituti di credito tanto che le stesse Banche Popolari non ne vanno del tutto esenti [23].

Le «banche d'affari» italiane mantengono dimensioni piuttosto modeste tanto al livello della raccolta quanto a quello degli impieghi nei quali prevalgono pochi affari industriali di difficile smobilizzo e, sino alla soglia degli anni Ottanta, titoli ferroviari tenuti in portafoglio «con intenti chiaramente speculativi» [24].

Durante i primi anni Ottanta, come si è detto, la domanda di investimenti aumenta sensibilmente: quella in macchinari e mezzi di trasporto cresce, tra il 1879 e il 1887 quasi del 10 per cento l'anno in termini reali. La mobilitazione di risorse relativamente ingenti in tempi brevi crea una domanda di servizi di intermediazione finanziaria. Il tasso di crescita di questi ultimi è, tra il 1875 e il 1887, il piú elevato tra quelli dei diversi periodi che ci interessano (si veda la tabella 3.1). Si tratta di una crescita che lascia praticamente immutato il peso relativo degli intermediari bancari. Le varie categorie di banche si sviluppano in modo vivace e bilanciato: certamente non va sottovalutata la crescita delle Casse di Risparmio e delle Banche popolari cooperative, che nel 1887 raccolgono insieme circa il 30 per cento delle passività degli intermediari bancari (contro il 21 per cento di dieci anni prima). Gli istituti di emissione, tuttavia, costituiscono ancora la parte quantitativamente piú rilevante del sistema mentre le società bancarie rappresentano, in questi anni, il segmento piú dinamico del settore del credito. Nel prossimo capitolo si vedrà come questo dinamismo produca una situazione di instabilità finanziaria che genera, alla fine, una crisi dell'intero sistema di intermediazione[25]. Qui si tratta di vedere, piuttosto, il ruolo giocato da tale sistema nel *boom* manifatturiero ed edilizio degli anni Ottanta.

Attorno al 1878 si notano segni di un risveglio congiunturale delle borse valori mentre si accelera l'espansione delle società ordinarie di credito. L'attivo di queste ultime cresce tra il 1877 ed il 1882 ad un tasso medio del 6,2 per cento. Aumenta anche il volume degli sconti concessi dagli istituti di emissione. In questo quadro finanziario si colloca l'impennata degli investimenti industriali di cui si è detto. Ed è in questi anni che le banche intensificano il proprio interesse per le imprese industriali, per quelle di trasporto (a parte le ferrovie con le quali hanno già stretti legami) e per l'attività edilizia. Questo interesse è tanto piú evidente, come nota Warglien[26], in quanto si svolge nel contesto di una politica monetaria restrittiva che serve a preparare il ritorno al *gold standard*, del quale si dirà in un prossimo paragrafo. Dopo il 1883 l'espansione del credito viene sostenuta anche dalle importazioni nette di capitale favorite dalla nuova stabilità monetaria e dagli elevati tassi di interesse che essa espone.

Tra il 1882 e il 1887 gli impieghi delle banche aumentano ancora piú rapidamente: quelli delle società ordinarie di credito crescono del 15 per cento l'anno. Essi si indirizzano soprattutto ai settori «moderni» in espansione. Va tuttavia notato che le maggiori opportunità di guadagno per le banche si aprono, probabilmente, nel settore edilizio nel quale ai normali profitti industriali si aggiungono quelli speculativi derivanti dai rapidi incrementi di valore delle aree fabbricabili nelle città in espansione: anzitutto Roma, ma anche Torino, Milano e Napoli.

Nel complesso, la struttura finanziaria delle imprese durante questo primo periodo di accelerazione della produzione industriale risponde ai tratti tipici di un paese arretrato di fine Ottocento. Secondo un'analisi compiuta da Warglien [27] sui bilanci delle società per azioni, tale struttura può essere riassunta nel modo seguente. *a*) Le imprese di un settore già sostanzialmente sviluppato e caratterizzato da unità produttive medio-piccole come il tessile coprono con mezzi propri (autofinanziamento) non solo le immobilizzazioni tecniche ma anche le scorte e ricorrono alla finanza esterna solo per il credito commerciale. *b*) Le imprese dei settori piú «moderni» in rapida espansione (siderurgico, meccanico, chimico, zuccheriero) tendono, al contrario, a finanziare gli investimenti fissi con indebitamento a breve sulle banche. Un tale comportamento è seguito, in questi anni, anche da imprese edilizie e di trasporto (società tramviarie). *c*) Si verificano casi di società che oggi definiremmo *holding* le quali finanziano con debiti bancari non solo immobilizzi tecnici ma anche partecipazioni in altre società: si tratta di un interessante caso di capitalismo finanziario che nasce e si fonda sul credito. *d*) Vi sono grandi imprese di trasporto (soprattutto nei comparti ferroviario e marittimo) che ricorrono largamente al mercato obbligazionario (talvolta con garanzie statali) al quale sono, al contrario, sostanzialmente estranee le imprese manifatturiere. Le banche non mancano, comunque, in quest'ultimo caso, di favorire il collocamento delle obbligazioni e di detenerne parte nel proprio portafoglio. Tranne nel caso, peraltro importante, dei settori di piú antica industrializzazione è, dunque, chiaro che le banche giocano in questi anni un ruolo intenso di intermediazione per agevolare l'allocazione delle risorse ai settori in espansione. Tale ruolo, ancorché difficilmente quantificabile, costituisce probabilmente un elemento non trascurabile dell'accelerazione di *trend* verificatosi negli anni Ottanta ed è, comunque, una caratteristica spiccata del periodo. Questo tipo di finanza, tuttavia, accresce la fragilità del sistema e rende piú probabile il verificarsi di recessioni di dimensione e durata considerevoli.

1876 «rivoluzione parlamentare e sinistra al potere

5. *La politica fiscale*

Il dibattito sull'intervento dello stato nell'economia è al centro della lotta politica che si svolge tra il 1875 e il 1876 e che culmina con la cosiddetta «rivoluzione parlamentare» che conduce la Sinistra al potere. Le questioni maggiormente dibattute sono quelle relative alle concessioni ferroviarie e alla legislazione doganale. Sul primo punto una parte della Destra ritiene che le compagnie private non abbiano offerto servizi adeguati e si adopera per un riscatto della rete che conduca a una gestione diretta da parte dello Stato. Gli argomenti di Minghetti, Sella, Spaventa in favore di questa soluzione sono sia contingenti sia di principio. Sul piano pratico essi rivelano l'inefficienza del servizio che pure richiede contributi statali onerosi; su quello teorico essi si richiamano al fatto che le ferrovie sono assimilabili a un monopolio naturale e che, pertanto, devono essere gestite dallo stato nell'interesse della collettività, tanto piú in quanto non sarebbero mai sorte, senza il concorso determinante dei pubblici poteri. Il governo, in effetti, firma due importanti convenzioni per il riscatto delle reti dell'Alta Italia e delle Meridionali ma queste non vengono ratificate perché, poco tempo dopo, il 18 marzo 1876, cade l'ultimo governo della Destra.

La Sinistra, che forma i governi del periodo, costituisce un gruppo composito. L'esperienza di cospirazione e rivoluzione che unisce buona parte dei suoi esponenti si traduce in un radicalismo che, per quanto riguarda la politica economica, significa — prima di arrivare al potere — fiducia non mitigata nei principi liberisti. Di qui la giustificazione ideologica all'avversione per le scelte della Destra in materia ferroviaria e bancaria. Una volta giunta al governo, tuttavia, la Sinistra non può che mitigare rapidamente un tale radicalismo sia per la complessità oggettiva dei problemi da affrontare sia per l'esigenza politica di mantenere l'equilibrio tra i vari gruppi rappresentati al governo.

La questione ferroviaria costituisce un esempio importante di tale situazione. Una commissione parlamentare d'inchiesta viene formata nel 1878 e conclude i propri lavori tre anni dopo dichiarando preferibile l'esercizio privato delle ferrovie. Nel frattempo, tuttavia, lo stato, che già esercita la rete dell'Alta Italia in forza di una convenzione firmata nel

1875, acquisisce (1880) le proprietà delle Ferrovie Romane che avevano accumulato forti disavanzi di esercizio. Un disegno di Legge del 1883 per il riordinamento della rete è corresponsabile di una crisi di governo, mentre si rafforza anche negli industriali la convinzione che una gestione statale delle ferrovie avrebbe consentito un abbassamento dei costi di trasporto[28]. Le convenzioni ferroviarie approvate con legge 27 aprile 1885 costituiscono un compromesso tra i fautori della privatizzazione totale e quelli della gestione pubblica. Esse prevedono, infatti, una gestione privata su linee di proprietà dello stato. I concessionari principali vengono ridotti a tre: la Società Italiana per le Strade Ferrate Meridionali, quella del Mediterraneo e quella della Sicilia. Questa sistemazione facilita una seconda ondata di costruzioni ferroviarie, soprattutto di completamento e secondarie, che hanno un rendimento sociale piú elevato di quelle principali create dalla Destra al di fuori della Valle del Po[29]. Ma in questi anni lo stato non si limita a rilanciare con interventi piú o meno diretti la costruzione di capitale fisso sociale: viene dato anche un sostegno diretto all'industria ritenuta indispensabile quantomeno per la difesa, ma piú in generale anche per lo sviluppo del paese, che richiede una soglia di investimenti fissi tale da scoraggiare l'iniziativa autonoma del timido capitalista italiano. Con la creazione della Terni nel 1884 si ha un primo annodarsi di quei legami tra industria, finanza e stato che costituiscono una caratteristica non trascurabile dello sviluppo economico del nostro paese.

Anche per quanto riguarda la cosiddetta questione doganale, la Sinistra deve rivedere ben presto le proprie posizioni di liberismo radicale. Data l'importanza che la questione ha assunto, a torto o a ragione, nel dibattito sullo sviluppo economico italiano si è creduto opportuno dedicarvi interamente un prossimo paragrafo.

Le politiche monetarie e di bilancio dei primi anni della Sinistra sono una continuazione di quelle impostate dai governi precedenti per una graduale riduzione del disavanzo e il ritorno alla convertibilità metallica della lira. Il disavanzo effettivo, che al momento della guerra del 1866 è pari all'8 per cento del reddito nazionale, viene — come si è detto — praticamente azzerato nei dieci anni successivi. I primi governi della Sinistra mantengono la medesima linea di politica fiscale: nel 1879 il bilancio è sostanzialmente in pareggio. I disavanzi restano modesti sino al 1885. Il dicastero delle Finanze viene tenuto, durante questi anni, quasi ininterrottamente da Agostino Magliani [30] ma questa continuità non si traduce in una linearità nella condotta finanziaria del paese che tende a riflettere alcune delle contraddizioni politiche entro le quali si dibatte la Sinistra. Essa deve, infatti, cercare di rispettare i canoni di una finanza ortodossa che non faccia rimpiangere il rigore della Destra nel perseguire l'obiettivo del pareggio di bilancio. Ma i governi di questi anni devono, al tempo stesso, correggere alcune palesi storture del sistema fiscale altamente regressivo ereditato dalla Destra [31] e accrescere la spesa sia per le esigenze della politica estera «di potenza» (esercito, marina) sia, infine, per oliare, con piccoli provvedimenti di elargizione a pioggia a favore di singoli gruppi o aree, il difficile equilibrio politico-parlamentare che regge le coalizioni governative durante questi anni. Le entrate effettive restano, dunque, durante gli anni Ottanta, attorno a un livello pari al 12-13 per cento del reddito nazionale mentre le spese hanno una tendenza a crescere piú rapidamente, soprattutto verso la fine del decennio: a partire dal 1886 il disavanzo effettivo del bilancio dello stato si accresce sia in valore assoluto sia come quota del reddito nazionale.

6. *L'abolizione del corso forzoso*

La sospensione della convertibilità della moneta, giustificata presso l'opinione pubblica nel 1866 con lo stato di necessità bellico, è sentita come una sorta di vergogna nazionale da buona parte degli uomini di governo italiani. Sia la Destra sia la Sinistra fanno, pertanto, del ritorno al «gold standard» uno degli obiettivi della politica monetaria. Magliani è, dunque, in grado di fare approvare, praticamente senza opposizione [32], nell'aprile 1881 una legge che regola il ripristino dei pagamenti in oro. Questa prevede lo scioglimento del Consorzio tra gli Istituti di emissione e l'emissione di un prestito, da sottoscriversi in oro, per garantire riserve adeguate e credibili in modo da scoraggiare tentativi speculativi. Il collocamento dei 644 milioni di titoli italiani viene assunto dai gruppi Baring e Hambro, dalla Banque d'Escompte francese e dalla Banca Nazionale del Regno insieme al Credito Mobiliare. La ripresa dei pagamenti in oro è fissata per l'aprile 1883.

La tensione politica con la Francia nel momento in cui avviene il «ritorno all'oro» rende meno facile l'operazione soprattutto a causa della caduta della quotazione della rendita italiana alla borsa di Parigi, forse causata dai Rothschild, che spinge molti operatori italiani ad approfittare dell'occasione per acquistare i titoli ad un prezzo ritenuto remunerativo causando, in tale modo, un'imprevista uscita di riserve auree dal paese. A parte ciò, le operazioni si svolgono, in modo assai ordinato, tanto che nel 1883 non si verifica quella corsa alla conversione che era stata prevista da molti. Pertanto, il provvedimento, voluto per ragioni essenzialmente politiche, non presenta, nel breve termine, importanti problemi di carattere tecnico [33].

Malgrado la riuscita dell'operazione, tuttavia, il giudizio che se ne deve dare in prospettiva di piú lungo periodo è, probabilmente, meno favorevole. Anche in questo caso sono, comunque, possibili solo ipotesi, data la mancanza di un'analisi quantitativa rigorosa degli effetti di questa misura di politica economica. È probabile, anzitutto, che la fragilità del sistema bancario venga accresciuta dal fatto che preconcetti ideologici e interessi costituiti impediscano di cogliere l'occasione per un profondo riordino delle norme che regolano le operazioni degli Istituti di emissione. Già nel 1881 Minghetti si dichiara preoccupato per gli effetti del ritorno alla convertibilità sulle due banche toscane e su quella romana [34], la cui limitata base di raccolta rende piú difficile che per altri Istituti la sostituzione della circolazione con depositi. Già allora queste banche sono non poco immobilizzate e le modalità dell'abolizione del corso forzoso non giovano certamente ai loro quozienti di liquidità tanto che non si può escludere che si pongano in questi anni le premesse della crisi che scoppia con violenza alla fine del decennio.

Per quanto riguarda il commercio con l'estero e i livelli interni di attività reale, è probabile che la rivalutazione del cambio implicita nella ripresa dei pagamenti in oro non abbia avuto effetti rilevanti in un senso o nell'altro. Il valore medio della lira aumenta, rispetto alla fine degli anni Settanta, di circa il 10 per cento tra il 1882 e il 1886[35] quando ricompare un «aggio» che si situa, l'anno successivo, attorno al 2 per cento. L'andamento dei prezzi interni, tuttavia, tende a compensare, nel 1883-84, la rivalutazione del cambio con una diminuzione superiore a quella che si verifica nei principali paesi europei[36]. L'effetto immediato sulla bilancia commerciale non può, pertanto, che essere stato assai modesto: il forte aumento del disavanzo va, dunque, attribuito ad altre cause e, in particolare, alla maggiore competitività dei grani statunitensi e al «boom» degli investimenti in presenza di una notevole rigidità dell'offerta interna di macchinari incorporanti le tecniche piú avanzate del tempo. Questo stesso «boom» e la crescita del prodotto interno lordo stanno, d'altra parte, ad indicare che la diminuzione dei prezzi non produce macroscopici effetti deflattivi sui livelli dell'attività reale. Dopo il 1885 i prezzi italiani si mantengono, sempre rispetto all'inizio del decennio, a livelli superiori a quelli inglesi e francesi e la nuova svalutazione del cambio non è in grado di ricondurre la parità di potere d'acquisto verso i livelli del 1880: è probabile che, in queste circostanze, un allentamento del vincolo imposto dalla convertibilità — che pure viene di fatto molto ostacolata — avrebbe potuto rendere maggiormente competitive le merci italiane. Ciò va sottolineato soprattutto in vista del fatto che un minore disavanzo commerciale avrebbe limitato anche l'ingresso di capitale a breve dall'estero (che spesso assume la forma di credito dell'importazione) e reso meno vulnerabile il sistema alle violente fluttuazioni dei flussi internazionali di tale capitale. Tale vulnerabilità si manifesta una prima volta a cavallo tra il 1885 e il 1886 e successivamente nel 1887, e consiste specificamente nella forte diminuzione delle riserve degli istituti di emissione che si traduce, soprattutto per quelli piú deboli, in situazioni di sostanziale illiquidità che contribuiscono alla crisi dei primi anni Novanta. È, dunque, soprattutto alle conseguenze finanziarie del *gold standard* e ai loro successivi effetti reali che bisogna guardare per un giudizio sul provvedimento del 1881.

7. *Le tariffe del 1876 e del 1887*

L'inchiesta industriale ha come risultato pratico quello di mettere in luce quanto diffusa sia tra gli imprenditori la richiesta di un sostegno da parte dello stato sotto forma, anzitutto, di maggiori dazi protettivi giustificati con la protezione dell'industria nascente come «eccezione» rispetto alla regola del libero scambio. Il fatto che Depretis guidi la propria «rivoluzione parlamentare» agitando, tra l'altro, la bandiera del liberismo radicale non scoraggia i fautori dell'inasprimento tariffario condotti da Alessandro Rossi. È interessante l'annotazione di Carrocci secondo il quale «il ruolo svolto dai rappresentanti dell'aristocrazia finanziaria nel determinare la caduta della destra costituisce uno dei pochi casi nella storia dello stato italiano in cui le forze economiche dominanti abbiano preso direttamente l'iniziativa sul piano politico. Ma è ben difficile supporre che i deputati toscani — che di tale aristocrazia erano i principali rappresentanti — avrebbero preso l'iniziativa se non avessero saputo che un'analoga iniziativa antiministeriale era piú che matura in seno alla deputazione meridionale» [37]. Se i finanzieri italiani, e quelli toscani in particolare, sono liberisti è anche vero che, nella pratica, il loro liberismo è massimo per quanto riguarda le banche di emissione. Per tutelare la libertà di queste ultime sono disposti a concedere qualcosa alla «deputazione meridionale» i cui interessi agrari sono fortemente colpiti dalla caduta dei prezzi dei cereali e al gruppo di industriali che invoca la revisione della tariffa generale e che pure ha contribuito all'elezione di Depretis. La legge tariffaria fatta approvare dal governo Cairoli nel 1878 [38] costituisce un esempio dei compromessi piú o meno trasformistici ai quali i *leader* della Sinistra devono sottostare per tenere unita la propria eterogenea maggioranza.

La caratteristica tecnica della nuova tariffa consiste nella sostituzione dei precedenti dazi *ad valorem* con dazi specifici di piú agevole e certa riscossione. Quanto alle caratteristiche economiche, esse sono dovute anzitutto a quell'esigenza politica alla quale i liberisti puri danno, qualche anno dopo, la definizione di *pactum sceleris*. I liberisti concedono la tariffa in cambio del mantenimento del regime vigente in materia di banche d'emissione e gli industriali concedono agli agrari meridionali il dazio sui cereali, che per il frumento viene stabilito in 14 lire per tonnellata [39]. A causa della diminuzione dei prezzi, il prelievo dell'imposta di confine, che corrisponde al 3,1 per cento del valore medio del frumento nel 1879, sale al 6,4 per cento nel 1887 [40].

Malgrado quest'effetto di indicizzazione, si tratta di una protezione tutto sommato modesta che, tuttavia, apre le porte ai successivi incrementi. Quanto ai prodotti industriali, l'attenzione del legislatore si concentra sulle industrie già relativamente sviluppate e, pertanto, capaci di fare udire la propria voce nel Parlamento. Specialmente favorito è il settore tessile. Le industrie della lana, del cotone, della juta e perfino della seta beneficiano dell'attenzione del legislatore sotto forma di dazi che variano dal 10 al 40 per cento del valore finale dei manufatti. Con la riforma tariffaria si perde, invece, l'occasione di stimolare le piú promettenti tra le industrie veramente nascenti e, in modo particolare, quella meccanica. Il caso italiano costituisce, a questo proposito, una riprova della difficoltà politica che incontra un'efficace protezione dell'industria nascente: non sono infatti gli interessi futuri ma quelli già esistenti a venire, il piú delle volte, di fatto tutelati.

La tariffa del 1878 è, comunque, ben presto superata da due avvenimenti importanti: il perdurare della caduta dei prezzi e la nascita, con il sostegno dello stato, di una moderna industria siderurgica che acquista in breve tempo notevole peso politico. Sin dal 1882 si parla di revisione della tariffa che i trattati doganali del 1878 con l'Austria e quello del 1881 con la Francia hanno in parte reso meno protettiva [41]. Nel novembre 1882 il ministro Magliani presenta un disegno di legge contenente alcune modifiche alla tariffa. Esso viene approvato nel luglio successivo insieme a una proposta di Luigi Luzzatti per la costituzione di una commissione di inchiesta che proponga piú sostanziali modifiche alle norme doganali. È interessante notare che, mentre la relazione presentata da Ellena nel 1886 sul problema industriale invoca un accresciuto protezionismo, i relatori della parte agraria, Lampertico e Miraglia, non ritengono che tale misura sia atta a migliorare le condizioni dell'agricoltura italiana. Ma si tratta di voci destinate a rimanere sempre piú isolate. «Sotto l'incalzare della depressione agraria degli anni Ottanta — ricorda Lanaro — abbandonano i lidi dell'ortodossia molti proprietari fondiari del nord e del sud: da Luigi Tegos, l'ex-amico di Cavour ed ex-direttore del "Risorgimento", a Paolo Actor Beccadelli di Camporeale, il grande latifondista ed esportatore di grani dalla Sicilia, agli altri parlamentari che nel 1885 pretendono a gran voce il dazio sui cereali trascinando con sé la *lega di difesa* dei "ruoli" piemontesi e buona parte dei "cappelli" del meridione»[42].

Nel luglio 1887 il Parlamento approva la nuova tariffa doganale del Regno d'Italia[43]. Il breve dibattito che precede la votazione costituisce una lettura istruttiva per chi fosse interessato allo studio del «sistema clientelare» di tipo mediterraneo. Il testo del disegno di legge recepisce le richieste di grandi gruppi di pressione — cerealicoltori, tessili e siderurgici — i quali si mantengono, pertanto, piuttosto defilati durante la discussione che viene piuttosto monopolizzata da una miriade di interventi ed emendamenti proposti, sovente con successo, da sconosciuti deputati di provincia il cui solo obiettivo consiste nell'ottenere una pioggia di favori doganali per le industrie — ma sarebbe meglio dire le imprese, anche se queste non vengono nominate — di qualche peso nel collegio elettorale di ciascuno. Il risultato di quest'insieme di spinte è una legge meno «razionale» — soprattutto dal punto di vista della protezione effettiva — rispetto al progetto presentato alla Camera. Si accolgono, cosí, numerose richieste settoriali di scarsa importanza mentre vengono ancora una volta ignorate le esigenze dei nuovi settori che proprio in questi anni stanno producendo, nei paesi piú sviluppati, quell'ondata di innovazioni che consente a molti di parlare di «seconda rivoluzione industriale». Sarebbe bastato guardare alla Germania per comprendere, ad esempio, l'importanza strategica dei progressi compiuti dall'industria chimica.

La tariffa si caratterizza anzitutto per un aumento del dazio sul grano da 1,4 a 3 lire il quintale, subito portato nel 1888 a 5 lire[44] equivalenti a circa il 25 per cento del valore c.i.f. del frumento. Ciò consente una rendita superiore alla differenza tra i costi di produzione interni e quelli internazionali. Una seconda importante caratteristica della nuova tariffa consiste nel trattamento riservato all'industria cotoniera all'interno della quale si vuole privilegiare la filatura rispetto alla tessitura. Si può calcolare approssimativamente che il dazio sui filati sia mediamente pari al 27 per cento *ad valorem* mentre i tessili vengono coperti solo con un dazio del 7 per cento che implica una protezione effettiva nulla o addirittura negativa[45]. Questa «irrazionalità» della tariffa è spia dell'incapacità di un segmento non irrilevante della borghesia industriale italiana di agire per la tutela di comuni interessi di lungo periodo. Il settore laniero, relativamente ristretto e dotato di una *leadership* piú compatta e lungimirante, è in grado di ottenere un trattamento tariffario «razionale» con protezione effettiva piú bassa ma positiva per entrambi i comparti. Un terzo elemento caratteristico di questa tariffa consiste nell'elevato dazio concesso alla ghisa e all'acciaio a fronte di quello, ben più moderato, garantito ai principali prodotti dell'industria meccanica, che finiscono per trovarsi in una situazione di protezione effettiva molto prossima a zero [46].

Nell'Ottocento le tariffe doganali costituiscono il principale strumento di politica allocativa a disposizione dei governi data la relativa modestia della spesa pubblica. Come tale, la tariffa del 1887 è stata oggetto di violente critiche da parte sia dei contemporanei sia degli storici tanto da venire da taluni ritenuta una delle cause principali del ritardo e della relativa lentezza dello sviluppo italiano, come si vedrà nell'ultimo capitolo.

NOTE AL CAPITOLO OTTAVO

1 Indichiamo qui di seguito i tassi medi annui di crescita della produzione industriale in taluni paesi tra il 1873 e il 1896. Tra parentesi sono indicati gli anni o i periodi di diminuzione della produzione:
Francia 1,7 (1877, 1879, 1883-85, 1890, 1893, 1895)
Germania 2,9 (1880)
Russia 6,0 (1884, 1888)
Svezia 4,5 (1878, 1883, 1886, 1895)
Regno Unito 2,0 (1877-79, 1884-86, 1892-93)
Fonte: B.R. Mitchell, *European Historical Statistics*, cit., p. 179.

2 Quantità e prezzi da ISTAT, *Sommario di statistiche*, cit., p. 106 e p. 172.

3 G. Porisini, *Produttività e agricoltura: i rendimenti del frumento in Italia dal 1815 al 1922*, cit.

4 *Ibidem*, p. 38. È, questa, la tesi sostenuta anche da E. Sereni, *Il capitalismo nelle campagne (1850-1900)*, Torino, Einaudi, 1968.

5 Posta uguale a 100 la produzione media degli anni 1875-77, quella del periodo 1885-8 è, secondo l'ISTAT (*Sommario*, cit., pp. 106-112) la seguente: frumento 84,5, patate 104,5, aranci 126,0, vino 139,1, olio di oliva 75,3.

[6] G. Federico, *Commercio dei cereali e dazio sul grano in Italia (1863-1913). Una analisi quantitativa*, in «Nuova Rivista Storica», LXVIII (1984), pp. 46-108.

[7] La diminuzione, tra 1875-87 e 1886-88, supera l'8 per cento secondo i dati di B. Barbieri, *I consumi nel primo secolo dell'unità d'Italia 1861-1960*, Milano, Giuffrè, 1961, p. 129.

[8] G. Orlando, *Storia della politica agraria in Italia dal 1848 a oggi*, Bari, Laterza, 1984, p. 40.

[9] *Ibidem*, p. 42.

[10] A. Gerschenkron, *Il problema storico dell'arretratezza economica*, Torino, Einaudi, 1965, p. 386.

[11] Cfr. F. Bonelli, *Lo sviluppo di una grande impresa in Italia. La Terni dal 1884 al 1962*, Torino, Einaudi, 1975.

[12] ISTAT, *Sommario*, cit., p. 128.

[13] *Ibidem*.

[14] Nel 1889 la Breda produce già 49 locomotive (M. Merger, *Un modello di sostituzione: la locomotiva italiana dal 1850 al 1914*, in «Rivista di Storia Economica», III (1986), pp. 66-108).

[15] *Ibidem*.

[16] E. Corbino, *Annali di economia (1871-1890)*, cit., p. 117.

[17] M. Warglien, *Nota sull'investimento industriale in macchinari e altre attrezzature meccaniche: Italia 1881-1913*, in «Rivista di Storia Economica», serie II, II (1985), p. 125.

[18] E. Corbino, *Annali di economia (1881-90)*, cit., p. 137 e Id., *Annali di economia 1870-80*, cit., p. 118.

[19] Eccezione notevole è, forse, quella della Cassa di Risparmio delle Provincie Lombarde già allora di dimensioni cospicue e operante su scala almeno regionale.

[20] A. Confalonieri, *Banca e industria in Italia 1894-1906*, vol. I, Milano, Banca Commerciale Italiana, 1974, p. 276.

[21] *Ibidem*, p. 273.

[22] *Ibidem*.

[23] Si ricorda, ad esempio, l'impegno nella locale azienda tramviaria della Banca Popolare di Vicenza, coinvolta in una seria crisi poco prima della guerra mondiale.

[24] A. Confalonieri, *Banca e industria*, cit., p. 284.

[25] Accanto al citato lavoro di Confalonieri che ricostruisce gli eventi di questi anni dall'interno del sistema bancario, si veda l'analisi macroeconomica assai fine di M. Warglien sulla quale ritorneremo sovente in questo e nel prossimo capitolo.

[26] M. Warglien, *Investimento industriale e instabilità finanziaria in Italia, 1878-1913*, in «Rivista di Storia Economica», III (1987), pp. 384-439.

[27] *Ibidem*.

[28] G. Candeloro, *Storia dell'Italia moderna*, cit., vol. VI, p. 248.

[29] S. Fenoaltea, *Italy*, cit., pp. 92-94.

[30] Nel primo governo Depretis è lo stesso presidente a ricoprire anche il dicastero delle Finanze. Magliani lo tiene nel secondo e nel terzo governo Depretis (dicembre 1877 - marzo 1878 - dicembre 1878 - luglio 1879) e, poi, ininterrottamente dal terzo governo Cairoli (novembre 1879 - maggio 1881) sino al 29 dicembre 1888.

[31] Nel 1877 si riforma l'imposta di ricchezza mobile. Nel 1884 viene abolito l'impopolare balzello sul macinato (ma restano i dazi comunali sul consumo delle farine). Nel 1886 si approva la legge sul catasto e si rivede l'imposta fondiaria.

[32] Nel febbraio di quell'anno il provvedimento è approvato dalla Camera con solo 27 contrari su 293 votanti.

[33] Sono molto interessanti, tuttavia, anche per il periodo nel quale vengono formulate, le critiche mosse da Corbino a tutta l'operazione (*Annali dell'economia italiana 1881-90*, Milano, IPSOA, 1982, p. 332.

[34] M. Minghetti, *Discorsi Parlamentari, Camera dei Deputati*, Roma, 1890, vol. VIII, p. 89.

[35] La svalutazione media della lira rispetto alle monete convertibili in oro è del 10,5 per cento nel 1880 e del 9,5 nel periodo 1875-80 (cfr. E. Corbino, *Annali di Economia (1871-1880)*, cit., vol. II, p. 318).

[36] La diminuzione dei prezzi francese è, tuttavia, a partire dal 1884, piú rapida e duratura di quella italiana e ciò spiega, tra l'altro, alcune delle ragioni della «guerra commerciale» del 1887-88.

[37] G. Carocci, *Storia d'Italia*, cit., pp. 46-47.

[38] La legge tariffaria è approvata il 30 maggio e entra in vigore il 1° luglio 1878.

[39] Il «dazio fiscale» del 1866 viene elevato a 1,4 lire per quintale nel 1883.

[40] G. Federico, *Commercio dei cereali e dazio sul grano in Italia (1863-1913). Una analisi quantitativa*, in «Nuova Rivista Storica», LXVIII (1984), p. 105.

[41] A questi trattati si aggiunge la proroga di quelli esistenti con Gran Bretagna, Germania, Svizzera e Belgio e dall'operare della clausola cosiddetta della «nazione piú favorita».

[42] S. Lanaro, *Nazione e lavoro*, Venezia, Marsilio, 1979, p. 170.

[43] La legge viene approvata a larghissima maggioranza (199 favorevoli e 27 contrari) il 14 luglio 1887 e costituisce, ironicamente, uno degli ultimi atti di governo del liberista Depretis che muore due settimane dopo (29 luglio). La nuova tariffa entra in vigore il 1° gennaio 1888.

[44] Successivi aumenti si hanno nel 1893 (7 lire il quintale) e alla fine del 1894 (7,5 lire il quintale).

[45] Si tratta di calcoli approssimativi del tipo «sul retro della busta» ma, probabilmente, non lontani dal vero.

[46] G. Toniolo, *Effective Protection and Industrial Growth: the Case of Italian Engeneering 1896-1913*, in «The Journal of European Economic History», 1978.

CAPITOLO NONO

UN DECENNIO DI CRISI (1887-1896)

1. *Mutamenti politici e crisi economica*

La cosiddetta «grande depressione» europea, sulla quale le opinioni degli storici restano divise, coincide nel nostro paese con un ventennio caratterizzato da una molteplicità di situazioni molte delle quali sono difficilmente riconducibili al ristagno economico. Basti pensare alla contraddizione, della quale si è parlato al capitolo precedente, tra l'acuirsi della «crisi agraria» da un lato e lo sviluppo di taluni comparti industriali dall'altro che caratterizza buona parte degli anni Ottanta. Lo scorcio di questo decennio e la prima metà di quello successivo sembrano, viceversa, caratterizzarsi per una diffusa depressione del reddito e degli investimenti culminata in una pericolosa crisi finanziaria, tanto che Gino Luzzatto non esita a definire il periodo compreso tra il 1889 e il 1894 come «gli anni piú neri dell'economia del nuovo regno»[1].

Le avvisaglie della crisi compaiono nel 1887-88 e coincidono con la svolta politica seguita alla morte di Depretis nel luglio 1887. La ripresa produttiva è già visibile attorno al 1894-95 ma solo dopo il 1896 vi sono segni non equivoci di una ripresa degli investimenti[2]. Se, dunque, gli «anni piú neri» sono indubbiamente quelli indicati da Luzzatto — per ragioni, come vedremo, piú importanti dello stesso andamento negativo della produzione — l'intero periodo crispino appare segnato da una crisi profonda e prolungata. Quasi a simbolizzarne le difficoltà interne e internazionali, il periodo è racchiuso tra due sfortunati episodi militari a Dogali e ad Adua, in Africa Orientale. Di per sè quasi irrilevanti, tali episodi caratteristici dell'ingenua improvvisazione del tardo imperialismo italiano, simboleggiano in qualche misura i tratti salienti della politica del tempo: autoritarismo all'interno e irrequieta baldanza all'estero. La crisi economica, che raggiunge l'apice nel 1893, si intreccia con quella politica che vede da un lato una lotta senza esclusione di colpi ai vertici dello stato e dall'altro il diffondersi del malcontento e delle agitazioni popolari.

Protagonista politico di questi anni è Francesco Crispi, ministro dell'interno nell'ottavo gabinetto Depretis formatosi nell'aprile 1887 e primo ministro dall'agosto dello stesso anno sino al febbraio 1891 e, di nuovo, dal dicembre 1893 al marzo 1896. L'intervallo è significativamente coperto, dopo il ministero Rudiní, dal primo governo Giolitti la cui azione e impostazione programmatica sono già indicative delle tendenze politiche che emergeranno nel decennio successivo durante quella che sarà appunto chiamata, l'«età giolittiana». Nel 1893, al colmo della crisi e degli scandali bancari, la partita viene giocata da Crispi e Giolitti senza esclusione di colpi e si conclude con la vittoria del primo [3].

Ai fini dell'analisi economica del periodo è utile ricordare gli elementi di continuità e quelli di novità presenti nella vita politica del paese. Essi sono bene sintetizzati dal seguente passo di Candeloro.

> Continuò il trasformismo [...] ma con una base allargata non solo nel parlamento, bensí anche nel paese, poiché si formò proprio allora un nuovo blocco di potere, che ebbe il suo nucleo propulsivo nell'alleanza tra gli interessi agrari piú conservatori e gli interessi industriali. Infatti proprio nel giugno e nel luglio 1887 furono approvati rapidamente e facilmente dal parlamento l'aumento del dazio sul grano e la nuova tariffa doganale protezionista [...]. Questa coalizione di interessi fu alla base del trasformismo allargato, che a sua volta fu uno degli elementi che resero possibile la politica autoritaria di Crispi [4].

Molti autori hanno visto nel formarsi di questa nuova alleanza la causa indiretta delle difficoltà economiche del tempo, innescate da una «guerra commerciale» con la Francia [5] prodotta sia dalle difficoltà di negoziare un nuovo trattato di commercio sia dai contrasti politici tra i due paesi derivanti dalla convenzione militare italo-tedesca, che si accompagna al rinnovo della Triplice alleanza in chiave esplicitamente antifrancese, e dalle ambizioni italiane nel Mediterraneo.

Gli effetti della «guerra commerciale» non sono facilmente

distinguibili da quelli prodotti, soprattutto sull'agricoltura italiana, dall'insieme delle barriere tariffarie che tutti i paesi europei innalzano durante questo periodo e, piú in generale, da quelli della caduta dei livelli di attività e, pertanto, delle importazioni verificatisi in taluni paesi durante l'ultima fase della «grande depressione». In generale, tuttavia, non è difficile ipotizzare che sia le difficoltà della congiuntura internazionale (nel 1890 si verifica a Londra una grave crisi finanziaria) sia le incertezze determinate dalla politica crispina e dalle tensioni sociali abbiano contribuito a creare aspettative non favorevoli soprattutto per gli investimenti finanziari: unite alla «fragilità» del sistema e all'eccesso di investimenti degli anni 1882-87, esse contribuiscono a spiegare la severità della crisi di questi anni.

2. *Ciclo e politica economica*

Come si è detto, attorno al 1888 sia l'indice di Gerschenkron sia quello di Fenoaltea mostrano un'inversione di tendenza nell'andamento della produzione industriale. In entrambi essa diminuisce sino al 1892 per poi riprendere lentamente a crescere. Il livello produttivo del 1888 è raggiunto nuovamente nel 1896 secondo Gerschenkron e nel 1898 secondo Fenoaltea. Assai meno marcato, come sempre avviene, è il ciclo del settore agricolo che sembra denotare piú una tendenza al ristagno che una vera e propria depressione. Questo andamento e la caduta assai meno pronunciata dell'indice ISTAT della produzione industriale rispetto ai due cui si è fatto cenno sopra spiegano la limitata flessione del PIL, secondo le stime esistenti. Il reddito nazionale sarebbe diminuito solo nel 1889 (– 3,2 per cento), nel 1892 (– 3,8 per cento) e nel 1895 (– 1,1 per cento). Nel complesso del periodo 1889-1895 il livello del reddito nazionale è superiore in media del 2 per cento rispetto a quello del triennio 1886-88.

Nel complesso, dunque, se dobbiamo credere alle statistiche storiche esistenti, è probabile che gli «anni piú neri» non vengano vissuti come tali dalla grande massa degli italiani, almeno per quanto riguarda il tenore di vita. Ciò non significa, ovviamente, che segmenti anche importanti della popolazione e vaste aree del territorio non possano subire

maggio 1892 governo GIOLITTI

riduzioni di reddito tali da giustificare, anche da questo punto di vista, il malcontento e finanche l'aperta rivolta verificatisi in questi anni, soprattutto nel Mezzogiorno. La protesta, tuttavia, appare soprattutto collegabile all'esasperazione per la mancata soluzione di problemi antichi, per le promesse non mantenute, per il protrarsi delle difficoltà dell'agricoltura. Non a caso Giolitti, profondo conoscitore della società italiana, impernia il programma del suo primo governo (maggio 1892 - dicembre 1893) non tanto su misure congiunturali quanto su una riforma del sistema tributario italiano giudicato «progressivo a rovescio».

A prima vista, la politica di bilancio attuata in queste circostanze non appare come la piú idonea a sostenere la domanda aggregata. Il disavanzo effettivo tocca un livello massimo nel 1889 quando è pari al 4 per cento del prodotto interno lordo e si riduce successivamente sino all'1 per cento del 1895 per convertirsi poi negli avanzi che caratterizzano l'«età giolittiana» sino alla guerra di Libia. Quanto all'offerta di moneta (circolazione + depositi), tra il 1888 e il 1896 essa si mantiene pressoché costante. Se si tiene conto del fatto che la bilancia dei pagamenti correnti raggiunge il pareggio nel 1891 e segna successivamente avanzi anche cospicui non si può, a prima vista, sfuggire all'impressione che una minore prudenza fiscale e monetaria avrebbe mitigato la caduta della produzione industriale e accelerato la ripresa. Questa prima impressione deve essere, tuttavia, qualificata. Anzitutto bisogna riconoscere che, al culmine del «boom» degli anni Ottanta, disavanzo di bilancio, debito pubblico e deficit dei pagamenti con l'estero avevano assunto dimensioni non trascurabili e, comunque, non facilmente aumentabili per cui una politica di «rientro» appare non dilazionabile anche perché un ulteriore indebitamento sull'estero non è proponibile, dato il «largo discredito» della nostra finanza negli ambienti internazionali e il perdurare della crisi nei rapporti economici con Parigi dove tradizionalmente erano state piazzate le quote piú consistenti del debito estero italiano. E in effetti sia il governo di Rudinì sia quello guidato da Giolitti si propongono esplicitamente di ricondurre al pareggio il bilancio dello stato, soprattutto attraverso una piú attenta gestione della spesa. Quanto alla politica monetaria — probabilmente piú «restrittiva» di quanto dicano le statistiche re-

DISAVANZO = ECCEDENZA DEL PASSIVO SULL'ATTIVO IN UN BILANCIO -

lative all'offerta di moneta a causa della diminuzione della liquidità del sistema prodotta dai grandi immobilizzi bancari — va detto che anch'essa si muove in un contesto di grave «disordine» (del quale si dirà nei prossimi paragrafi) e che proprio alla «moneta facile» delle banche di emissione si imputa buona parte delle cause del disordine stesso. Bisogna inoltre ricordare che dopo il 1887 si verifica un forte deflusso di capitali stranieri con conseguente deprezzamento del cambio, malgrado il miglioramento della bilancia delle transazioni correnti, che impone una politica di tassi di interesse elevati (vedi anche paragrafo successivo). Ma, soprattutto, bisogna considerare quanto detto sopra circa l'andamento delle variabili aggregate che non sembra indicare una «crisi» tanto profonda quanto quella che appare se si valutano taluni comparti, in particolare quelli che avevano avuto il maggiore sviluppo durante il decennio precedente e che si trovano ora in una situazione caratterizzata da eccesso di investimenti. Anche se il sostegno di questi settori fosse stato ritenuto opportuno, è assai dubbio che un aumento dell'offerta di moneta avrebbe costituito lo strumento idoneo.

1883

3. *Ciclo e finanziamento degli investimenti*

Il piccolo «boom» degli investimenti che si verifica all'inizio degli anni Ottanta e del quale si è detto nel capitolo precedente è stato spiegato sia dai contemporanei sia dagli storici con le vicende monetarie connesse al ritorno alla convertibilità aurea della lira nel 1883 [6]. Il prestito internazionale negoziato per l'occasione, accrescendo le riserve degli istituti di emissione avrebbe prodotto un aumento della circolazione e, pertanto, la liquidità delle banche. Di qui l'inflazione creditizia, la corsa agli impieghi sempre piú rischiosi, gli immobilizzi degli istituti di credito e l'«attività speculativa in un'atmosfera ossigenata dall'oro» [7] che caratterizzano la seconda parte del decennio. Né va trascurato l'effetto fortemente pro-ciclico dell'afflusso di capitali stranieri a breve termine, seguito all'abolizione del corso forzoso.

Queste condizioni consentono, tra l'altro, il finanziamento da parte delle grandi banche di investimenti immobilizzati per ammontari assai cospicui (le acciaierie di Terni e l'impresa immobiliare dell'Esquilino). I settori che ricorrono maggiormente al credito per il finanziamento di nuovi impianti sono quelli meccanico, metallurgico, chimico e taluni comparti di quello alimentare. È stato posto in luce, al contrario, come le maggiori imprese tessili abbiano una struttura patrimoniale e finanziaria assai solida e utilizzino il credito bancario solo per lo sconto di cambiali commerciali effettivamente a breve termine [8].

Al contrario, le scelte di portafoglio delle banche e di talune società finanziarie — quali la Veneta di Breda e la Cirio — contribuiscono a una crescente vulnerabilità e fragilità del sistema finanziario.

Durante il «boom» degli anni Ottanta, la rigidità dell'offerta interna di prodotti industriali, soprattutto di investimento, e il basso prezzo dei cereali russi e americani (prima del dazio del 1887) producono crescenti disavanzi della bilancia commerciale che vengono compensati dall'ingresso di capitale straniero a breve termine, sovente come credito all'importazione. Questa situazione obbliga le banche di emissione guidate dalla Nazionale a tenere elevato il saggio di sconto. L'indebitamento delle imprese avviene, dunque, a costi crescenti. La crisi del 1887 si manifesta con il ritiro di capitali stranieri, la svalutazione del cambio (aggio della lira sull'oro, come allora si diceva), l'uscita di riserve metalliche e la conseguente diminuzione della liquidità del sistema (non si dimentichi che lo standard metallico implica l'esistenza di un rapporto costante tra circolazione e riserve) [9].

Dopo il 1885 si fa piú evidente il comportamento «speculativo» delle principali banche, non escluse quelle di emissione. Alla crescita del rapporto tra mezzi di terzi e mezzi propri si accompagna una caduta nel coefficiente di liquidità. Si sviluppano gli impieghi meno liquidi. In particolare, istituti quali il Credito Mobiliare, la Banca Generale, la Banca Tiberina, per non dire della Banca Romana, sono fortemente attratti dall'investimento nel *boom* edilizio soprattutto di Roma ma anche di Torino e Napoli. Quest'attività alimenta, sino al 1887, una crescita dei valori dei fabbricati e dei terreni urbani che consente elevate remunerazioni del capitale sia agli operatori sia alle aziende di credito. I prezzi degli immobili toccano il massimo nei primi mesi del 1887 [10]. Poi la situazione si inverte. «La crisi edilizia, che incomincia a manifestarsi a Roma ed a Napoli, e quella, che ad essa si accompagna, di alcune grandi imprese metallurgiche, in prima linea la Terni, creano gravi difficoltà non solo alle banche che sono piú strettamente legate a quelle imprese, cosí alla Banca Tiberina, alla Società dell'Esquilino, al Banco Sconto e Sete, ma anche ai due massimi istituti mobiliari italiani, cioè alla Banca Generale e alla Società Generale di Credito Mobiliare»[11]. In altre parole, le perdite subite dalle imprese immobiliari, molte delle quali sorte come funghi e senza esperienza negli anni e nei mesi precedenti, si trasferiscono sugli istituti bancari che erano stati in prima linea nel finanziamento della speculazione (Tiberina, Esquilino, Sconto e Sete) e, da questi, passano alle banche maggiori e piú solide che vengono obbligate a una serie di «salvataggi» che provocano, anzitutto, essendo coinvolte le banche di emissione, un nuovo aumento della circolazione e un forte immobilizzo. Un altro effetto di questa politica di provvista di liquidità agli istituti coinvolti con la speculazione edilizia è quello di contrarre la disponibilità di credito bancario per gli impieghi diversi, in particolare per quei comparti dell'industria manifatturiera che avevano fatto maggiore ricorso alla finanza esterna durante il «boom». La crisi edilizia e le difficoltà bancarie, infine, sono probabilmente la causa di quel rimpatrio di capitali stranieri a breve del quale si è detto sopra e che ha come effetto un'ulteriore riduzione della liquidità del sistema. D'altra parte, i «salvataggi» hanno il pregio di stabilizzare la situazione del sistema bancario ancora per due o tre anni.

L'inversione di tendenza nell'offerta di credito, che si verifica a partire dalla seconda metà del 1887, si riflette sull'andamento degli investimenti industriali. La serie esistente degli investimenti netti totali diminuisce dal 1887 al 1892 del 65 per cento, si stabilizza a un livello assai basso nel triennio successivo, e diminuisce ancora del 32 per cento tra il 1895 e il 1897 quando inizia una lenta ripresa (il valore del 1887 è raggiunto nuovamente solo all'inizio del 1905).

Per i singoli settori non disponiamo, per ora, di valutazioni altrettanto accurate. Il consumo apparente di macchinari stimato da Warglien[12] e utilizzabile come approssimazione dell'andamento degli investimenti nell'industria manifatturiera diminuisce del 42 per cento tra il 1889 e il 1892.

Anch'esso è il risultato di tendenze settoriali diverse che, sulla base delle importazioni di macchinario e tenuto conto di alcune variabili di bilancio delle società anonime, possono essere sintetizzate come segue. Il comparto tessile, stimolato dalle aspettative create dalla tariffa del 1887 e scarsamente dipendente dal credito bancario, realizza durante gli anni Novanta una forte espansione degli investimenti. Il finanziamento proviene in buona misura da utili non distribuiti ma in parte anche, nel periodo 1888-1891, dal collocamento sul mercato azionario di aumenti di capitale. Le grandi imprese del settore metallurgico e meccanico sono, invece, colpite sia dalla riduzione del credito bancario sia dalla forte caduta dei loro stessi profitti: l'insieme di queste condizioni obbliga tali imprese a porre in essere un processo di riorganizzazione produttiva e finanziaria del quale è, forse, esemplare quello descritto da Bonelli per la Terni [13]. Vi è, infine, il caso della nascente industria elettrica i cui investimenti sembrano risentire soprattutto della possibilità di collocare azioni sul mercato. A questo proposito va ricordato che l'indice dei valori azionari cresce tra il 1888 e il 1891 consentendo alle imprese di tutti i settori di finanziarsi attraverso aumenti di capitale. La successiva caduta del listino rende impossibile il ricorso al mercato sino al 1896 quando, tra l'altro, il collocamento sarà reso assai piú agevole dalla comparsa di intermediari quali le cosiddette «banche tedesche» [14].

4. *Il collasso del sistema bancario*

Il ritiro dei capitali stranieri dopo il 1887 viene in parte compensato dal collocamento all'estero di un ammontare elevato di titoli del debito pubblico (seicento milioni in tre esercizi finanziari). La precarietà della posizione italiana sulle piazze straniere è indicata anche dal fatto che una parte non irrilevante del debito estero deve prendere la forma di Buoni del Tesoro a 10 e a 12 mesi. Le tensioni che si manifestano sui mercati internazionali dei capitali — la crisi cosiddetta di Baring a Londra e il fallimento del Comptoire d'Escompte a Parigi — si cumulano con il riapparire delle difficoltà delle banche torinesi tamponate solo temporaneamente dagli interventi del 1887. Una nuova e piú grave ondata di sfiducia investe il sistema bancario italiano. Essa si cumula con gli effetti di un ulteriore peggioramento dell'andamento delle variabili reali e dei prezzi che si verifica tanto in Europa quanto in Italia a partire dalla fine del 1890.

Questa situazione ha ripercussioni assai gravi sull'intero sistema bancario e, in particolare, sulle due principali banche di credito e sugli istituti di emissione. Nel 1887 sia il Credito Mobiliare sia la Banca Generale si trovano fortemente immobilizzati tanto a causa dei finanziamenti concessi alle grandi imprese metallurgiche e meccaniche quanto per la copertura offerta alla Banca Tiberina, alla Società dell'Esquilino e al Banco Sconto e Sete impegnate in prima linea nel credito alla speculazione edilizia dal quale, d'altra parte, nemmeno gli istituti maggiori si erano astenuti. Gli interventi posti in essere in quell'anno danno l'impressione che le principali banche «abbiano ritrovato la antica solidità e sicurezza» [15]. Ma le perdite continuano. Il Credito Mobiliare ne accumula per 30 milioni tra il 1887 e il 1891. La Banca Generale è colpita dalle difficoltà della Società dell'Esquilino, dal crollo della Banca di Milano, dalla caduta dei valori immobiliari a Napoli e dai pessimi risultati di imprese di costruzione e ferroviarie con le quali è fortemente esposta [16].

Nello stesso tempo la Banca Nazionale nel Regno, il Banco di Napoli, la Banca Romana e la Banca Nazionale Toscana si trovano con un portafoglio fortemente immobilizzato. Il governo, nell'invitare questi istituti a rifinanziare banche illiquide come la Tiberina concede aumenti di circolazione ma la liquidità cosí creata viene assorbita dal risconto di effetti sostanzialmente non mobilizzabili. Nell'agosto 1889 la Società dell'Esquilino, la Banca Tiberina e il Banco Sconto e Sete si trovano in condizioni cosí precarie a causa dei finanziamenti concessi all'edilizia che «fallirebbero, se non fossero salvati da un poderoso intervento delle banche di emissione. Per permettere il loro salvataggio interviene il governo, il quale autorizza l'emissione di biglietti per 50 milioni di lire in eccedenza [al limite legale], senza la minima copertura metallica» [17]. Luzzatto suggerisce che questi continui aumenti della circolazione consentono piú facilmente gli abusi dei quali ormai si sussurra in ambienti vicini al governo e al mondo bancario [18]. Sia come sia, le voci traggono origine dal fatto che un'ispezione dalle banche di emissione ordinata nel 1889 dal ministro dell'Agricoltura, Industria e Commercio al quale spetta il potere di supervisione e condotta dal Senatore Alvisi e da un funzionario del Tesoro (Biagini) viene tenuta segreta nell'intento di evitare di danneggiare il credito del sistema bancario già abbastanza scosso dalle difficoltà di tanti istituti. Ma, in queste circostanze, la segretezza, quando non è assoluta quale forse solo una forte dittatura può garantire, è espediente peggiore di una franca informazione [19]. Come si saprà in seguito, l'inchiesta Alvisi-Biagini appura l'esistenza di gravi irregolarità nella gestione Tanlongo della Banca Romana: esiste un'eccedenza di circolazione non autorizzata per 25 milioni e si sono addirittura stampati clandestinamente biglietti con numeri di serie già esistenti per circa 9 milioni. Queste irregolarità sono rese possibili dalla faciloneria e dalla mancanza di scrupoli dei responsabili della Banca Romana ma traggono origine dalla situazione dell'istituto, del tutto privo di liquidità a causa della politica degli impieghi adottata negli anni precedenti. Nel 1892-93 le vicende della ex-banca degli stati pontifici si intrecciano strettamente non solo con una lotta politica senza quartiere che vede quali protagonisti principali Giolitti e Crispi ma anche con il progetto di riordino degli istituti di emissione come parte di un programma di risanamento dell'intero sistema bancario. Di questo si dirà al prossimo paragrafo: qui importa sottolineare come la situazione di gravi perdite e di forti immobilizzi che caratterizza le principali banche di credito commerciale non si limiti a queste ultime ma coinvolga gli stessi istituti di emissione dei quali Di Nardi ha ricostruito, tra l'altro, il crescente numero degli effetti in sofferenza, che nel 1891 raggiungono quasi il dieci per cento del totale [20].

La crisi culmina con la liquidazione delle due principali banche italiane, legate — nel bene e nel male — a tante vicende economiche del primo trentennio di vita unitaria. Il Credito Mobiliare tenta, a partire dal 1891, la carta della conversione in banca di credito commerciale a breve termine sull'esempio del Crédit Lyonnais francese. I risultati di esercizio del 1891 sono incoraggianti tanto da indurre ad un aumento di capitale. Ma i costi connessi alla trasformazione in banca di deposito, con un forte ampliamento della rete territoriale, sono troppo elevati per una struttura indebolita dalle perdite del triennio precedente. Nel novembre 1893 il Credito Mobiliare deve richiedere la moratoria. Nel maggio 1894 la banca viene posta definitivamente in liquidazione.

Una sorte analoga tocca alla Banca Generale, similmente esposta in operazioni che comportano, quantomeno, cospicui immobilizzi. Nel 1892 e nel 1893 le quotazioni delle azioni di quest'istituto scendono fortemente generando, anche nel grande pubblico, sfiducia nella solidità della banca che si traduce in una corsa agli sportelli per il ritiro dei depositi che si fa valanga alla fine del 1893. Nel gennaio 1894 anche la Banca Generale deve chiedere la moratoria, seguita dalla messa in liquidazione.

Il fallimento delle due principali banche italiane si accompagna a quello di numerosi intermediari minori, alla liquidazione della Banca Romana e alla riorganizzazione degli istituti di emissione.

5. *Crisi e riorganizzazione delle banche di emissione*

La crisi del 1893 non coinvolge solo i due principali istituti di credito e un buon numero di quelli di medie dimensioni ma arriva al cuore del sistema colpendo le banche di emissione che, come si è detto, si trovano, a partire dal 1887, con un portafoglio consistente in misura crescente di cambiali cosiddette «in sofferenza» (cioè sostanzialmente non esigibili) o «immobilizzate» (che devono, cioè, venire necessariamente rinnovate in attesa che le condizioni del mercato, soprattutto immobiliare, consentano la liquidazione del credito).

La fragilità del sistema, emersa come si è visto a partire dal 1887, rende nuovamente attuale il problema del riordino degli istituti di emissione, quasi trascurata da governi e opinione pubblica dopo l'approvazione della legge bancaria del 1874 che aveva confermato l'attribuzione del privilegio dell'emissione ai sei istituti esistenti. I diversi progetti di riforma ricevono scarsa attenzione sino al 1891 quando le due banche toscane e la Nazionale raggiungono un accordo di fusione. Questo, ispirato da Crispi, viene archiviato con la caduta del secondo ministero presieduto dall'uomo politico siciliano e la formazione del governo Rudiní. Nel 1892 le due banche toscane raggiungono un accordo di fusione [21]. Non se ne fa nulla per l'opposizione di Luzzatti, allora ministro del Tesoro.

Al momento della formazione del ministero Giolitti (maggio 1892) la situazione è assai precaria. È forse questo il motivo per cui il presidente del consiglio, certamente legato alla Banca Romana tanto da nominare senatore il chiacchierato governatore Tanlongo proprio alla vigilia delle elezioni del novembre 1892, preferisce attendere un risanamento complessivo prima di proporre un progetto di unificazione degli istituti. Piú semplicemente, si può ipotizzare che nel maggio le idee di Giolitti in argomento siano ancora confuse. Rafforzato dalla vittoria elettorale, l'uomo politico piemontese presenta nel dicembre 1892 un disegno di legge per la proroga del privilegio di emissione per altri sei anni. Tuttavia, di fronte alle reazioni di vari ambienti e, soprattutto, di quelli piú vicini alle stesse banche di emissione che sentono il bisogno di provvedimenti piú radicali meglio adatti a fronteggiare il deteriorarsi della propria posizione, Giolitti ritira il progetto presentandone un secondo per una proroga di soli 3 mesi.

Il 20 dicembre 1892, dopo molte esitazioni, gli onorevoli Napoleone Colajanni e Ludovico Gavazzi rivelano alla Camera i risultati dell'inchiesta del 1889 sulle banche di emissione e, in particolare, le gravissime irregolarità della Banca Romana. Un'inchiesta amministrativa subito ordinata dal governo e approvata dalla Camera appura presso questo istituto «l'esistenza di una circolazione abusiva di ben 65 milioni (che raddoppia quasi la circolazione consentita alla Banca) e di un vuoto di cassa di 20 milioni, malamente nascosto da operazioni fittizie; accerta inoltre che nel 1891 erano stati stampati clandestinamente duplicati di biglietti già in circolazione per circa 40 milioni» e gravi falsi nei bilanci relativi agli ultimi 20 anni [22]. All'inchiesta seguono gli arresti del governatore Tanlongo, del cassiere Lazzaroni e di altri personaggi coinvolti nella vicenda. Non manca la morte misteriosa di un deputato, alla vigilia dell'arresto.

La gravità della situazione della Banca Romana è tale che l'unica via perseguibile appare quella della liquidazione. Giolitti riprende a questo punto i vecchi progetti di unificazione delle banche di emissione costituite in società per azioni (i due banchi meridionali hanno diversa forma giuridica) offrendo agevolazioni alle due banche toscane e alla Nazionale perché, fondendosi, assumano la liquidazione della Banca Romana. Una convenzione in tale senso viene firmata il 18 gennaio 1893 e approvata nel febbraio dalle assemblee dei tre istituti. Nella relazione presentata il 27 febbraio agli azionisti della Nazionale, il direttore generale Grillo, si riallaccia all'antica idea della banca unica. Piú amaramente, qualche giorno prima, non nasconde di avere «vagheggiato sempre altre origini per la Banca d'Italia» [23].

Nei mesi successivi il governo prepara un disegno di legge in argomento. Senza entrare nei dettagli delle diverse fasi della discussione, che si intreccia con le ripercussioni politiche dello scandalo della Banca Romana, importa qui soprattutto ricordare i termini della questione. Essi sono, in sintesi, riconducibili alla contraddizione implicita nel fatto che gli istituti di emissione, ai quali sono affidati compiti assai delicati di rilevanza pubblica, restano aziende private i cui azionisti sono principalmente, e forse unicamente, interessati alla massimizzazione del profitto e del dividendo che da esso deriva. Il privilegio di emettere moneta a corso legale è concesso a un numero limitato di banche e regolato da norme precise. Per il suo esercizio, gli istituti di emissione pagano all'erario una tassa. In numerose circostanze, lo stato richiede alle banche, e in particolare alla Nazionale, prestazioni non contemplate dalle norme vigenti: nel 1866, come si è visto, si era trattato di una cospicua anticipazione. Messa di fronte a simili richieste, la Banca reagisce tipicamente cercando sia di accontentare in ogni modo il Tesoro al quale è legata a doppio filo e dal quale dipende la sua stessa esistenza, sia tenendo ben presenti le esigenze degli azionisti. Nel 1866, in contropartita all'anticipazione di credito, la Nazionale aveva ottenuto di venire sollevata dall'obbligo di convertire in oro a vista le proprie banconote, inaugurando il cosiddetto corso forzoso. Nel 1893 lo stato richiede alle banche di emissione di assorbire senza traumi la circolazione della Banca Romana: immenso sarebbe stato, infatti, il pregiudizio alla stessa moneta italiana se, in conseguenza della liquidazione dell'ex banca degli stati pontifici, le banconote di questa avessero subito una forte diminuzione di valore. A ragione di questo intervento di interesse pubblico, la Nazionale e le due banche toscane devono prevedere costi non trascurabili consistenti nell'acquisizione delle partite «in sofferenza» della Banca Romana. Gli azionisti sono, ovviamente, riluttanti ad assumere tali costi e chiedono una compensazione al Tesoro. Ma il clima politico e di opinione pubblica non è favorevole alle banche di emissione coinvolte in numerose irregolarità, quando non in veri e propri scandali, e immobilizzate con operazioni di dubbia validità economica. La trattativa che si svolge nei primi mesi del 1893 è, dunque, complessa: il Tesoro vuole riordinare completamente la circolazione e il sistema dell'emissione; le banche, pur avendo un medesimo interesse in questo senso, sono preoccupate di tutelare la propria redditività. A complicare la situazione vi è il coinvolgimento di alcuni importanti uomini politici con la gestione della Banca Romana e l'utilizzo ai fini di lotta personale e di gruppo di cui è oggetto l'intera questione del riordino dell'emissione. Il relativo disegno di legge — a quanto pare in gran parte opera personale di Giolitti — viene presentato nel marzo alla Camera e discusso da un'apposita commissione presieduta da Boselli. Dopo un acceso dibattito e una lunga trattativa il nuovo «atto bancario» viene finalmente approvato il 10 agosto 1893 [24].

La nuova legge prevede la nascita, il 1 gennaio 1894, della Banca d'Italia — frutto della fusione della Banca Nazionale nel Regno, della Banca Nazionale Toscana e della Banca Toscana di credito — con il capitale, assai cospicuo, di 300 milioni. Il 73 per cento dei 1.097 milioni stabiliti quale limite massimo per la circolazione viene assegnato al nuovo istituto, il 22 per cento al Banco di Napoli e il restante 5 per cento al Banco di Sicilia. Le anticipazioni allo stato sono escluse dal limite. I biglietti sono convertibili in metallo e viene stabilito un obbligo di riserva pari al 40 per cento della circolazione. Si prevede, inoltre, una riduzione della circolazione in dieci anni a soli 864 milioni. Le esperienze precedenti, inducono a introdurre un meccanismo di concorso dello stato e degli istituti di emissione nella fabbricazione dei biglietti in modo da creare un sistema di controllo reciproco. Inoltre la legge detta norme precise circa le operazioni consentite, che devono rigorosamente limitarsi allo sconto di effetti a non piú di quattro mesi e ad anticipazioni di durata non superiore ai sei mesi; sono vietati nuovi crediti fondiari.

La Banca d'Italia, infine, si assume la liquidazione della Banca Romana impegnandosi a sostituire i biglietti di questa con propri e ad attuarne lo smobilizzo in vent'anni.

La seconda parte del 1893 vede precipitare la situazione finanziaria. La fuga dei capitali fa peggiorare considerevolmente il cambio e obbliga, di fatto, alla sospensione della convertibilità appena solennemente sancita. L'incetta di metallo da parte del pubblico porta alla scomparsa dalla circolazione di moneta divisionaria e all'apparire di incerti *affidavit* di origine privata.

Mentre volge all'epilogo la crisi del Credito Mobiliare e della Banca Generale, la fiducia dei mercati internazionali verso il nostro sistema diminuisce rapidamente e con essa il corso dei titoli italiani nelle borse europee. Intanto, si conclude con clamorose assoluzioni il processo contro i responsabili del *crak* fraudolento della Banca Romana mentre esplodono moti popolari che, in Sicilia, sono estesi e violentissimi.

Il 23 novembre una commissione di sette parlamentari nominata per fare luce sulle responsabilità politiche dell'*affaire* Banca Romana legge alla Camera le proprie conclusioni. L'accusa principale mossa a Giolitti — quella di avere ricevuto denari dalla banca — viene dichiarata non provata. Ma al primo ministro si addebita la fiducia concessa a Tanlongo, ormai in bancarotta, e il silenzio in Parlamento sull'inchiesta Alvisi-Biagini. Il giorno dopo il primo gabinetto Giolitti rassegna le dimissioni in un momento di estrema crisi economica e sociale del paese durante il quale la lotta per il potere viene condotta sul terreno di veri o presunti «scandali» che suscitano, giustamente, enorme impressione nell'opinione pubblica e minano, al tempo stesso, alla radice la fiducia interna e internazionale nelle principali istituzioni finanziarie del paese. È probabile che un intervento deciso e discreto avrebbe evitato al paese le conseguenze del fallimento del Mobiliare e della Generale. Tale intervento non ha luogo sia per la mancanza di un disegno strategico, sia per l'idea diffusa che non si debba ulteriormente accrescere la circolazione sia, probabilmente, perché in quei mesi decisivi nessuna delle fazioni in lotta per il potere ha sufficiente autorità morale per intervenire mentre ciascuno pensa a trarre il massimo vantaggio politico dalla situazione.

Nel nuovo governo, presieduto da Crispi, Tesoro e Finanze vengono affidate a Sonnino che era stato uno degli oppositori della legge bancaria del 10 agosto, nella quale aveva visto un compromesso inadeguato alla situazione che, a suo parere, avrebbe dovuto essere fronteggiata con un'unica banca di emissione, la cui gestione fosse del tutto separata da quella delle immobilizzazioni dei vecchi istituti di credito. Solo in tal modo e accrescendo la responsabilità personale dei direttori della nuova banca nella tutela delle norme relative alla circolazione, si sarebbe potuto, secondo Sonnino, contenere la crescita indesiderata di quest'ultima.

Come sovente avviene, le misure auspicate stando all'opposizione, si rivelano irrealizzabili di fronte alla complessità dei problemi da fronteggiare una volta al governo: il 23 gennaio Sonnino deve in tutta fretta autorizzare l'aumento della circolazione oltre i limiti fissati in agosto e operanti da soli ventitrè giorni. Ciò a causa del *run* ai depositi prodotto dalla richiesta di moratoria da parte del Mobiliare e della Generale [25]. Un mese dopo (21 febbraio) un nuovo decreto autorizza una forte emissione di biglietti di stato non convertibili e dà facoltà alla Banca d'Italia e ai banchi meridionali di convertire, a scelta, le proprie banconote in metallo o in biglietti di stato. Per la seconda volta, l'Italia esce dal *gold standard*. Benché, come si vedrà, la situazione migliori sensibilmente nel decennio successivo e l'«aggio» scompaia del tutto, l'Italia non tornerà alla convertibilità aurea che nel dicembre 1927, sotto forma di *gold exchange standard*.

Il decreto del 21 febbraio prevede che lo stato fornisca 200 milioni di propri biglietti agli istituti di emissione «in sostituzione di pari somma in specie di oro, che gli istituti medesimi [devono] immobilizzare e tenere a disposizione del tesoro dello stato» [26]. La *ratio* della norma consiste nell'evitare che le banche di emissione traggano vantaggio dal nuovo corso forzoso. Su questo punto si apre un duro confronto tra il Ministro del Tesoro e la Banca d'Italia il cui direttore generale, Grillo, per protesta si dimette [27]. Il nuovo direttore, Marchiori, probabilmente voluto dallo stesso Sonnino, deve svolgere, nei mesi successivi, un faticoso lavoro di mediazione tra il ministero e gli azionisti della Banca impegnati a difendere i propri interessi. Si tratta di un episodio importante che sta alla radice di un primo passo volto a dotare il paese di un organismo in grado di svolgere i compiti di una banca centrale quale viene oggi intesa. In quest'occasione, si fronteggiano esplicitamente «le due concezioni di chi considera la Banca come proprietà degli azionisti e di chi giunge invece a qualificarla come un organo dello stato»[28]. In effetti, anche se giocato di volta in volta sulla proprietà dei 200 milioni d'oro o sulle valutazioni da dare agli immobilizzi, il conflitto riguarda il ruolo complessivo da affidare alla Banca d'Italia.

La ricomposizione della spaccatura tra azionisti e governo si fa inevitabile quando i primi, anche di fronte alle flessioni nel corso del titolo, si rendono conto di non poter procedere in disaccordo con il Tesoro e questo di non potere risanare il sistema finanziario del paese senza contare sull'appoggio incondizionato della Banca d'Italia. Vengono cosí avviate trattative che si concludono il 30 ottobre con la firma di una Convenzione in forza della quale la Banca d'Italia assume a proprio rischio e pericolo la liquidazione della Banca Romana ottenendo in cambio la concessione esclusiva del servizio di tesoreria dello stato. Se vengono, in questo modo, tutelati gli interessi economici degli azionisti, nella sostanza, non solo ha ragione Sonnino nel ritenere di «aver procurato un grande beneficio allo stato»[29] ma si pongono le premesse per dare alla Banca d'Italia un ruolo ancora piú centrale nel sistema finanziario del paese. Lo stesso monopolio dei servizi di tesoreria contribuisce non poco al raggiungimento di questa centralità che non potrà, tuttavia, esplicarsi in pieno e liberamente prima che venga liquidata l'eredità dei grandi immobilizzi. Una strategia in tal senso viene immediatamente impostata. Il fatto che, alla conclusione di questa vicenda, si sia affermato il ruolo «pubblico» della Banca d'Italia è confermato dalla consapevolezza che di esso hanno i suoi vertici, a cominciare dal direttore Marchiori il quale riepilogando la storia della Convenzione al Consiglio Superiore, afferma che la Banca «non può [...] come istituto privato, raccogliersi e attendere il proprio avvenire; principale elemento dell'economia nazionale, i problemi suoi diventano problemi che sconfinano dalla sfera dell'interesse particolare»[30].

[1] G. Luzzatto, *L'economia italiana dal 1861 al 1914*, cit., vol. I, p. 231.

[2] Investimenti Vitali, Fenoaltea, Warglien.

[3] L'intrecciarsi della crisi economica con quella politica è studiato in maniera efficace soprattutto da G. Manacorda, *Crisi economica e lotta politica in Italia, 1892-1896*, Torino, Einaudi, 1968.

[4] G. Candeloro, *Storia dell'Italia moderna*, cit., vol. VI, p. 329.

[5] I frutti dell'alleanza tra latifondo e grande industria si sarebbero manifestati, secondo Luzzatto, nella condotta delle trattative «sotto la pressione dei gruppi industriali». «Non v'era dubbio che Parlamento e governo subirono allora forti pressioni da gruppi estranei ad essi» (G. Luzzatto, *L'economia italiana*, cit., p. 227).

[6] Tra i contemporanei va ricordato soprattutto B. Stringher, *Il commercio con l'estero e il corso dei cambi*, in «La Nuova Antologia», 1814, pp. 15-23. Tra gli storici, si vedano soprattutto G. Luzzatto, *L'economia italiana*, cit., e A. Confalonieri, *Banca e industria*, cit., vol. I.

[7] R. Bachi, *L'Italia economica*, cit.

[8] M. Warglien, *Investimento industriale e instabilità finanziaria in Italia (1878-1913)*, in «Rivista di Storia Economica», III (1987), pp. 384-439. Sono debitore a Warglien per molte delle considerazioni contenute in questo paragrafo anche se la responsabilità di quanto qui è espresso resta, ovviamente, mia.

[9] *Ibidem*, p. 19 e tab. II.

[10] G. Luzzatto, *L'economia italiana*, cit., p. 244.

[11] *Ibidem*, p. 247.

[12] M. Warglien, *Nota sull'investimento industriale in macchinari e altre attrezzature meccaniche: Italia 1881-1913*, in «Rivista di Storia Economica», II, (1985), pp. 125-146.

[13] F. Bonelli, *La Terni: lo sviluppo di una grande impresa*, Torino, Einaudi, 1975.

[14] G. Luzzatto, *L'economia italiana*, cit., p. 247.

[15] M. Pantaleoni, *La caduta della Società Generale di Credito Mobiliare Italiano*, in «Il Giornale degli Economisti», 1895.

[16] G. Luzzatto, *L'economia italiana*, cit., p. 251.

[17] *Ibidem*, p. 253.

[18] *Ibidem*.

[19] Si veda la ben diversa «tenuta» del segreto circa la situazione difficilissima del Credito Italiano e della Banca Commerciale nel 1930 e nel 1931 alla vigilia delle Convenzioni per il salvataggio dei due istituti di credito.

[20] G. Di Nardi, *Le banche di emissione in Italia nel Secolo XIX*, Torino, Utet, 1954.

[21] E. Vitale, *La riforma degli Istituti di emissione e gli «scandali bancari» in Italia, 1892-96*, Roma, Camera dei Deputati, 1972, vol. I, p. 12.

[22] G. Candeloro, *Storia dell'Italia moderna*, cit., vol. VI, p. 426.

[23] Devo queste e altre informazioni tratte dai Verbali del Consiglio Superiore della Banca Nazionale nel Regno alla cortesia di Sergio Cardarelli che mi ha concesso di esaminare un suo lungo appunto in argomento, per ora inedito. La responsabilità di quanto contenuto in queste pagine resta, come per le altre, soltanto mia.

[24] Legge n. 449.

[25] Si vedano in proposito le vive descrizioni dovute alla penna di Maffeo Pantaleoni su «L'Economista», 1894.

[26] R.D. 21/2/1894 n. 5 art. 2.

[27] G. Manacorda, *Crisi economica e lotta politica in Italia 1892-1896*, Torino, Einaudi, 1968 p. 187.

[28] *Ibidem*, p. 175.

[29] E. Corbino, *Annali di economia (1891-1900)*, cit., vol. IV, p. 319.

[30] Banca d'Italia, *Verbali del Consiglio Superiore*, Seduta del 6 gennaio 1895, pp. 14-15.

CAPITOLO DECIMO

L'ETÀ GIOLITTIANA

1. *La «belle époque» dell'economia mondiale*

Il periodo che la storiografia italiana indica sovente come «età giolittiana» coincide con una fase dell'economia mondiale durata tre o quattro lustri nella quale si registra un'accelerazione della produzione, soprattutto manifatturiera, accompagnata da un'espansione piú che proporzionale degli scambi commerciali e da un'elevata dinamica nei movimenti internazionali del capitale e del lavoro. L'andamento ascendente di queste grandezze si svolge in un contesto di lieve aumento dei prezzi e di stabilità del regime dei pagamenti aurei. Nel complesso, anche dal punto di vista dell'economista, questo periodo viene ricordato come «belle époque» della società borghese. Esso appare particolarmente fortunato se visto alla luce degli anni Venti, della disoccupazione di massa creata dalla grande depressione e risoltasi solo in un secondo immane conflitto. Non a caso, nel 1919, Keynes può guardare al periodo che precede Serajevo come a uno «straordinario episodio del progresso economico umano», a un mondo di Eldorado e, al tempo stesso, di utopia [1].

Tra i fattori che determinano questa «età dell'oro» del capitalismo mondiale gli studiosi hanno incluso una «seconda rivoluzione industriale» caratterizzata dall'utilizzo produttivo dell'elettricità, del motore a combustione interna e di molte scoperte nel campo della chimica. Si tratterebbe, per dirla con Schumpeter, di innovazioni che appaiono non singolarmente ma tutte insieme, come uno «sciame d'api» a generare una lunga onda espansiva. Nuove scoperte minerarie, l'utilizzo produttivo delle grandi praterie australiane e argentine reso possibile dal diffondersi delle navi frigorifere, l'arrivo sui mercati finanziari di nuovo oro dalla Russia e dal Transvaal avrebbero contribuito a un migliore sfruttamento dei vantaggi comparati di ogni paese e, pertanto, ai grandi movimenti di merci e di fattori della produzione che caratterizzano quest'epoca la cui fine, con la prima guerra mondiale, sembrerà a molti quasi irreparabile.

Si è visto nel primo capitolo come gli anni compresi tra le dimissioni di Crispi e l'assassinio di Ferdinando d'Austria siano, nel nostro paese, caratterizzati da una crescita del prodotto interno lordo che, stando alle statistiche esistenti, sopravvanza per la prima volta in misura considerevole quella della popolazione residente producendo un cospicuo incremento della quantità media di beni e servizi disponibile per ogni italiano. Il mutamento rispetto al trentennio precedente è tale che, quando una simile terminologia era di moda, si definirono questi anni come quelli del «decollo». Comunque si voglia etichettare il periodo, va tenuto presente che molte delle caratteristiche dello «sviluppo economico moderno» di Kuznets prendono forma durante le due decadi dell'«età giolittiana».

Nella tabella 10.1 vengono posti a confronto i tassi medi annui di crescita del prodotto interno lordo e della popolazione in tredici paesi. Si noti come, a parte pochi casi, la dispersione attorno a un ipotetico tasso medio di crescita del reddito *per abitante* sia assai modesta: 9 paesi si collocano nel-

TAB. 10.1. *Crescita media annua del PIL, della popolazione e del prodotto per abitante, 1896-1913*

Paese	PIL	Popolazione	PIL pro capite
Australia	3,2	1,9	2,1
Austria*	2,5	1,0	1,3
Belgio	2,0	1,0	1,5
Canada	4,4	2,4	2,0
Danimarca	3,2	1,2	2,0
Francia	1,9	0,2	2,0
Germania	3,2	1,4	1,8
Giappone	2,8	1,2	1,6
Italia	2,8	0,7	2,1
Norvegia	2,7	0,9	1,8
Regno Unito	1,7	0,8	0,9
Stati Uniti	4,3	1,9	2,4
Svezia	3,2	0,8	2,4

* Confini 1919.

Fonte: Elaborazioni da A. Maddison, *Phases of Capitalist Development*, Oxford, Oxford University Press, 1982.

l'intervallo 1,8-2,4 per cento, a conferma di quanto si diceva circa il carattere assai diffuso della fase espansiva di questi anni. Nel confronto con gli altri paesi, la crescita dell'Italia appare notevole soprattutto grazie al limitato incremento demografico dovuto, in parte, come si vedrà, all'emigrazione che assume, nel periodo, valori colossali. È, pertanto, in questi anni che la penisola italiana, o almeno la sua parte settentrionale, inizia una «rincorsa» nei confronti dei paesi che l'avevano ampiamente superata sul piano della produttività agraria, su quello dell'espansione commerciale e, infine, nel campo della produzione manifatturiera. Novant'anni dopo, nel momento in cui vengono scritte queste righe, malgrado le battute d'arresto e le contraddizioni relative sia alla struttura produttiva sia ai grandi problemi sociali, questa «rincorsa» coglie un traguardo nel momento in cui il prodotto interno lordo per abitante — rozzamente misurato ai tassi di cambio di mercato — d'Italia e Regno Unito si collocano grosso modo su valori simili.

2. *La meccanica macroeconomica*

Il punto di svolta della congiuntura politica ed economica è stato posto, convenzionalmente, nel 1896 per farlo coincidere con il tramonto dei sogni imperialisti e autoritari di Crispi. Tale anno, tuttavia, non appare come particolarmente significativo dal punto di vista dell'andamento ciclico delle principali variabili. Se si guarda, infatti, alle stime della produzione industriale, il punto inferiore del ciclo si colloca nel 1892 secondo gli indici di Gerschenkron e di Fenoaltea e nel 1893 secondo le valutazioni dell'ISTAT. La depressione degli investimenti dura piú a lungo. La serie di quelli in edilizia e opere pubbliche recentemente stimata da Fenoaltea [2] diminuisce di quasi il 30 per cento tra il 1894 e il 1898 e solo nel 1902-3 raggiunge nuovamente il livello di dieci anni addietro. Un altro indicatore parziale, il consumo apparente di macchinari di uso industriale elaborato da Warglien [3], è caratterizzato da cicli piú brevi, con minimi nel 1892 e nel 1897, ma rimane piú o meno costante a un livello relativamente basso tra il 1895 e il 1898. Anche la serie ISTAT degli investimenti in macchinari e mezzi di trasporto tocca nel 1898 il livello minimo del 1881.

Queste sequenze temporali non solo confermano, anche in questo caso, che la produzione subisce fluttuazioni piú modeste degli investimenti ma, soprattutto, tenderebbero ad escludere che questi ultimi abbiano agito da «motore» della ripresa economica nella seconda metà degli anni Novanta. Come la «tenuta» dei consumi pubblici e privati nell'arco della crisi mitiga la caduta della domanda aggregata, cosí la loro lenta ma costante ripresa a partire dal 1894 (con una modesta battuta d'arresto nel 1897) suggerisce l'ipotesi che l'inversione del ciclo produttivo, assai smorzata sino alla fine del secolo, sia causata soprattutto dall'andamento di questa variabile. Anche la domanda estera, tuttavia, sembra contribuire in modo non trascurabile alla ripresa produttiva: tra il 1891 e il 1898 le esportazioni italiane crescono al tasso medio annuo del 5 per cento.

Queste considerazioni macroeconomiche sulla dinamica delle singole componenti della domanda aggregata e sul loro ruolo nella fase di uscita dell'economia italiana dalla lunga depressione che caratterizza l'età crispina andrebbero, ovviamente, verificate con maggiore rigore: l'incertezza dei dati e la loro cadenza annuale rendono, per il momento, assai difficile un'analisi econometrica di questo decennio. Ciò che pare, oggi, abbastanza sicuro è il fatto che la ripresa ciclica — o, se si preferisce, l'avvio della lunga fase espansiva giolittiana — è piuttosto lenta, accelerando solo verso la fine del secolo. Con tutte le arbitrarietà connesse ad ogni periodizzazione, tale accelerazione è visibile nella tabella 10.2, insieme al nuovo rallentamento dell'attività produttiva seguito alla crisi del 1907.

L'accelerazione dello sviluppo che si verifica verso la fine del secolo e la successiva rapida crescita sino al 1907 sono caratterizzati da elevati tassi di incremento degli investimenti sia in macchinari sia nelle costruzioni private e pubbliche, da un forte aumento della produzione manifatturiera (si noti che, per gli anni 1899-1907 le valutazioni in proposito dei singoli autori divergono meno che per altri periodi) e da un rispettabile sviluppo della stessa produzione agricola. Viceversa, le esportazioni hanno una dinamica relativamente modesta, inferiore a quella delle importazioni, dando luogo a un crescente disavanzo della bilancia commerciale con l'estero.

TAB. 10.2. *Andamento del PIL, della produzione industriale, degli investimenti, e delle esportazioni, 1894-1913 (varie stime)*

	Tasso di crescita medio annuo						
Periodo	PIL (ISTAT)	Investimenti Totali (ISTAT)	Investimenti In opere pubbliche o edilizie (Fenoaltea)	Produzione industriale ISTAT	Produzione industriale Gerschenkron	Produzione industriale Fenoaltea	Esportazioni (ISTAT)
	(1)	(2)	(3)	(4)	(5)	(6)	(7)
1894-1899	1,3	4,7	−4,0	1,9	5,0	5,0	3,9
1899-1907	3,4	13,9	9,3	5,9	6,5	7,1	3,5
1907-1913	1,8	0,9	8,3	2,0	3,2	4,1	2,0

Fonti: ISTAT (1) (2) (4) (7): P. Ercolani, *Documentazione statistica*, cit. Fenoaltea (3): S. Fenoaltea, *Edilizia e opere pubbliche*, cit. (6): S. Fenoaltea, *Italy* in P.K. O'Brien, *Railways and the Economic Development*, cit. Gerschenkron (5): A. Gerschenkron, *Lo sviluppo economico*, cit.

Le condizioni che permettono quest'episodio di rapido sviluppo e al tempo stesso ne disegnano le caratteristiche possono essere plausibilmente rintracciate in aspettative favorevoli che si producono in una situazione nella quale l'offerta di capitali finanziari e di lavoro è assai elastica e la domanda di importazioni (di macchinario e materie prime) non trova limiti nel vincolo esterno, allentato dall'andamento delle cosiddette «partite invisibili», soprattutto delle rimesse degli emigrati. Il mutamento del quadro politico interno a favore di forze politiche maggiormente attente alle esigenze del mondo produttivo, la riorganizzazione del sistema bancario del 1894-95 che chiude una lunga fase di incertezza e, soprattutto, la ripresa della domanda e della produzione nei principali paesi d'Europa e nelle Americhe creano un clima di stabilità e ottimismo che si riflette, a partire dal 1898, sulla domanda di investimenti rinforzandone la ripresa dovuta anche al lungo ritardo nei rinnovi. Questa domanda non trova ostacoli dal lato della provvista di capitale finanziario. A questo proposito, non rileva tanto la diminuzione dei tassi di interesse quanto la fine del razionamento di fatto del credito verificatosi nei primi anni Novanta, la «liberazione» di risorse finanziarie precedentemente utilizzate a coprire il disavanzo di bilancio e, soprattutto per le imprese di medie dimensioni, l'accrescersi della capacità di autofinanziamento. Quest'ultima deriva da un probabile spostamento della distribuzione funzionale del reddito a favore dei profitti. Anche su questo punto è solo possibile avanzare ragionevoli ipotesi in assenza di dati disaggregati e plausibili sulla produttività del lavoro. In prima approssimazione è, comunque, possibile sostenere che se il prodotto per addetto nell'industria manifatturiera cresce tra il 1897 e il 1907 al tasso del 2,9 per cento stimato da Fuà per l'intero periodo 1897-1913[4], se i salari reali hanno l'andamento descritto dalla Zamagni[5] che implica un incremento medio annuo del 2,2 per cento e se le ragioni di scambio si muovono, come pare, a favore dell'Italia, si verifica nel periodo considerato un meccanismo di accumulazione *à la Lewis* con un aumento della quota dei profitti sul reddito. Il fatto che gli investimenti industriali crescano piú rapidamente della produzione è coerente con quest'interpretazione.

La crescita del settore «moderno» genera, come sovente avviene in paesi relativamente arretrati e poveri di materie prime, un aumento delle importazioni. Gli avanzi della bilancia commerciale che caratterizzano gli anni Novanta[6] si trasformano in disavanzi durante il decennio successivo: nel 1908 le entrate valutarie derivanti dalle esportazioni coprono solo il 79 per cento delle uscite necessarie a pagare le importazioni. Deficit commerciali di quest'ordine di grandezza continuano sino alla prima guerra mondiale. Malgrado ciò, il cambio si mantiene straordinariamente stabile, con punte di sopravvalutazione rispetto alla parità aurea della lira, senza che si debbano assumere provvedimenti monetari restrittivi. Ciò è dovuto al fatto che, malgrado lo sfavorevole squilibrio commerciale, la bilancia dei pagamenti correnti si chiude, sino al 1907 con *surplus* a volte di ragguardevoli dimensioni. Il grande sviluppo di questa «belle époque» dell'economia mondiale crea una nuova domanda di consumo turistico nei paesi piú avanzati che l'Italia è particolarmente adatta a soddisfare. Ma, soprattutto, la grande migrazione transoceanica, della quale si dirà piú avanti, genera un forte flusso di rimesse in valuta. Queste due poste attive delle cosiddette partite invisibili consentono, come nel «boom» degli anni 1950-63, alla crescita industriale di non essere limitata dal vincolo esterno. Meno chiaro, tutt'ora, è il ruolo giocato dai movimenti di capitali a lungo termine: quanto si conosce in proposito, tuttavia, sembra consentire di escludere che essi abbiano giocato, a livello aggregato, un ruolo quantitativamente rilevante anche se, certamente, gli investimenti diretti in taluni settori possono avere costituito un veicolo per il trasferimento di tecnologia e imprenditorialità con effetti non trascurabili sulla produttività e la crescita di lungo periodo di taluni comparti.

La crisi del 1907-8 segna una nuova cesura nello sviluppo dell'«età giolittiana»: i tassi di crescita di tutte le variabili subiscono, dopo di allora, un ridimensionamento nel complesso indiscutibile anche se, nell'ultimo quinquennio prebellico, la discordanza tra le diverse stime torna a essere accentuata. Il tasso di incremento del prodotto interno lordo si dimezza e appare, ora, sostenuto dai consumi pubblici (che aumentano del 6,9 per cento l'anno tra il 1907 e il 1913 contro un mero 1,5 per cento realizzato dai consumi privati). Diminuisce anche la spinta derivante dalle esportazioni. Meno chiaro appare, allo stato attuale delle nostre conoscenze, il ruolo giocato dagli investimenti dopo la crisi del 1907-8. Il tasso di crescita della serie ISTAT che appare nella tabella 10.2 è viziato dal fatto che il 1907 è un anno di elevati investimenti: la media di quelli realizzati nel periodo 1908-13 supera di circa il 10 per cento quella relativa al sessennio immediatamente precedente. Se, tuttavia, si prendono le stime di Fenoaltea relative al settore delle costruzioni, si ha un indice assai piú dinamico.

3. *Trasformazione e sviluppo dell'agricoltura*

L'inglese Bolton King, osservatore competente delle vicende economiche italiane, stima in circa 4 miliardi di lire correnti il valore medio della produzione agricola del nostro paese nel triennio immediatamente successivo alle dimissioni di Crispi [7]. O'Brien e Toniolo valutano in 8,3 miliardi di lire la medesima produzione agraria per gli anni 1909-11 [8]. Tenuto conto dell'aumento dei prezzi agricoli, si otterrebbe un incremento del prodotto lordo vendibile pari a circa il 5 per cento annuo in termini reali, tra il secondo governo Rudinì e la guerra di Libia. In realtà, le stime di King sono certamente errate per difetto[9]. Secondo la serie del gruppo Fuà, il tasso di crescita tra i due trienni è, in termini reali, di circa il 2 per cento l'anno: questa stima può essere considerata come quella che piú probabilmente approssima, anche se per difetto, l'effettivo andamento dell'economia agraria nel periodo che stiamo considerando. Anche accettando la valutazione piú prudente, ci troviamo di fronte a una rottura di carattere epocale con gli andamenti del trentennio precedente. È difficile dire, anche in vista del fatto che tra la metà degli anni Novanta e il 1908 si addensano peculiari problemi di rilevazione statistica [10], quando si sia verificata l'accelerazione del *trend* che si nota con chiarezza alla fine del secolo. Le stime del gruppo Fuà, tuttavia, sembrano indicare un andamento quasi stazionario durante il periodo crispino cosicché anche la produzione agricola pare risvegliarsi durante gli ultimi anni del secolo, insieme a quella industriale. La sincronia di questa lunga fase espansiva dei due settori va sottolineata: essa costituisce uno degli elementi dei quali bisognerà tenere conto per un'interpretazione complessiva delle caratteristiche e delle cause dello «sviluppo economico moderno» nel nostro paese.

L'andamento delle principali produzioni agrarie del paese in «età giolittiana» è sintetizzato dalla tabella 10.3 nella quale gli indici hanno come base il quinquennio degli anni Ottanta che precede l'introduzione della tariffa doganale e la guerra commerciale con la Francia.

TAB. 10.3. *Andamento della produzione lorda vendibile dell'agricoltura suddivisa nei sette principali settori, 1895-1913*

Settori	media 1884 – 8 = 100		
	1895-99	1901-05	1909-13
Cereali	100	133	137
Leguminose	106	137	148
Patate, ortaggi, materie industriali	129	170	245
Frutta e agrumi	94	126	151
Prodotti dell'olivo	79	104	69
Prodotti della vite	92	118	147
Prodotti zootecnici	112	117	132
Totale	103	124	139

Fonte: P. Ercolani, *Documentazione statistica*, cit., p. 410.

Dal lato della domanda, tradizionalmente, i primi tre settori e quello zootecnico producono principalmente per il mercato interno, gli altri lavorano in buona misura anche per l'estero. I cereali, il cui valore oscilla attorno al 20 per cento di quello dell'intera produzione agraria, ricevono durante questi anni un cospicuo aiuto dalla dogana. Il dazio viene rapidamente portato da 1,3 a 3 lire per quintale nel 1887, a 5 lire l'anno successivo e poi a 7,5 lire nel 1894. Questo livello, rimasto inalterato sino alla prima guerra mondiale salvo una breve riduzione nel 1898, garantisce una protezione pari al 33-38 per cento circa del prezzo medio all'importazione, non molto diversa da quella che i rispettivi dazi offrono ai cerealicoltori transalpini [11]. La dogana consente ai produttori italiani di attuare un processo di sostituzione delle importazioni, divenute assai competitive nella seconda metà degli anni Ottanta. Il *trend* della domanda di grani nazionali dipende, ovviamente, dall'andamento delle ragioni di scambio, tenuto conto del dazio, e da quello del consumo interno che, tra il 1890-94 e il 1909-13 passa da 41,7 a 62,0 milioni di quintali, con un tasso di crescita medio annuo del 2 per cento. Negli anni che precedono la guerra, circa il 20 per cento della domanda interna di cereali (escluso il riso) è soddisfatto dalle importazioni [12].

L'accresciuta domanda interna contribuisce a spiegare anche la forte crescita della produzione di leguminose, di patate, di ortaggi e di materie industriali. Tra queste ultime, trova grande sviluppo la coltivazione della barbabietola, anch'essa sostenuta dal dazio doganale [13]. Le importazioni di zucchero passano da una media di 751 mila quintali nell'ultimo decennio del secolo a una di soli 93 mila quintali in quello immediatamente precedente l'entrata in guerra dell'Italia.

Le esportazioni, soprattutto di vino, traggono vantaggio indiretto dalla conclusione, nel 1898, della guerra doganale con la Francia di cui la tariffa dell'87 era stata il *casus belli*, nel contesto di tensioni politiche piú generali tra i due paesi. Dopo il 1900, tuttavia, l'esportazione dei prodotti della vite subisce una consistente riduzione e la crescente produzione viene assorbita dal mercato interno ove per la prima volta una parte delle masse lavoratrici si eleva al di sopra di redditi di mera sussistenza. Lo stesso motivo potrebbe essere addotto per spiegare la crescente domanda di carni macellate qualora le statistiche disponibili fossero affidabili o, quantomeno, comprensibili: allo stato delle nostre conoscenze il condizionale resta d'obbligo.

L'offerta non riesce ad adeguarsi istantaneamente alla dinamica della domanda prodotta dallo sviluppo dei redditi urbani e industriali; tuttavia essa mostra una sorprendente elasticità indice che il mondo agricolo italiano, lungi dal rappresentare una realtà statica, è capace di cogliere i segnali del mercato e di rispondervi, ancorché in modo né istantaneo né completo. Queste potenzialità vengono colte anche dai responsabili della politica agraria che sanno «dare spazio a una concezione capitalistica dell'agricoltura» che si traduce in impulsi «allo sviluppo della produttività e del progresso tecnico»[14]. Quest'ultimo si verifica soprattutto nella Valle Padana: il dualismo che viene accentuandosi in questi anni ha certamente profonde radici agrarie.

I pilastri della politica agricola sono la dogana, il credito agrario, l'assistenza tecnica, l'istruzione professionale e le bonifiche. Non si tratta, come nota Orlando, di indirizzi nuovi chè la parte piú attenta della borghesia agraria si era già mossa lungo queste linee, almeno a partire dall'inchiesta Jacini, ma la fine della lunga crisi delle campagne, la ripresa della domanda e dell'accumulazione allargano le prospettive di successo all'intervento dello stato che, d'altra parte, dispone di mezzi finanziari maggiori da destinare a questo scopo.

La politica doganale non consiste — in questo né in altri settori — nella revisione della tariffa del 1887 ma, piuttosto, nell'utilizzarne l'asprezza per negoziare nuovi trattati di commercio che consentono di ottenere condizioni migliori per i nostri esportatori senza rinunciare a quello che resterà, sino alla guerra, uno dei pilastri della struttura tariffaria di quasi tutti i paesi dell'Europa continentale: il dazio sul grano.

Una prima legge del 1887 sul credito agrario è restata praticamente inoperante, soprattutto per la lentezza con cui gli istituti di credito si adeguano alla situazione creando le relative cartelle con le quali finanziarsi. A partire dal 1897 vengono creati in numerose aree del paese istituti *ad hoc* che traggono dall'erario buona parte dei mezzi necessari[15].

L'insegnamento agrario, riceve un considerevole impulso durante questi anni. In particolare, va ricordata la fioritura delle cosiddette cattedre ambulanti (cosí chiamate perché cambiano sede ad intervalli poliennali). Tra il 1886 (data della fondazione a Rovigo della prima di tali istituzioni) e il 1897, le «cattedre» vengono create e sostenute dagli enti locali; successivamente esse ricevono un notevole impulso dallo stato e vengono regolate con legge insieme agli istituti sperimentali e all'istruzione superiore di grado universitario.

In questi anni si verifica anche una svolta nel campo delle bonifiche. «Fino a questo momento — ricorda Orlando — la bonifica era stata tormentata da una serie di ostacoli. Il principale era quello che riguardava le competenze» rispettive dello stato e dei privati. «La legge Baccarini del 1882 aveva fatto fare un rilevante passo in avanti, dividendo le opere in due categorie e riconoscendo la competenza statale» dove l'interesse pubblico è rilevante per la presenza della malaria [16]. Anche questa legge resta, tuttavia, in gran parte inoperante. Ciò dipende — come nota Stringher [17] — sia dalla depressione agraria sia dal fatto che la scarsità delle risorse disponibili crea negli agricoltori incertezza e, a volte, aspettative di fallimento del programma che ne impediscono il decollo. Una legge del 1893, modificata nel 1902, detta disposizioni per la creazione e il finanziamento dei consorzi di bonifica. Nel 1903, si stabiliscono norme coercitive per la bonifica dell'Agro Romano che aprono la via a tre leggi del 1911. Esse concludono «l'intensa attività di bonifica del decennio precedente su tutto il territorio nazionale, affermando per la prima volta il concetto di bonifica integrale e prevedendo l'obbligatorietà della bonifica agraria a seguito di quella idraulica» [18]. Una relazione ministeriale del 1905 specifica che circa 768 mila ettari sono già bonificati e per altri 400 mila circa le operazioni sono in corso notando, al tempo stesso, la maggiore celerità delle opere attuate nell'Italia settentrionale, in regime di concessione.

Per comprendere meglio il complessivo risveglio delle forze produttive in agricoltura e la maggiore attenzione dedicata a questo settore dai governi dell'«età giolittiana» è necessario ricordare le tensioni da un lato e la piú viva dinamica sociale dall'altro che si verificano nelle campagne durante questo periodo. Quanto alle prime, basterà ricordare che il movimento dei Fasci Siciliani assume sin dai primi anni Novanta connotati di aperta rivolta alla quale Crispi, appena tornato al potere, risponde nel 1894 con grande durezza. Nel 1897 si verificano tanto nelle campagne quanto in numerose città dimostrazioni e tumulti per l'eccessivo prezzo del pane che inducono il governo Rudiní ad abbassare il dazio sul frumento da 7,5 a 5,0 lire il quintale tra il gennaio e il luglio 1898. Il provvedimento si dimostra inadeguato e la tensione sale in tutto il paese durante la primavera del 1898. Nel maggio i tumulti popolari vengono soffocati nel sangue dalle cannonate di Bava Beccaris a Milano e dalla durissima repressione condotta nel resto del paese. Se l'onorificenza conferita dal re al generale testimonia miopia sociale e politica dei circoli che formano il partito di corte, non v'è dubbio che la situazione fa ben altrimenti riflettere coloro che piú tardi si identificheranno nella politica giolittiana che assumerà un atteggiamento maggiormente aperto sia nei confronti delle cause della tensione sia rispetto al problema della rappresentatività politica delle forze popolari, soprattutto di quelle che si identificano nel Partito Socialista, fondato nel 1892, e nel movimento cattolico. La politica agraria di cui si è detto nelle pagine precedenti contribuisce certamente alla crescita del reddito e dell'accumulazione nel settore anche se, come osserva Orlando, i suoi effetti si notano soprattutto nelle aree settentrionali del paese laddove tanto le condizioni ambientali quanto le tradizioni culturali consentono risposte positive agli stimoli provenienti dalla dogana, dal credito agevolato, dalle bonifiche. Le stesse condizioni facilitano il sorgere di iniziative produttive di tipo cooperativo, di ispirazione socialista o cattolica, che traggono forza anche dalla nuova dinamica sociale instauratasi verso fine secolo e della quale sono espressione, tra l'altro, il rapido rafforzarsi del Partito Socialista, fondato nel 1892, e delle organizzazioni cattoliche maturate con l'opera dei Congressi e con l'enciclica *Rerum Novarum*.

4. *Il «grande slancio» dell'industria*

Nel primo capitolo si è posto in luce non solo come gli anni che seguono le dimissioni di Crispi diano effettivamente inizio, almeno dal punto di vista quantitativo, allo «sviluppo economico moderno» nel nostro paese ma anche come tale sviluppo, certamente sostenuto da una considerevole crescita della produzione agricola, sia caratterizzato da un'eccezionale espansione dell'attività manifatturiera tanto che taluni autori collocano in questo periodo la «rivoluzione industriale» italiana [19]. Una parte delle considerazioni quantitative circa il fortunato momento attraversato dalla manifattura italiana in «età giolittiana» sono emerse nel primo capitolo. Esse riguardano sia la valutazione aggregata del fenomeno, ben diversa nelle stime dell'ISTAT e in quelle di Fenoaltea, sia l'andamento dei principali settori. Circa quest'ultimo aspetto, è importante ricordare nuovamente la forte dinamica delle industrie che producono beni di investimento e intermedi: segnatamente l'elettrica, la siderurgica, la meccanica e la chimica. Dal lato della domanda, la loro crescita dipende dal rapido aumento degli investimenti in macchinari del quale si è detto nel secondo paragrafo di questo capitolo. Ma non vanno trascurate anche le condizioni dal lato dell'offerta maturate in quella che taluni autori chiamano la «seconda rivoluzione industriale» europea caratterizzata dall'apparire, nell'ultimo ventennio del secolo decimonono, di una serie importante di innovazioni nel campo dell'applicazione dell'elettricità ai processi produttivi (elettromeccanica, elettrochimica), in quello dei trasporti (motore a combustione interna), in quello chimico. Queste innovazioni si diffondono dapprima lentamente ed è solo all'apparire del nuovo secolo che esse acquistano importanza quantitativa tale da rivoluzionare interi settori produttivi inducendo considerevoli diminuzioni dei costi e attivando un numero crescente di interdipendenze settoriali.

L'industria elettrica compare in Italia negli anni Ottanta: la Edison viene fondata da un gruppo di tecnici e finanzieri vicini a Giuseppe Colombo nel 1882. Ma gli sviluppi importanti si hanno all'inizio del Novecento con un grande programma di sfruttamento delle cadute d'acqua alpine e prealpine. Il contemporaneo progresso nelle tecniche di trasporto dell'elettricità (particolarmente nell'industria dei cavi nella quale la Pirelli diviene uno dei produttori mondiali tecnologicamente all'avanguardia) consente una rapida diffusione di questa forma di energia tanto per gli usi industriali quanto per quelli civili. Tra il 1900 e il 1914 la produzione italiana di energia elettrica si moltiplica di circa 16 volte collocandosi, alla vigilia della guerra, al livello di quella francese e raggiungendo il 73 per cento di quella britannica ma solo un quarto di quella tedesca.

Nel comparto manifatturiero, come si è detto, una dinamica assai vivace è quella che si sviluppa nella meccanica, nella chimica e nell'industria della gomma. La prima, caratterizzata da una struttura produttiva dualistica nella quale, accanto a poche imprese di dimensioni ormai ragguardevoli, vive e prospera una miriade di piccole e piccolissime unità produttive, sovente legate a tecniche tradizionali. In talune produzioni per le quali l'Italia era stata lungamente dipendente dall'estero — basta ricordare quella delle locomotive — si attua una sostituzione delle importazioni virtualmente completa e si inizia perfino una timida corrente di esportazione. Imprese quali la Breda e l'Ansaldo sono protagoniste di questo processo. Anche nel comparto delle produzioni di macchine utensili e, in generale, del macchinario industriale si compiono grandi progressi. Malgrado ciò l'eccezionale domanda di investimenti non si trova di fronte a un'offerta dotata di tale elasticità da impedire un aumento, sino al 1907-8, delle importazioni di tali prodotti. L'industria automobilistica, destinata a costituire uno dei punti di forza del sistema manifatturiero italiano muove i primi passi nell'«età giolittiana». La Fiat inizia a operare nel 1899, l'Alfa nel 1910. Tuttavia, sarà solo con la prima guerra mondiale che il settore inizierà quella prima produzione di massa che consentirà gli sviluppi degli anni Venti e Trenta. Per quanto riguarda, invece, l'elettromeccanica, il nostro paese resta in questo periodo dipendente dalle importazioni tedesche: solo a partire dal 1907-8, le imprese italiane, alcune delle quali fondate con capitale straniero, conquistano quote importanti del mercato.

Secondo i liberisti del tempo e numerosi storici odierni, le potenzialità dell'industria meccanica sono in parte sacrificate dalla protezione accordata alla siderurgia con la tariffa del 1887 [20]. Si sostiene, cioè, che il dazio su *input* importanti quali il ferro e l'acciaio avrebbe accresciuto i costi di produzione per l'industria meccanica rispetto a quelli dei concorrenti stranieri impedendole in tale modo di sviluppare le esportazioni. In teoria è ben difficile negare che la protezione accordata alla siderurgia abbia diminuito, *ceteris paribus*, la competitività dell'industria meccanica sino al 1903 quando si consente l'importazione di ferro e acciaio in esenzione di dazio per le lavorazioni destinate all'esportazione. Bisogna, tuttavia, osservare che in termini di «protezione effettiva» il danno arrecato alla meccanica italiana non appare quantitativamente molto rilevante: le esportazioni non subiscono, dopo il 1903, l'aumento che ci si dovrebbe attendere qualora il dazio sull'acciaio costituisca un limite importante allo sviluppo della meccanica. D'altra parte, pure in presenza di una «protezione effettiva» che rimane comunque positiva, la produzione nazionale non riesce a fare fronte all'aumento della domanda interna. Questi due elementi inducono a indicare in fattori diversi dalla tariffa le cause di un supposto andamento non del tutto soddisfacente dell'industria meccanica durante l'«età giolittiana»: è probabile che essi consistano piuttosto nel ritardo tecnologico, nella limitata dimensione degli impianti e nella scarsità di talenti manageriali. Date le circostanze, tuttavia, e dato il tasso di crescita assai elevato dell'industria meccanica, è difficile parlare, nel complesso di un «fallimento».

La chimica, altro futuro pilastro dello sviluppo italiano, compie in questi anni passi importanti, senza il sostegno della mano pubblica. La produzione di una materia prima importante quale l'acido solforico cresce del 10,6 per cento l'anno tra il 1896 e il 1913. La Montecatini, sino ad allora impresa mineraria, assume la guida del settore, grazie alla vivace imprenditorialità di Guido Donegani. La sostituzione delle importazioni è assai rapida. Nell'industria della gomma, gli italiani si collocano in posizione non subalterna rispetto ai concorrenti europei aggiudicandosi importanti commesse nel campo dei cavi sottomarini e sviluppando tecniche che consentono la distribuzione dell'elettricità lontano dai luoghi di produzione, senza perdite insostenibili. La Pirelli diviene, con investimenti diretti in Spagna e altri paesi, probabilmente la prima multinazionale italiana.

I settori di cui si è detto brevemente sin qui sono costituiti in buona parte da industrie relativamente nuove e caratterizzate da notevoli potenzialità di aumento di produttività attraverso l'introduzione di progresso tecnico autoctono o importato. Sono anche i comparti manifatturieri sui quali si fonderanno per molti decenni successivi le fortune economiche di un paese tipicamente trasformatore quale l'Italia. È, pertanto, giustificata l'attenzione che ad esse dedicano gli storici, nel quadro di quella che molti di essi considerano la rivoluzione industriale italiana, nata sull'onda lunga del progresso tecnico che caratterizza l'intera economia mondiale di questo periodo. Eppure non va dimenticato che l'indice generale della produzione industriale è ancora assai sensibile soprattutto all'andamento dei settori «tradizionali», quali il tessile e l'alimentare, data l'importanza che questi rivestono all'inizio dell'«età giolittiana». Nel 1896, secondo le stime del gruppo Fuà [21], il valore aggiunto del solo settore tessile è pari a quasi tre volte quello dei settori metallurgico, meccanico e chimico messi insieme. Si tratta di una stima probabilmente assai inesatta ma l'ordine di grandezza dei fenomeni lascia scarso dubbio sul fatto che l'accelerazione del *trend* già crescente della produzione tessile — che aumenta tra il 1896 e il 1906 all'assai rispettabile tasso annuo del 5,9 per cento — «spieghi» una parte tutt'altro che trascurabile del boom manifatturiero dell'«età giolittiana». Come si è detto, la tariffa doganale del 1887 aveva accordato una protezione non indifferente al settore cotoniero che, accanto a quelli serico e laniero, aveva costituito per lunghi anni la componente principale dell'industria manifatturiera italiana. Potendo contare su una finanza interna piuttosto solida, i principali produttori tessili risentono solo marginalmente della crisi finanziaria dei primi anni Novanta: il settore continua dunque la propria espansione di lungo periodo anche grazie alla tenuta dei consumi privati tra il 1888 e il 1896.

A giudicare dai dati relativi alle importazioni di cotone greggio, la produzione cotoniera italiana cresce rapidamente sino al 1907, subisce una diminuzione nel triennio successivo per riprendere poi lentamente sino alla vigilia della guerra. È probabile che attorno al 1907 si verifichi una vera e propria crisi di sovraproduzione dovuta anche agli elevati prezzi praticati dai produttori sul mercato interno, ben protetto dalla concorrenza internazionale. In questa circostanza viene intensificata la prassi di vendere all'estero (soprattutto sui mercati dell'Europa Orientale e del Vicino Oriente) in condizioni di sostanziale *dumping*, praticando cioè prezzi che coprono i soli costi variabili. Malgrado queste difficoltà strutturali, dipendenti in parte dal regime di serra nel quale i cotonieri avevano voluto collocarsi, l'industria compie notevoli progressi tanto tecnici, con una rapida meccanizzazione di fusi e telai, quanto organizzativi. Le vecchie imprese familiari si trasformano in anonime. Tra quelle di maggiori proporzioni, vanno ricordate i cotonifici Olcese, Val di Susa, Veneziano, la Cucirini Cantoni, la Manifattura di Cuorgnè.

Meno facile è stabilire, ancorché in modo indicativo, la dimensione della crescita della produzione di filati e tessuti di lana poiché i dati sugli *input* di materie prime sono assai poco affidabili: circa l'80 per cento di esse è di produzione nazionale e le statistiche relative all'allevamento degli ovini sono particolarmente poco attendibili. Il processo di riorganizzazione appare maggiormente ostacolato dalla stessa lunga tradizione del settore. Si evitano, tuttavia, gli eccessi di investimento e, gli anni successivi al 1908 non presentano i problemi che debbono affrontare i cotonieri. Alcune grandi imprese dei poli biellese e vicentino si riorganizzano mentre a Prato «emerge una nuova produzione basata sul commercio degli stracci e la loro rigenerazione a fini industriali»[22]. Complessa, anche se sostanzialmente non molto positiva, è la vicenda dell'industria serica. La principale novità del periodo è la comparsa di una forte concorrenza giapponese, alla quale la maggioranza dei produttori, soprattutto nel campo della filatura, non riesce a dare quella risposta di accresciuta produttività che sola sarebbe stata in grado di ridurre i costi di produzione. La crisi americana del 1907, con il fallimento della American Silk Company che si rifornisce abbondantemente nel nostro paese, colpisce duramente la sericoltura. Dopo questa data, inoltre, si verifica una serie di cattivi raccolti di bozzoli tanto che nel 1913 circa un terzo della materia prima lavorata proviene dall'estero. «Gradualmente l'industria, che era stata sempre liberoscambista comincia a richiedere l'intervento dello stato, sia pure a titolo compensativo dalle protezioni concesse ad altri rami»[23]. Nel 1912 una legge prevede premi, incentivi, credito agevolato.

Di grande importanza, per quanto si può capire data la difficoltà di quantificazione, appare anche il progresso compiuto dall'industria delle trasformazioni di prodotti alimentari. Secondo i dati del gruppo Fuà la produzione crescerebbe del 6,2 per cento l'anno tra il 1896 e il 1907 e del 2,7 per cento nel sessennio successivo. In particolare vanno segnalati i cospicui investimenti compiuti nel settore saccarifero, al riparo di una consistente barriera doganale, peraltro mai giudicata soddisfacente dagli operatori. Nel complesso, stando alle informazioni oggi disponibili sui livelli e sui flussi di produzione dei diversi settori, pare si debba riconoscere che al «boom» dell'industria italiana concorrano sia una notevole accelerazione del *trend* dei settori «tradizionali» orientati alla domanda finale e meno colpiti dalla crisi del decennio precedente sia una brusca impennata dei settori tecnologicamente avanzati del momento che partono da livelli di produzione modesti o trascurabili. La vicenda di questi ultimi può essere letta sia nei termini di una vera e propria «discontinuità» dell'indice della produzione attribuibile al progresso tecnico e alle aspettative circa l'andamento degli investimenti sia come ripresa ciclica particolarmente rapida e di lunga durata dopo la lunga depressione dei primi anni Novanta. In entrambe le visioni, tuttavia, va lasciato spazio al ruolo giocato dai settori tradizionali la cui dimensione influisce in modo probabilmente decisivo sulla forte domanda di investimenti in macchinario, energia e mezzi di trasporto che costituisce la forza traente dei settori piú moderni.

6. *Il mercato del lavoro*

Secondo le stime di Vitali [24] la popolazione attiva italiana, pari a circa 16 milioni, cresce assai poco tra il 1901 e il 1911. Il rapporto tra maschi e femmine oscilla attorno a 2. Nel medesimo periodo l'incremento naturale della popolazione si avvicina ai 3,8 milioni.

Nel 1901 il settore agricolo assorbe ancora il 59 per cento della forza lavoro del paese con diffuse situazioni di sotto-occupazione. Le condizioni di vita e i contratti di lavoro nelle campagne variano enormemente nella penisola ed è, pertanto, impossibile dare di essi un quadro sintetico, ancorché di larga massima. Certamente, nel primo Novecento, la maggior parte dei braccianti meridionali si considera assai fortunata quando riesce a mettere insieme 120-150 giornate di lavoro l'anno. Quanto ai mezzadri e ai piccoli coltivatori diretti del centro nord, è fin troppo noto che le dimensioni della grande maggioranza delle aziende è tale da lasciare molto tempo a disposizione dei contadini. O'Brien e Toniolo[25] hanno calcolato che la produzione agricola italiana degli anni 1908-11 avrebbe potuto essere ottenuta con poco piú della metà della forza lavoro, qualora essa fosse stata pienamente occupata. Una conferma indiretta del fatto che la produttività marginale del lavoro agricolo è vicina a zero si ha durante la guerra quando, malgrado la sottrazione di oltre due milioni di contadini maschi e nel fiore degli anni, il prodotto lordo dell'agricoltura flette solo assai modestamente e, probabilmente, a causa di altri fattori. Non v'è dubbio, insomma, che nel primo decennio del secolo uno dei principali problemi del paese a livello sia economico sia sociale è costituito da un eccesso di popolazione rispetto alle risorse e non, come molti continuano a ritenere, da un'inefficiente utilizzo delle medesime.

Le campagne italiane contengono, dunque, in questo come nei periodi precedenti, una cospicua riserva di offerta di lavoro. La «città» — sia nazionale sia internazionale — può disporne a prezzo assai conveniente qualora si presentino le occasioni di accrescere la produzione di manufatti. Ed è precisamente negli anni che seguono il 1896 che tali occasioni si manifestano abbondanti in Italia e, ancor piú, all'estero.

La forza lavoro nell'industria aumenta di circa 500 mila unità tra il 1910 e il 1911 mentre l'agricoltura ne perde quasi 600 mila. Si deve notare, incidentalmente, che un passaggio dalle occupazioni agricole a quelle industriali di un intero nucleo familiare risulta in una diminuzione «statistica» della forza lavoro nella misura in cui le donne vengono normalmente censite come membri della forza lavoro in agricoltura mentre sono, in quest'epoca, considerate come casalinghe, e pertanto non appartenenti alla forza lavoro, una volta raggiunta la città.

Il fatto di disporre di un'offerta quasi illimitata di lavoro consente all'industria di contenere la crescita delle retribuzioni. I salari medi giornalieri passano, secondo i recenti calcoli di Vera Zamagni[26] da 1,86 nel 1901 a 2,67 lire nel 1911; tenuto conto dell'aumento dei prezzi si ha un incremento medio annuo dei salari reali pari al 2,5 per cento, inferiore, come si è notato sopra, a quello della produttività. Ciò produce una riduzione del costo unitario del lavoro che consente, in assenza di una forte riduzione dei prezzi relativi del settore[27] quell'aumento dei profitti e dell'accumulazione di cui si è già detto. In tale modo, un'offerta elastica di lavoro si dimostra un'importante condizione permissiva della rapida crescita sia della produzione industriale sia degli investimenti durante l'«età giolittiana».

Si è detto che la forza lavoro resta sostanzialmente invariata tra i censimenti del 1901 e del 1911 e che la diminuzione di quella agricola è compensata pressoché per intero dall'aumento di quella censita nell'industria. Tuttavia, come si è visto, l'incremento naturale della popolazione è pari, nel decennio, a circa 3,8 milioni. Dato l'elevato tasso di partecipazione (48 per cento nel 1911) esistente in questo periodo, la crescita demografica avrebbe, pertanto prodotto un aumento di circa 1,8 milioni nella popolazione attiva. Di fatto esso non si verifica. Ciò dipende in parte dalla diminuzione, tra il 1901 e il 1911, di tre punti percentuali del tasso di partecipazione[28] e in misura maggiore del saldo migratorio netto.

L'emigrazione dell'Italia era stata fenomeno relativamente contenuto, anche se con sviluppo accelerato, sino all'inizio degli anni Novanta. Il tasso di emigrazione verso l'estero passa dal 3,8 per cento nel 1876 al 10,6 per cento nel 1900 con una notevole accelerazione nell'ultimo decennio. In questa prima fase i lavoratori italiani si dirigono per circa la metà verso i paesi europei. Tra le destinazioni oltremare viene privilegiata l'America Latina che riceve quasi un terzo del flusso migratorio totale[29]. Nel quinquennio 1876-1880 la stragrande maggioranza degli emigranti proviene dalle regioni settentrionali (76,5 per cento del totale) e solo il 12,5 per cento dal Mezzogiorno.

Vent'anni dopo le provincie dell'ex Regno delle Due Sicilie contribuiscono con il 33 per cento al flusso migratorio totale verso l'estero, l'area nord-orientale (Veneto e Friuli) con il 34,4 per cento. Nel quindicennio che precede la guerra mondiale si verificano notevoli mutamenti quantitativi e qualitativi del fenomeno. Lasciano l'Italia 8,8 milioni di persone: circa un terzo degli espatri verificatisi lungo l'intero arco della storia unitaria del nostro paese. Il tasso migratorio passa dal 10 per mille del 1900 al 24 per mille del 1913. Mutano, allo stesso tempo, l'importanza relativa tanto delle aree di destinazione quanto di quelle di provenienza. Gli Stati

Uniti accolgono circa il 40 per cento dei lavoratori italiani che lasciano il paese tra il 1901 e il 1915. In America Latina diminuisce l'importanza del Brasile e cresce quella dell'Argentina che riceve anche un importante movimento di migrazione stagionale di braccianti italiani in virtú dello sfasamento temporale del raccolto nei due paesi. Quanto alla provenienza, il 45 per cento degli emigrati esce, in questo periodo dal Mezzogiorno. Veneto e Friuli contribuiscono con un altro 16,5 per cento [30].

Nel complesso, tenuto conto dei rimpatri, che aumentano rapidamente dopo l'inizio del secolo, tra il 1901 e il 1911 il saldo migratorio netto del paese è pari a 1,2 milioni di persone: non tutte, naturalmente, costituiscono una sottrazione alla forza lavoro ma il fenomeno spiega, con la riduzione del tasso di partecipazione di cui si è detto, la sostanziale stazionarietà della popolazione attiva italiana tra i due censimenti. Grosso modo si può stimare che per ogni lavoratore che lascia l'agricoltura per l'industria italiana durante questo periodo ve ne siano due che vanno a lavorare nel settore «moderno» all'estero. L'espansione dell'economia mondiale e l'accresciuta facilità degli spostamenti costituiscono, pertanto, un importante fattore permissivo della crescita economica almeno per due motivi. Anzitutto, se è vero che il principale problema del paese è quello di un eccesso di popolazione rispetto alle risorse agricole e che solo un rapido sviluppo del settore industriale urbano può alleggerire tale pressione e consentire la crescita del reddito per abitante, la dinamica economica dei paesi meno popolati consente di accelerare enormemente il processo rispetto ai tempi che esso avrebbe avuto in assenza di un dinamico mercato internazionale del lavoro. I movimenti dei fattori che si verificano durante questo periodo dai paesi con dotazione abbondante a quelli con dotazione scarsa costituiscono certamente un elemento di crescita per l'economia internazionale che si aggiunge a quello della rapida espansione del commercio internazionale. In secondo luogo va rilevato il ruolo permissivo della crescita che assumono le rimesse degli emigrati in un paese la cui bilancia commerciale, strutturalmente tendente al disavanzo, viene sottoposta a ulteriori tensioni a causa della forte domanda di importazioni prodotta dalla rapida industrializzazione. Nel 1908 il *deficit* commerciale è pari al

61 per cento del valore totale delle merci esportate. Pure in assenza di stime attendibili è chiaro che la capacità di importare rimane elevata, in questo periodo, grazie ad altre poste della bilancia dei pagamenti correnti e, in particolare, alle rimesse degli emigrati. Senza di queste, quasi certamente, si sarebbero verificate assai presto tensioni sul mercato dei cambi che avrebbero, in ultima analisi prodotto una diminuzione delle importazioni e, quindi, degli investimenti e del progresso tecnico con immancabili effetti sul tasso di crescita della produzione industriale. Anche per questo motivo, dunque, l'elevata elasticità di offerta che caratterizza il mercato del lavoro italiano durante l'«età giolittiana» costituisce un importante fattore permissivo della crescita del sistema.

7. *L'evoluzione del sistema di intermediazione finanziaria e il ruolo della Banca d'Italia*

Le liquidazioni della Banca Generale e del Credito Mobiliare nel 1893 privano il sistema di intermediazione di due istituti che avevano contribuito a mobilitare i capitali finanziari necessari alla costruzione della rete ferroviaria, sostenuto la crescita degli investimenti negli anni Ottanta e stabilito legami operativi con la finanza internazionale. Il vuoto viene colmato con la fondazione della Banca Commerciale Italiana nell'ottobre 1894 [31] e del Credito Italiano nel febbraio successivo. Il capitale iniziale della prima, a venti milioni di lire, è sottoscritto da banche tedesche (78 per cento), austriache (13 per cento) e svizzere (9 per cento). Il secondo trae origine dall'apporto di capitali, anch'essi in parte tedeschi, alla Banca di Genova, della quale viene modificata la ragione sociale. I due nuovi istituti raccolgono, in qualche misura, la tradizione dei precedenti assorbendone parte del personale e della clientela.

Il ruolo di queste due banche nel promuovere lo sviluppo industriale dell'«età giolittiana» è stato considerato addirittura determinante da Gerschenkron [32]. Confalonieri ne ha ridimensionato l'importanza quali istituti creatori di imprenditorialità industriale, rilevando come essa non manchi nel paese se è vero che «lo spunto per l'esame di nuove iniziative parte sempre dall'esterno o, perlomeno su sollecitazione

 COMIT = BANCA COM- ITALIANA

esterna agli organi di direzione» della banca [33]. Solo nel settore elettrico pare vi sia una vera e propria strategia di sviluppo basata sulla profonda convinzione, da parte soprattutto della Banca Commerciale, delle prospettive di profitto che si aprono in quella particolare branca dell'industria. Resta il fatto che i nuovi istituti riempiono un vuoto. E, ben presto, danno un contributo piú importante di quelli che li hanno preceduti al funzionamento del sistema di intermediazione finanziaria del paese, in un momento nel quale la sua efficienza costituisce un'essenziale condizione permissiva della crescita.

Comit e Credito Italiano vengono a costituire, per cosí dire, il vertice di un sistema composto ormai, almeno nel centro-nord, di un'estesa rete di banche cooperative popolari, di casse di risparmio e di piccole e medie case bancarie private. L'esistenza di un attivo mercato interbancario consente una notevole mobilità, anche territoriale, dei flussi finanziari in un momento in cui, parallelamente alla domanda di investimento, si accresce la quota del risparmio sul reddito nazionale. La fondazione della Banca d'Italia costituisce un passo decisivo per la creazione anche in Italia di una moderna banca centrale. Superati i primi difficili anni nei quali la preoccupazione principale è quella di liquidare i grandi immobilizzi della Banca Romana, dopo la nomina di Stringher a direttore generale nel 1900, la Banca d'Italia assume con sempre maggiore decisione le principali responsabilità operative nel controllo degli aggregati monetari e del cambio. Il sistema di intermediazione appare, pertanto, nel 1900, potenzialmente, piú stabile di quanto non fosse dieci anni prima.

Le cosiddette «banche miste» o tuttofare partecipano ai principali affari del paese ma, con ogni probabilità e con l'eccezione di alcuni settori o imprese, non si trasformano in «banca holding» se non dopo la guerra [34]. L'aggettivo «miste» («tuttofare») sembra adeguato alla loro ampia visione dell'«affare bancario» cioè al desiderio di operare soprattutto con clienti di grandi dimensioni ai quali fornire, volta a volta, sconti, anticipazioni, riporti, valuta estera, credito a medio termine, assistenza complessiva nelle operazioni di aumento di capitale senza, tuttavia, porre in essere — se non in modi relativamente limitati — quella simbiosi tra banca e industria che sarà, piuttosto, una caratteristica degli anni Venti.

Sulla filosofia operativa della Banca Commerciale, è utile citare per esteso Confalonieri. «Per il grosso degli impieghi in crediti, il loro smobilizzo (viene) concepito ed individuato in un'operazione di collocamento di valori mobiliari sul mercato: i crediti in conto corrente (sono) dunque intesi alla stregua di un'operazione di prefinanziamento. In sostanza, quale che (sia) il contenuto tecnico-giuridico delle forme di sostegno finanziario adottate, le differenze (finiscono) con l'essere poco rilevanti di fronte ai fattori ben piú decisivi atti a garantire la desiderata «rotazione» degli impieghi: situazione del mercato mobiliare italiano, fiducia dei finanzieri esteri nelle prospettive dell'azienda affidata, equilibrio tra contributo finanziario offerto dalla banca e fabbisogni finanziari del debitore. In una situazione di «stanca» del mercato mobiliare, non (preoccupa) tanto l'impossibilità di esitare i titoli del proprio portafoglio, quanto l'impossibilità di convertire i crediti in valori mobiliari e di classarli tra il pubblico»[35].

Questa stessa politica delle grandi banche, il rallentamento delle emissioni pubbliche e la crescita degli investimenti e dei profitti producono, per la prima volta nella storia d'Italia, un consistente ampliamento dei valori azionari quotati nelle diverse borse e un vero e proprio «boom» dei loro prezzi che inizia nel 1901 e si accelera rapidamente a partire dal 1905 sino al crollo dell'ottobre del 1906. La crisi che segue interessa soprattutto per il modo in cui essa viene gestita e superata, segnando il primo banco di prova e il primo successo dell'assetto creato nel 1893. Tutte le principali banche si fanno trascinare in forme di «overtrading» durante l'ultima fase di rapida ascesa dei corsi. Se la Commerciale rischia di farsi prendere dal vortice, dimenticando la tradizionale prudente politica di accantonamenti in un fondo rischi, la Società Bancaria Italiana si viene a trovare, nel 1907, in una forte crisi di liquidità. Si tratta della terza società bancaria del paese per capitale e volume d'affari, sorta nel 1899 come Società Bancaria Milanese, trasformata in «Italiana» nel 1904 in coincidenza con l'apertura di sportelli in tutto il paese[36] e vista con favore in molti ambienti per l'«italianità» del suo capitale[37]. Le difficoltà di questa banca derivano in parte da poco brillanti operazioni condotte negli anni precedenti e in parte dall'impegno assunto, quasi da sola, a sostenere le quotazioni azionarie a partire dagli ultimi mesi del 1906 [38]. Un'ulteriore caduta dei corsi nel settembre 1907 rende insostenibile la posizione della Società Bancaria Italiana e fa temere, anche agli istituti concorrenti, una situazione nella quale essa sia costretta a chiudere i propri sportelli inducendo nel pubblico una sfiducia generalizzata nelle banche con la conseguenza di una corsa al ritiro dei depositi. La Banca d'Italia che sino ad allora aveva cercato di fare fronte alla situazione con una generosa politica della liquidità si rende conto che è necessario un intervento piú diretto e mirato. Essa si fa, pertanto, promotrice di un Consorzio di sovventori, di cui fanno parte la ditta Zaccaria Pisa, il Credit e la Comit, per un intervento a favore della Società Bancaria. Una prima sovvenzione di 20 milioni viene bruciata nel giro di pochi giorni mentre si discute di interventi, anche da parte dello stato, per il sostegno dei corsi azionari. Un secondo credito, alla fine di ottobre, per 40 milioni viene concesso a patto che la gestione della Bancaria venga posta sostanzialmente nelle mani «dei sovventori, i quali si sarebbero adoperati per una sollecita liquidazione delle attività» per cui la Banca d'Italia viene di fatto «ad assumere (...) una posizione preminente nella gestione dell'intervento che (deve) decidere della sopravvivenza della SBI» [39]. Stringher, la cui preoccupazione costante, non solo in questa occasione, è quella di evitare troppo violenti spostamenti di forze all'interno del sistema bancario e un'eccessiva concentrazione, si adopera a mantenere in vita, seppur ridimensionata, la Società Bancaria Italiana. Questa svaluta il capitale e lo aumenta successivamente con l'apporto di denaro fresco. A dirigerla Stringher chiama il direttore della sede torinese della Banca d'Italia sulla base di un preciso programma di pagamento di tutti i debiti contratti verso i consorziati che viene attuato entro il giugno 1908.

È stata dedicata un'attenzione particolare a questo episodio perché esso indica sia le persistenti debolezze sia l'evoluzione positiva subita dal sistema di intermediazione finanziaria del paese in poco piú di un decennio. Il fatto che le grandi banche abbiano raccolto, come si è detto, parte del personale dirigente e del *know how* degli istituti liquidati nel 1893 ne condiziona in qualche misura il comportamento in una situazione di febbre speculativa per taluni aspetti non del tutto dissimile da quella degli anni Ottanta. Nota a questo proposito Bonelli che esse «non (sono) all'altezza della loro posizione e dei loro compiti» non solo per l'«imprudente condotta sui mercati finanziari» ma anche perché «alle prime difficoltà (cercano) di trasferire sugli istituti di emissione funzioni che a questi non (competono) nel finanziamento delle imprese» e per avere scarsamente assecondato «l'azione intrapresa dalla Banca d'Italia per impostare (...) una politica del credito (intesa) a mantenere ben separate, anche se tra loro collegate, le funzioni specifiche dell'istituto di emissione e delle banche di credito ordinario» [40].

Questa persistente debolezza non deve, tuttavia, nascondere i passi avanti compiuti: bisogna notare da un lato che le banche, ancorché riluttanti, finiscono per cooperare con via Nazionale e, d'altro lato, che la crisi del 1907 costituisce per esse un'importante lezione che le rende, successivamente «assai piú prudenti nelle loro operazioni sul mercato finanziario» [41]. Ma il grande passo in avanti rispetto al decennio precedente, il nuovo punto di forza del sistema sta nella posizione assunta dalla Banca d'Italia. Essa deriva dalla consapevolezza del ruolo che ormai le compete di garante della stabilità del sistema finanziario e, indirettamente, anche di quello industriale e dell'intero processo di sviluppo, grazie a rapporti privilegiati con il governo da un lato e con le aziende di credito e con il mondo della produzione dall'altro. La prova del 1907 è una sorta di battesimo del fuoco della Banca d'Italia in un ruolo assai piú complesso di quello, pure importante, di «prestatore di ultima istanza». Nel gestire la difficile situazione, la Banca si avvale della propria capacità di persuasione sia verso il governo sia verso gli istituti di credito. Nell'azione concreta, essa si muove consapevolmente per evitare una crisi bancaria e una quasi certa crisi di grandi imprese manifatturiere ma si rifiuta «di finanziare indiscriminatamente il "salvataggio" puro e semplice della speculazione borsistica che era stata responsabile dell'instabilità del mercato italiano dei valori mobiliari» [42]. Pur agendo in stretto contatto con il governo e contribuendo in modo decisivo a definirne l'orientamento — grazie anche agli ottimi rapporti instaurati da Stringher con il ministro del Tesoro Carcano — la Banca resiste alle pressioni politiche per un finanziamento indiscriminato di gruppi siderurgici colpevoli di una condotta finanziaria poco responsabile. L'autonomia che il principale istituto di emissione rafforza in queste circostanze si rivelerà, nel corso degli anni successivi, come uno degli elementi piú importanti di equilibrio del sistema, non solo a livello finanziario.

Dopo il 1907-8, la crescita della produzione e degli investimenti rallenta. Le «banche miste» si fanno piú prudenti nella valutazione dei rischi connessi all'investimento industriale: è probabile, tuttavia, che si debba condividere l'opinione di Confalonieri che non si possa «dar loro carico di non aver "stimolato l'espansione industriale" in una situazione di crisi perdurante di molti settori e di riluttanza dell'investitore ad accostarsi all'investimento azionario» [43]. Comunque sia, questa maggiore prudenza e l'insoddisfacente andamento del mercato di borsa, crea non pochi problemi finanziari alle grandi imprese, in particolare a quelle legate al gruppo siderurgico per le quali si deve provvedere, nel 1911, a un'operazione di «salvataggio» alla quale nuovamente non possono che partecipare le banche, con l'appoggio degli istituti di emissione. L'ILVA resta, di fatto, controllata dalla Banca Commerciale sino alla crisi del 1931.

Queste circostanze ravvivano il dibattito sia sugli istituti giuridici che regolano il mercato finanziario sia sul problema del credito industriale. Particolarmente interessante, sul primo punto, è un disegno di legge presentato nel 1913 da Nitti quale ministro dell'agricoltura, industria e commercio che prevede venga affidata al proprio ministero una funzione ispettiva sulle aziende di credito in modo da rendere efficace la vigilanza sul sistema anche ai fini di promuovere un piú elevato rapporto tra capitale e depositi. Quanto al credito industriale, si levano da piú parti richieste perché esso assuma forme istituzionali precise, in sostanza perché vengano creati quelli che in seguito saranno gli «istituti speciali di credito», vista la prudenza delle banche, l'avversione del risparmiatore italiano verso i titoli azionari, salvo brevi momenti di febbre speculativa, e la scarsa disponibilità di autofinanziamento nelle grandi imprese. Il Consorzio Sovvenzioni su Valori Industriali, creato nel 1914, risponde in parte a queste esigenze. Esse sono, indirettamente, presenti anche in un'impresa di ben piú vasta portata: la creazione, sempre sul finire del 1914, da parte di un grande gruppo industriale, l'Ansaldo, della Banca Italiana di Sconto che diviene immediatamente il terzo istituto di credito del paese. Si tratta di un'iniziativa pericolosa, come testimoniano ampiamente i suoi esiti, ma non unica nel panorama italiano. Di fronte alle difficoltà di provvedere al finanziamento degli immobilizzi a redditività assai differita, la grande industria non esita a cercare di impadronirsi della banca, con grave pregiudizio della correttezza nelle scelte allocative e della stabilità del sistema finanziario. Nella primavera del 1918, Agnelli e Pirelli ottengono una posizione di quasi-controllo sul Credito Italiano. Non hanno viceversa successo, nel dopoguerra, i tentativi dei fratelli Perrone di impadronirsi della Comit la cui difesa, tuttavia, implica la creazione di un sindacato di blocco nel quale gli interessi dell'industria, soprattutto elettrica, sono assai bene rappresentati.

8. *La politica economica*

La caduta di Crispi è seguita da un periodo di incertezza e instabilità politica caratterizzate da spinte sostanzialmente reazionarie. Dopo il 1900, tuttavia, si delinea chiaramente una svolta politica in senso liberale che interpreta le esigenze di una società nella quale cominciano a farsi sentire gli effetti della crescita industriale: allargamento e svecchiamento della borghesia, rafforzamento delle organizzazioni operaie. La maggiore articolazione che viene acquisendo la società italiana si traduce in numerose spinte e controspinte che Giolitti, il grande architetto della politica di questi anni, si adopera a equilibrare con un «sistema di governo inteso a portare avanti un programma di sinistra e inteso altresí, con attenzione per lo meno uguale, ad attuarlo con strumenti conservatori, che (fungono) da contrappeso, da garanti che esso (è) tenuto sotto stretto controllo, forniti dall'apparato statale» [44].

La politica economica è parte di questo quadro e di questo clima. L'atteggiamento assunto nei confronti della questione doganale appare, in tale senso, piuttosto tipico. La legge tariffaria del 1887 viene lasciata in vigore durante tutto il periodo, quasi a rassicurare, con il suo presidio, gli agrari, i siderurgici e i cotonieri che l'hanno promossa e ai quali non sembra abbia perso di validità. Allo stesso tempo, tuttavia, si cerca di assecondare altri interessi emergenti sia con legislazione *ad hoc* sia, soprattutto, con lo strumento dei trattati doganali. Per quanto riguarda la prima, va ricordato soprattutto il già ricordato provvedimento con il quale nel 1903 si consente l'importazione in esenzione di dazio di prodotti siderurgici utilizzati quali *input* per prodotti meccanici destinati all'esportazione. In tale modo si pone fine, ancorché tardivamente, alla situazione di inferiorità dei produttori italiani sui mercati esteri. Piú complessa è la valutazione dei trattati doganali. Corbino ritiene che quelli conclusi tra il 1904 e il 1906 con Austria-Ungheria, Svizzera e Germania abbiano rafforzato il regime protezionista in agricoltura, accrescendo la difesa dei prodotti diversi dai cereali [45]. Per quanto riguarda l'industria, tuttavia, e in modo particolare quella siderurgica maggiormente incriminata per i suoi effetti negativi sul tasso di crescita industriale, i trattati conclusi nel periodo hanno quale risultato una seppure modesta diminuzione del dazio mediamente pagato per ogni tonnellata importata [46].

Un importante aspetto della politica economica dell'«età giolittiana» è costituito dall'impulso dato alla creazione di capitale fisso sociale, soprattutto nelle ferrovie. Il regime stabilito dalla legge del 1885 produce, come sempre avviene in simili casi, un rallentamento degli investimenti da parte delle compagnie concessionarie in vista della scadenza, dopo vent'anni, delle concessioni. Ciò si ripercuote sulla qualità del servizio, anche a causa degli scioperi dei ferrovieri ai quali le compagnie non hanno alcuna ragione di concedere miglioramenti salariali, sempre a motivo della prossima scadenza delle concessioni. Si fa, dunque, assai forte la pressione degli utenti e dei ferrovieri sul governo perché esse non vengano rinnovate. Nel luglio 1905, lo stato assume direttamente l'esercizio delle ferrovie, ad eccezione di quelle gestite dalla Società per le strade ferrate meridionali su una rete di circa duemila chilometri di sua proprietà per l'acquisizione della quale i negoziati si trascinano sino all'anno successivo quando il Parlamento ne delibera il riscatto. Con la nazionalizzazione ha inizio un terzo «boom» ferroviario, dopo quello degli anni Sessanta e Ottanta, basato principalmente sulla ricostruzione dello *stock* di capitale logorato e su miglioramenti tecnici[47]. Gli investimenti in questo settore e nelle altre opere pubbliche appaiono, almeno *ex post*, come uno degli importanti contributi della politica economica allo sviluppo dell'«età giolittiana», a partire dal 1900-1[48].

Le politiche monetarie e di bilancio sono strettamente collegate, come sempre succede a partire dal 1861[49]. Il periodo 1899-1909 è il solo della storia d'Italia dall'unità a oggi nel quale, secondo i calcoli di Pedone[50], si verifica un'eccedenza delle entrate sulle spese effettive dello stato con un aumento assoluto di entrambe accompagnato da una diminuzione della loro quota sul reddito nazionale dal 14 al 12 per cento tra il 1896 e il 1907 (o dal 19 al 14 se si tiene conto anche della spesa degli enti locali e di quelli previdenziali, al netto dei trasferimenti tra essi e lo stato[51]). Si tratta, come nota Pedone[52], di una politica consapevole di riduzione del disavanzo corrente del bilancio dello stato. Essa è certamente aiutata dall'aumento delle entrate derivante dalla crescita del reddito ma è probabile che abbia, a propria volta, creato un *mix* di condizioni finanziarie e monetarie tali da contribuire al sostegno dello sviluppo medesimo.

La riduzione del debito pubblico è funzionale all'allocazione di risorse finanziarie alla spesa privata per investimenti in un momento in cui questa, come si è visto, presenta una dinamica particolarmente vivace[53]. Inoltre, nell'ottica con cui si guarda in questi anni alla finanza pubblica, una politica di bilancio finalmente «ortodossa» ha effetti benefici sulle aspettative degli operatori italiani e stranieri. In uno dei primi articoli di una lunga serie contenente commenti sempre piú favorevoli sulla situazione finanziaria dell'Italia, il prestigioso settimanale londinese «The Economist» scrive: «l'esigenza attuale dell'Italia non è solo di salvaguardare la sua forte posizione finanziaria ma anche di ridurre e redistribuire la tassazione cosí da promuovere l'industria e il benessere sociale della popolazione»[54]. Qualche anno dopo, l'approvazione è piú esplicita: «il bilancio italiano presenta (...) un magnifico contrasto con gli espedienti per mezzo dei quali si è fatto pareggiare il bilancio francese e ancora di piú con il peso di un nuovo debito pubblico e di ulteriore tassazione che l'Impero Tedesco accumula sulle spalle di un popolo che non li vuole ma non può farci nulla»[55]. Questo clima di rinnovata fiducia nella stabilità finanziaria del paese è alimentato dalla prudenza delle banche di emissione che, liberate dall'assillo di fornire cospicue anticipazioni al Tesoro, si trovano — anche grazie al favorevole andamento dei conti con l'estero — nella condizione di potere raggiungere e superare gli obblighi di riserva stabiliti dalla legge bancaria del 1893. Tra il 1900 e il 1906 la copertura metallica della circolazione passa dal 48,5 al 73,6 per cento.

La Banca d'Italia si trova, in questi anni, nella necessità di ricercare un equilibrio tra l'obiettivo «aziendale» di consolidare la propria situazione patrimoniale liquidando, tra l'altro, la pesante eredità degli immobilizzi del decennio precedente, e quello di garantire il perseguimento della crescita economica in un contesto di stabilità del cambio che le deriva dalla acquisizione, di cui si è detto al paragrafo 6, della consapevolezza di rivestire ormai un ruolo pubblico insostituibile [56]. La compatibilità tra i due obiettivi non presenta particolari problemi sino al 1905:

> La politica di tassi decrescenti imposta da considerazioni di natura aziendale — anche se non esclusivamente privatistica — in un quadro di ampia liquidità dell'economia e di acuta concorrenza bancaria (è) in linea con l'opportunità di contribuire al finanziamento dell'espansione della capacità produttiva del sistema, e non (rischia) di pregiudicare una situazione dei cambi con l'estero in deciso e progressivo miglioramento. Tra il 1899 e il 1905 il corso medio annuale del cambio su Parigi (diminuisce) da 107,32 a 99,94; quello del cambio su Londra da 27,07 a 25,14. Sono, questi, gli anni del consolidamento degli istituti italiani di emissione, nel senso che (è) loro possibile perseguire le proprie finalità di gestione senza essere turbati da obiettivi con queste contrastanti [57].

La diminuzione dei tassi di interesse, che dipende in parte anche dalla situazione della finanza pubblica viene sanzionata dalla conversione della rendita italiana 5 per cento, il titolo rappresentativo del debito consolidato (irredimibile) dello stato. Tale operazione, di cui si vocifera già nel 1902, viene inclusa nel programma di governo di Giolitti nel 1903 senza che l'annuncio turbi in alcun modo i corsi, indicando in tal modo una situazione di aspettative ormai consolidate di diminuzione dei tassi di interesse. Nel giugno 1906, il Parlamento delibera [58] di offrire ai detentori di titoli consolidati [59] l'opzione tra il rimborso alla pari e la conversione in un nuovo titolo irredimibile 3,75 per cento. L'operazione ottiene un considerevole successo sia in Italia sia all'estero. Su uno stock complessivo di titoli convertiti pari a 8.100 milioni di valore nominale, se ne rimborsano soltanto 4,7 milioni mentre altri 48,8 vengono acquistati per sostenere i corsi dai consorzi di garanzia che erano stati predisposti [60].

A partire dal 1906 la flessione delle quotazioni dei titoli azionari e la crisi della Società Bancaria Italiana pone alla Banca d'Italia i problemi dei quali si è detto al paragrafo precedente. Superata in modo tutto sommato soddisfacente l'emergenza del 1907, si apre un periodo nel quale la compatibilità tra gli obiettivi monetari obbliga a scelte difficili [61]. Il raffreddamento della domanda interna, soprattutto di investimenti, e l'accrescersi del fabbisogno del Tesoro a partire dal 1910 e poi durante la guerra italo-turca richiedono un atteggiamento accomodante nell'offerta di liquidità al sistema mentre la necessità di difendere il cambio e le esigenze «aziendali» di proteggere il rapporto tra circolazione e riserve spingono nella direzione opposta, militando a favore di un innalzamento dei tassi medi di interesse. Nel complesso prevale questa seconda esigenza «e la politica monetaria (agisce) in tale periodo in senso restrittivo» con una diminuzione del rapporto circolazione/reddito [62]. Questa scelta influisce probabilmente sulle difficoltà di finanziamento a lungo termine lamentate dalla grande industria delle quali si è detto al paragrafo precedente e alle quali Stringher non si dimostra insensibile prospettando l'esigenza di un aumento dei limiti legali posti alla circolazione. Resta, per ora, aperta la questione dell'effetto che avrebbe potuto avere sul tasso di crescita della produzione industriale, nell'ultima parte dell'«età giolittiana», una politica monetaria coraggiosamente espansiva accompagnata da un uso generoso delle riserve per sostenere il cambio.

9. *Sviluppo e squilibri regionali*

In questo volume l'«unità di osservazione» per lo studio dello «sviluppo economico moderno» è stata l'Italia vista come unità omogenea. La forzatura, evidente e voluta, ha consentito di utilizzare concetti aggregati di contabilità nazionale e di privilegiare taluni momenti della politica economica. Al carattere dualistico del nostro sistema economico si è accennato sovente ma in modo episodico. Un breve paragrafo conclusivo sulle caratteristiche della crescita in «età giolittiana» non consente certo di raddrizzare l'impostazione complessiva delle considerazioni fatte sin qui. Non si può mancare, tuttavia, in questa sede, di accennare brevemente agli squilibri regionali del nostro sistema economico e ciò per due ordini di motivi. Il primo è riconducibile al grande vigore che assume, a partire dagli anni Novanta, il dibattito sulla «questione meridionale». Il secondo riguarda direttamente il presumibile allargamento dei divari di reddito interregionali durante questo periodo relativamente lungo di crescita agraria e industriale.

La «questione meridionale» attira, in questi anni, alcune tra le piú vive intelligenze del paese: Nitti, Villani, Colajanni, Fortunato, Salvemini, De Viti De Marco, Einaudi. Un accenno, anche rapido, ai toni — sovente assai elevati, carichi di passione civile e nutriti di ottimi studi storici, politici, economici — del dibattito non è possibile in questa sede. Basterà ricordare da un lato la posizione dei liberisti, oppositori accaniti della tariffa doganale del 1887, che vedono nel protezionismo la causa principale dei mali d'Italia tra i quali la nascita di grandi monopoli al Nord a scapito delle promettenti industrie esportatrici meridionali e il rafforzamento, con il dazio sul grano, degli interessi piú conservatori del Mezzogiorno. Con varie sfumature è questa soprattutto la posizione di coloro che si riuniscono attorno a *l'Unità* di Salvemini. Per Nitti, viceversa, il Sud ha giocato nella storia d'Italia il ruolo che altrove hanno svolto le colonie: quello di mercato di sfruttamento per le materie prime (in questo caso soprattutto agricole) e di sbocco per i manufatti settentrionali. Le ragioni di questo stato di cose andrebbero ricercate, secondo lo statista e studioso napoletano, piú nelle modalità politiche con cui si era svolto il Risorgimento che in fattori di ordine squisitamente economico. È una posizione, questa, che verrà ripresa da Antonio Gramsci. Vi è, infine chi, come Fortunato, assume una posizione maggiormente eclettica e non manca di annoverare tra le cause del ritardo relativo delle regioni meridionali fattori «strutturali» quali la scarsità delle risorse (prima tra tutte l'acqua), le caratteristiche orografiche del paese, la lontananza dalle aree maggiormente sviluppate dell'Europa transalpina.

A questa grande fioritura di idee e interpretazioni non ha fatto, purtroppo, da supporto — né allora né successivamente — un adeguato impegno di analisi quantitativa. Non sono mancati, ovviamente, studi seri in questo campo: i nomi di Bachi e Mortara sono sufficienti a ricordare che i piú penetranti statistici economici del tempo si sono occupati della «questione meridionale» e, certamente, senza il loro contributo conosceremmo ancora meno i termini effettivi del problema. Tuttavia, il supporto quantitativo delle singole tesi resta asistematico e lacunoso, almeno agli occhi e per la curiosità dello studioso di oggi. Il lavoro piú completo in argomento è quello condotto circa dieci anni fa dalla Zamagni utilizzando soprattutto la ricca messe di informazioni contenuta nel Censimento Industriale del 1911 [63]. Esso mette in luce le dimensioni del divario economico interregionale alla vigilia della prima guerra. La tabella 10.4 sintetizza due dei piú significativi indicatori in argomento.

Come si vede, il reddito per abitante delle provincie meridionali si colloca quasi sempre al di sotto della metà di quello della Liguria, nel 1911 l'area piú sviluppata del paese. Il divario nella produttività del lavoro industriale è ancora piú marcato: nel caso della Basilicata, della Calabria, degli Abruzzi essa raggiunge appena un quinto di quella ligure. Poiché lo sviluppo economico significa soprattutto crescita della produttività si ha qui conferma del fatto che il processo di industrializzazione produce un aumento del divario regionale nei redditi per abitante. In effetti, O'Brien e Toniolo [64] hanno trovato che la produttività del lavoro in agricoltura non è molto inferiore al Sud rispetto al Nord e che le regioni meridionali sembra facciano un uso efficiente della dotazione relativa di fattori della produzione nel settore primario, peraltro gravato da un eccesso di popolazione.

È assai probabile — pure in assenza di analisi come quella della Zamagni condotte per periodi precedenti al 1911 — che la posizione economica del Mezzogiorno sia venuta deteriorandosi rispetto a quella dell'Italia nord-occidentale durante la fase di rapida industrializzazione dell'«età giolittiana», malgrado gli indubbi progressi compiuti dallo stesso Mez-

TAB. 10.4. *Indici del divario economico regionale nel 1914*

Regioni	Reddito per abitante	Valore aggiunto industriale per addetto
	(Liguria = 100)	
Piemonte	79	88
Liguria	100	100
Lombardia	73	96
Veneto	63	62
Emilia	47	80
Toscana	48	71
Marche	38	61
Umbria	33	63
Lazio	53	88
Abruzzi	23	49
Campania	43	57
Puglia	35	58
Basilicata	19	49
Calabria	17	43
Sicilia	30	49
Sardegna	39	55
Italia	57	70

Fonte: V. Zamagni, *Industrializzazione e squilibri regionali in Italia*, Bologna, Il Mulino, 1978, pp. 194-195 e 198-199.

zogiorno nel medesimo periodo. Non è, d'altronde, difficile ipotizzare che un'accelerazione dello sviluppo economico che si realizzi in una situazione di *moderato* dualismo tenda ad esasperare il fenomeno. È, questa, un'esperienza assai comune ai diversi processi di «sviluppo economico moderno»[65]. La ragione pare possa essere rintracciabile soprattutto nell'operare di economie dinamiche di agglomerazione o di localizzazione esistenti per il semplice fatto che una delle regioni sia *moderatamente* piú progredita dell'altra. Esse rendono maggiormente conveniente l'impiego di fattori della produzione, ad esempio, al Nord rispetto al Sud. Il riequilibrio territoriale avviene, in questo caso, solo quando le economie si sono trasformate in diseconomie di agglomerazione, a meno di un intervento dello stato. È molto probabile che l'operare di forze di questo tipo spieghi l'allargarsi del «gap» nel reddito per abitante tra Nord e Sud assai piú del protezionismo o degli atteggiamenti «colonialisti» della classe dirigente piemontese.

[1] J.M. Keynes, *The Economic Consequences of the Peace*, London, Macmillan, 1920, pp. 3-9.

[2] S. Fenoaltea, *Edilizia e opere pubbliche in Italia* in «Rivista di Storia Economica», IV (1987).

[3] M. Warglien, *Nota sull'investimento industriale in macchinari e altre attrezzature meccaniche: Italia: 1881-1913*, in «Rivista di Storia Economica», II (1985), p. 145.

[4] G. Fuà, *Lo sviluppo economico*, cit., vol. I.

[5] V. Zamagni, *I salari giornalieri degli operai dell'industria nell'età giolittiana*, in «Rivista di Storia Economica», I (1984), p. 195.

[6] Nel 1899 le esportazioni superano le importazioni del 16%.

[7] B. King, *Statistics of Italy*, in «Journal of the Royal Statistical Society», LXVI (1903), pp. 242-244.

[8] P.K. O'Brien e G. Toniolo, *Sull'arretratezza dell'agricoltura italiana rispetto a quella del Regno Unito*, in «Ricerche Economiche», 1987, pp. 266-285.

[9] In particolare, sono probabilmente sottostimati i valori e le quantità prodotte di carni e vino. Si deve inoltre notare che, a causa della sospensione delle rilevazioni nel 1905 per consentire la riorganizzazione del servizio statistico, i dati relativi al periodo considerato da King presentano i «problemi interpretativi maggiori fra tutti quelli» relativi agli anni 1861-1913 (G. Federico, *Per una valutazione delle statistiche della produzione agricola italiana dopo l'unità (1861-1913)*, in «Società e Storia», 1982, p. 118). La mancanza di aggiornate rilevazioni obbliga lo statistico inglese a utilizzare dati relativi al precedente decennio, caratterizzato, come è noto, da una recessione nel settore agrario.

[10] G. Federico, *Commercio dei cereali e dazio sul grano in Italia (1863-1913). Una analisi quantitativa*, in «Nuova Rivista Storica», LXVIII (1984).

[11] I dazi francese e tedesco sono rispettivamente pari a 6,5 e 7 lire per quintale (G. Orlando, *Storia della politica agraria in Italia dal 1848 a oggi*, cit., p. 73).

[12] G. Federico, *Commercio dei cereali*, cit., p. 77.

[13] Il dazio sullo zucchero viene raddoppiato (da 50 a 99 lire il quintale) nel 1894.

[14] G. Orlando, *Storia della politica agraria*, cit., p. 88.

[15] Va ricordata, inoltre, la legge 7 luglio 1901, n. 334 voluta da Luigi Luzzatti che autorizza il Banco di Napoli a esercitare il credito agrario nel Mezzogiorno a tassi non superiori al 4 per cento. Nel 1906 anche il Banco di Sicilia viene autorizzato a svolgere queste operazioni.

[16] G. Orlando, *Storia della politica agraria*, cit., p. 77.

[17] B. Stringher, *Notizie sull'Italia agricola*, Roma, Bertero, 1905, pp. 18 ss.

[18] G. Orlando, *Storia della politica agraria*, cit., p. 75.

[19] Si vedano in proposito l'opinione assai netta di Gerschenkron (*Il problema storico dell'arretratezza*, cit.) e quelle espresse da taluni dei saggi raccolti in A. Caracciolo (a cura di), *La formazione dell'Italia industriale*, cit.

[20] Si vedano, anche se con toni e motivazioni diverse: A. Gerschenkron, *Il problema storico dell'arretratezza*, cit.; S. Fenoaltea, *Riflessioni sull'esperienza industriale italiana dal Risorgimento alla prima guerra mondiale*, in G. Toniolo (a cura di), *L'economia italiana 1861-1940*, cit.; V. Castronovo, *L'industria italiana dall'Ottocento a oggi*, cit.

[21] P. Ercolani, *Documentazione statistica*, cit., p. 411.

[22] V. Castronovo, *L'industria italiana dall'Ottocento a oggi*, cit., p. 96.

[23] E. Corbino, *Annali dell'economia italiana (1901-1914)*, cit., vol. V, p. 138.

[24] O. Vitali, *Aspetti dello sviluppo economico italiano alla luce della ricostruzione della popolazione attiva*, Roma, Ateneo, 1970, pp. 337-343.

[25] P.K. O'Brien e G. Toniolo, *How Backward was Italian Agriculture before the Great War?*, mimeo, Venezia, 1986.

[26] V. Zamagni, *I salari giornalieri degli operai dell'industria nell'età giolittiana (1898-1913)*, in «Rivista di Storia Economica», I (1984), pp. 183-208.

[27] Tra il 1901 e il 1911 il deflatore del PIL cresce del 16,4 per cento, i prezzi dell'industria manifatturiera del 19 per cento, quelli dell'agricoltura del 22 per cento: non si verifica, pertanto, alcun drammatico movimento nelle regioni di scambio settoriali.

[28] Questo fenomeno è in parte collegato alla stessa migrazione della forza lavoro dall'agricoltura all'industria e in parte alle migliorate condizioni di vita e di istruzione di parte dei lavoratori che ritardano l'ingresso sul mercato del lavoro. Le prime forme previdenziali che compaiono in questi anni consentono anche a taluni lavoratori «privilegiati» di uscire anticipatamente dalla forza lavoro. Si tratta, tuttavia, solo di ipotesi plausibili in assenza di studi in argomento.

[29] L. Favero e G. Tassello, *Cent'anni di emigrazione italiana*, in G. Rosoli (a cura di), *Un secolo di emigrazione italiana: 1876-1976*, Roma, Centro studi emigrazione, 1976, p. 21.

[30] *Ibidem*, pp. 25-30.

[31] A. Confalonieri, *Banca e industria in Italia*, vol II, Milano, Banca Commerciale Italiana, 1975, pp. 32 ss.

[32] Vedi capitolo XII, paragrafo 3. Per una sintesi di questa visione del ruolo delle banche si veda anche: J.S. Cohen, *Italia (1861-1914)*, in R. Cameron (a cura di), *Le banche e lo sviluppo del sistema industriale*, Bologna, Il Mulino, 1975, pp. 383-422.

[33] A. Confalonieri, *Banca e industria*, cit., vol. III, 1976, p. 459.

[34] P. Ciocca - G. Toniolo, *Industry and Finance in Italy 1918-1940*, in «The Journal of European Economic History», 13 (1984), Special Issue, pp. 113-137.

[35] A. Confalonieri, *Banca e industria*, cit., vol. III, pp. 467-468.

36 F. Bonelli, *La crisi del 1907*, Torino, Fondazione Einaudi, 1971, pp. 29 ss.

37 Anche le due «tedesche», a dire il vero, si italianizzano rapidamente ma questo fatto viene costantemente negato dai loro nemici che se ne serviranno come arma polemica soprattutto durante la guerra.

38 F. Bonelli, *La crisi del 1907*, cit., p. 94.

39 *Ibidem*, p. 124.

40 *Ibidem*, pp. 156-157.

41 *Ibidem*, p. 158.

42 *Ibidem*, p. 164.

43 A. Confalonieri, *Banca e industria in Italia dalla crisi del 1907 all'agosto 1914*, Milano, Banca Commerciale Italiana, 1982, p. 519.

44 G. Carocci, *Storia d'Italia dall'Unità ad oggi*, cit., pp. 135-136.

45 E. Corbino, *Annali dell'economia italiana (1901-14)*, cit., vol. V, pp. 191 ss.

46 G. Toniolo, *Effective Protection and Industrial Growth: The Case of Italian Engineering, 1898-1913*, in «The Journal of European Economic History», VI (1977), pp. 663-664. Per una valutazione tecnica complessiva degli effetti della protezione siderurgica sul tasso di crescita aggregato dell'industria italiana si veda il capitolo XII.

47 S. Fenoaltea, *Italy*, in P.K. O'Brien (a cura di), *Railways and the Economic Development of Western Europe*, cit., pp. 49 ss.

48 Vi è ampia evidenza di una forte espansione ciclica degli investimenti in opere pubbliche, come si è visto, nelle nuove serie costruite in S. Fenoaltea, *Le opere pubbliche in Italia*, in «Rivista di Storia Economica», II (1985), pp. 335-369. Anche S. Fenoaltea, *Le costruzioni in Italia, 1861-1913*, in «Rivista di Storia Economica», IV (1987), pp. 1-34.

49 Per una sintetica esposizione di questi legami si veda M. Fratianni-F. Spinelli, *Currency Competition, Fiscal Policy and the Money Supply Process in Italy from Unification to World War I*, in «The Journal of European Economic History», 14 (1985), pp. 473-495.

50 G. Fuà (a cura di), *Lo sviluppo economico*, cit., vol. III, pp. 389-390 e 432-433.

51 G. Brosio - C. Marchese, *Il potere di spendere. Economia e storia della spesa pubblica dall'Unificazione a oggi*, Bologna, Il Mulino, 1986, p. 54. Gli autori notano come si tratti, comunque, di livelli relativamente alti rispetto a quelli di altri paesi soprattutto se si tiene conto del minore livello del reddito italiano (negli stessi anni la spesa francese si colloca attorno al 15 per cento e quella britannica al 12 per cento del prodotto interno lordo).

52 A. Pedone, *Il bilancio dello stato*, in G. Fuà (a cura di), *Lo sviluppo economico in Italia*, cit., vol. II, p. 218.

53 Assai piú opinabile è, invece l'opinione che questa politica abbia contribuito alla creazione di risparmio privato la cui crescita dipende assai piú probabilmente dall'aumento del reddito.

54 *The Progress of Italian Finance*, in «The Economist», 31 gennaio

1903, p. 38, citato in G. Toniolo, *Lo sviluppo economico italiano tra il 1896 e il 1913 visto da Londra: una rassegna del «The Economist»*, in *Rendiconti del comitato per il potenziamento in Venezia degli studi economici*, Padova, CEDAM, vol. II (1970), p. 180.

55 *Italian Budget*, in «The Economist», 14 dicembre 1907, p. 2174, citato in *ibidem*, p. 182.

56 Si veda P. Ciocca, *Note sulla politica monetaria italiana, 1900-1913*, in G. Toniolo (a cura di), *L'economia italiana 1861-1940*, cit., pp. 179-221.

57 *Ibidem*, p. 215.

58 «Il 26 giugno il comm. Stringher aveva firmato il contratto a Parigi (con un consorzio di banchieri francesi, tedeschi e inglesi che si impegna a tenere a disposizione dell'Italia 400 milioni di franchi per fare fronte alle domande di rimborso dei detentori esteri di titoli italiani); il 28 il governo lo aveva ratificato; il 29 la legge per la conversione veniva presentata alla Camera alle tre pomeridiane. La Camera deliberò a scrutinio segreto di discuterla immediatamente; Luzzatti, nominato relatore, presentò la relazione mezz'ora dopo e la legge fu votata alle 5; alle cinque e mezza fu presentata al Senato che la votò alle sei. Alle ore 8 la legge era già firmata dal re e la sera stessa pubblicata sulla «Gazzetta Ufficiale». Questa rapidità era necessaria per impedire qualunque manovra di borsa» (E. Corbino, *Annali dell'economia italiana, 1901-1914*, cit., p. 285).

59 Si tratta di rendita italiana 5 per cento lordo e 4 per cento netto.

60 Nel complesso viene utilizzato meno del 5 per cento delle somme assunte a garanzia dai consorzi internazionale e italiano.

61 P. Ciocca, *Note sulla politica monetaria*, cit., p. 216.

62 *Ibidem*, p. 217.

63 V. Zamagni, *Industrializzazione e squilibri regionali in Italia*, Bologna, Il Mulino, 1978.

64 P.K. O'Brien e G. Toniolo, *How Backward*, cit.

65 Cfr. J.G. Williamson, *Regional Inequality and the Process of National Development: A Description of the Patterns*, in «Economic Development and Cultural Change», 1965.

CAPITOLO UNDICESIMO

L'ECONOMIA DI GUERRA

1. *Guerra e «sviluppo economico moderno»*

La breve descrizione dello «sviluppo economico moderno» fatta all'inizio di questo volume ne ha dato, per l'estrema sinteticità e per l'obiettivo di inquadrare soprattutto gli ordini di grandezza dei fenomeni, una visione «neutrale» rispetto ai grandi problemi dei rapporti tra paesi e classi sociali, certamente riduttiva rispetto allo stesso pensiero di Kuznets al quale si riferiva. Ma al lettore non è certo sfuggito come lo sviluppo proceda necessariamente per grandi e complessi squilibri settoriali, territoriali e distributivi. Il declino relativo dell'agricoltura, la crescita del settore manifatturiero e, all'interno di questo, dei comparti nei quali il progresso tecnico è in grado di generare maggiori guadagni di produttività che abbiamo considerato come caratteri intrinseci e, in qualche modo, fisiologici dello «sviluppo economico moderno» non si attuano senza generare profondi squilibri e rotture sia nei rapporti sociali sui quali si basano le singole collettività nazionali sia nelle relazioni internazionali. È appena il caso di ricordare come il passaggio da un'economia che per comodità abbiamo definito «tradizionale» a una caratterizzata dalla crescita secolare e sostenuta dal reddito per abitante sia sovente accompagnata da cruente rivoluzioni o guerre civili che lasciano cicatrici profonde nel tessuto sociale. A parte questi casi estremi, ancorché non eccezionali, lo stesso processo di riallocazione del capitale e del lavoro verso i settori a produttività piú elevata che costituisce la molla dello «sviluppo economico moderno» implica, di norma, costi sociali e umani tutt'altro che trascurabili. Si è visto, per esempio, nelle pagine precedenti come gli agricoltori abbiano cercato di difendersi, con la dogana e altri strumenti, dall'erosione della rendita e del prestigio ad essa collegato. Questa difesa non solo rallentava la riallocazione delle risorse e lo sviluppo ma accumulava inevitabilmente nei consumatori frustrazioni e risentimenti che costituirono uno degli ingredienti di futuri conflitti sociali. La riallocazione del capitale ai diversi settori raramente avviene nel modo socialmente neutrale previsto dai modelli economici ma passa attraverso contese condotte senza esclusione di colpi tra gruppi di capitalisti desiderosi di accelerare o rallentare i processi in atto accaparrandosi i favori del principe, conquistando il controllo degli intermediari finanziari, creando e disfacendo alleanze, usando ogni mezzo a disposizione per danneggiare l'avversario. Nè si può pensare che la riallocazione del fattore lavoro sia avvenuta in modo indolore. Oltre agli immensi sacrifici che le migrazioni interne e internazionali impongono ai singoli e alle famiglie è appena il caso di ricordare le lacerazioni di equilibri e tradizioni secolari che esse producono con effetti tanto piú esplosivi quanto minore è la stabilità sociale complessiva delle collettività in cui si verificano. Vi è, dunque, nel processo stesso di «sviluppo economico moderno» una carica di conflittualità *endogena* che, sul piano storico, ne costituisce uno degli elementi cruciali. A livello internazionale, lo «sviluppo economico moderno» è tipicamente caratterizzato da un processo di diffusione lento e inuguale che accentua le differenze di reddito e di benessere tra le diverse collettività, stimola processi di «rincorsa» che provocano, a propria volta, reazioni di difesa e contenimento da parte dei paesi già sviluppati che si sentono minacciati dai «nuovi arrivati». Rincorse, difese e reazioni si svolgono in un mondo di risorse scarse e mercati interdipendenti sia per l'approvvigionamento delle materie prime sia per le esportazioni sia, infine, per gli investimenti diretti e di portafoglio e sono strettamente interconnesse alle questioni della supremazia politica, militare e diplomatica, alla determinazione delle «aree di influenza» delle «potenze» di vario rango, alla spartizione dei territori considerati coloniali, all'affermazione dell'identità e dell'indipendenza nazionali. È, pertanto, estremamente arduo scindere tra le cause dei conflitti armati quelle economiche da quelle di altra natura. Tuttavia il carattere *intrinsecamente* squilibrato anche a livello internazionale dello «sviluppo economico moderno» ha fatto ritenere allo stesso Kuznets che i germi della guerra siano ad esso in qualche modo endogeni, anche prescindendo da fattori, pure assai importanti, di carattere politico, nazionale, religioso, culturale, razziale o di altro genere ancora.

Per quanto riguarda specificamente le cause economiche della prima guerra mondiale, non è possibile qui riassumere la vasta letteratura in argomento. In linea generale, è stato ricordato come lo sviluppo particolarmente rapido che caratterizza le economie europee e nordamericane nel ventennio precedente il conflitto rimanga assai concentrato territorialmente. Si allargano pertanto molti degli squilibri esistenti. Al tempo stesso si produce un'internazionalizzazione dei mercati dei beni e dei fattori della produzione di dimensioni sino ad allora sconosciute, che rende, o fa sembrare strategicamente importante il controllo di quote dei mercati medesimi. La guerra appare agli osservatori contemporanei [1] e agli storici come inquadrabile nel processo di sviluppo economico europeo del XIX secolo se solo si consideri l'incontrastato primato industriale e commerciale inglese, dinanzi agli occhi di tutti all'Esposizione Universale di Parigi del 1850, e il rapido crescere, dopo quella data e, soprattutto, dopo il 1871 della sfida produttiva e tecnologica tedesca. A torto o a ragione la situazione viene vista da entrambe le parti in termini di sfida. L'Inghilterra si sente minacciata nei mercati di esportazione soprattutto europei e medio orientali. La Germania soffre della crescente sproporzione tra il proprio sviluppo interno e la propria presenza internazionale non tanto nel settore manifatturiero, in taluni comparti del quale si avvia a un primato tecnologico, quanto sui mercati delle materie prime agricole e industriali la cui domanda interna aumenta rapidamente anche grazie a una forte spinta demografica. Il divaricarsi di queste esigenze costituisce, secondo un'opinione prevalente, il nocciolo delle cause economiche della prima guerra mondiale.

2. *Il problema economico della guerra*

La guerra pone al sistema economico problemi di carattere allocativo e distributivo di proporzioni mai prima sperimentate. Non si può, infatti, contare se non in misura assai limitata di ottenere le risorse necessarie attraverso una crescita del prodotto interno lordo. Ciò sia a causa della quantità di beni e servizi necessari allo sforzo bellico sia perché quest'ultimo rende assai difficile l'aumento del reddito potenziale attraverso una crescita dei fattori della produzione: una quota non irrilevante della forza lavoro deve, infatti, essere sottratta alla produzione per formare l'esercito e le stesse imprese che producono beni capitali devono, in parte, essere convertite alle lavorazioni di materiali di «consumo» bellico. Cosí, ricorda assai lucidamente Einaudi, «il flusso di ricchezza destinato alla condotta della guerra non doveva immaginarsi fosse altro dal flusso annuo del reddito nazionale» e, pertanto, «il problema economico della condotta della guerra stava tutto nel mutare il rapporto tra beni pubblici e beni privati nella ripartizione del flusso del reddito sociale»[2]. Come si vedrà meglio sotto, questo trasferimento di risorse si dimostra, contro le previsioni tanto degli uomini politici quanto degli stati maggiori e degli economisti, di dimensioni colossali e deve, per di piú, venire attuato in un arco di tempo assai limitato. Le spese effettive dello stato che nei vent'anni precedenti la guerra si situano tra il 10 e il 15 per cento del reddito nazionale lordo, con una tendenza in diminuzione durante il primo decennio del secolo, salgono al 59 per cento nel 1918[3]. Stando cosí le cose, l'insieme di strumenti adottato per attuare quest'enorme processo riallocativo — che consenta i mutamenti nella composizione della produzione necessari a soddisfare la domanda creata dalle contingenze belliche — è tutt'altro che neutrale sia rispetto all'efficienza produttiva e alla distribuzione personale del reddito durante la guerra sia rispetto al sentiero di sviluppo che verrà seguito negli anni successivi alla fine delle ostilità. Almeno sino a tutto il Settecento i principali strumenti di riallocazione delle risorse ad uso bellico erano quelli diretti di natura coercitiva, che non implicavano l'intervento di sistemi di intermediazione, quali le requisizioni, le corvées o lavori forzati, il saccheggio. Quest'ultimo costituiva, in forme piú o meno velate, il modo normale di approvvigionamento di eserciti operanti in territorio nemico sino alle guerre napoleoniche ma venne utilizzato anche da truppe operanti tra popolazioni amiche.

Nel primo conflitto mondiale le requisizioni continuano a venire utilizzate ma, data la dimensione e la durata delle ostilità assumono importanza trascurabile. Alle corvées e ai lavori forzati vengono sostituite, su scala assai vasta, forme di controllo del mercato del lavoro delle quali si dirà sotto. Ma gli strumenti allocativi di gran lunga piú importanti divengono, nel 1914-18, l'imposizione fiscale, il debito pubblico e la creazione di moneta con la conseguente inflazione. I singoli belligeranti utilizzano una combinazione diversa di questi strumenti [4]. A favore dello strumento fiscale milita il fatto che, almeno in prima approssimazione, esso non produce inflazione. Secondo Einaudi se «la guerra è condotta crescendo via via le imposte in guisa da coprirne con esse il costo totale corrente», «i prezzi delle cose consumate mediamente non crescono, poiché la quantità richiestane non è mutata; ché il potere di richiesta è stato semplicemente trasferito, senza crescere, dai privati consumatori allo stato» [5]. Un altro vantaggio di questo modo di finanziare la spesa bellica è quello di graduare nel modo ritenuto socialmente piú equo i sacrifici imposti ai privati cittadini dalla guerra stessa. Tra gli svantaggi di questo sistema vi è una probabile diminuzione dell'efficienza produttiva in corrispondenza di aliquote fiscali tanto elevate da eliminare gli incentivi. A tale sistema taluni oppongono anche un'eccezione di carattere etico secondo la quale la generazione che combatte la guerra sopporta sacrifici cosí elevati da rendere equo un trasferimento alle generazioni future di almeno una parte dei costi economici del conflitto. Strumento di tale trasferimento intertemporale è il debito pubblico che consegna a chi sostiene lo sforzo fisico e morale della guerra un potere d'acquisto sulle risorse (il reddito nazionale) che verranno prodotte nei successivi anni di pace. In questo modo verrebbe anche mantenuto un sistema di incentivi atto ad accrescere lo sforzo produttivo. All'obiezione che il debito pubblico ha effetti inflazionistici si deve rispondere che questa non è affatto una conseguenza necessaria sul piano teorico anche se, nei fatti, le condizioni di incertezza in cui si muovono gli operatori nelle circostanze belliche fanno preferire titoli a breve e brevissimo termine che possono facilmente non venire rinnovati ai tassi esistenti obbligando i governi, che non possono elevarli sensibilmente, a monetizzare il debito. Le sole aspettative che ciò si verifichi producono comportamenti di tipo inflazionistico. A favore dell'inflazione quale strumento allocativo milita il fatto che si tratti dell'«imposta» di piú facile esazione — non richiede un voto del parlamento né una burocrazia — e di quella che, nel breve periodo, ottiene il massimo dei consensi. Si tratta anche, nell'ottica di un governo che deve ottenere in poco tempo una grande quantità di risorse, di strumento rapido ed efficiente rispetto allo scopo immediato. Naturalmente, l'inflazione è un'«imposta» assai regressiva e, pertanto, particolarmente iniqua soprattutto perché colpisce coloro che già sopportano i maggiori costi della guerra. Inoltre essa contribuisce a un'ulteriore distorsione nell'uso delle risorse che appare particolarmente indesiderabile nel momento in cui si ritorna a condizioni di pace.

3. *La produzione*

La crescita di circa il 30 per cento realizzata dal prodotto interno lordo italiano tra il 1914 e il 1918 risente in modo decisivo del colossale aumento del reddito della pubblica amministrazione che, come è noto, viene stimato sommando i salari e gli stipendi dei suoi addetti, gonfiati enormemente dalla mobilitazione. È, pertanto, piú significativo limitarsi ad osservare l'andamento della produzione fisica, agricola e industriale.

L'agricoltura italiana produce in media durante il quinquennio bellico (1914-18) una quantità di beni pari grosso modo a quello degli anni 1908-12 [6]. Se si tiene conto che il nucleo dell'esercito è formato da contadini — tanto che si stima siano stati sottratti alla forza lavoro agricola circa 2,6 milioni di maschi di età superiore ai 18 anni [7] — i risultati raggiunti implicano una forte crescita del prodotto per addetto e confermano l'estensione della sotto-occupazione esistente nel settore durante gli anni che precedono la guerra.

La produzione manifatturiera cresce del 30 per cento nel 1915 rispetto all'anno precedente, si mantiene all'incirca sul medesimo livello l'anno successivo per poi diminuire nel 1917 e nel 1918 quando, tuttavia, supera ancora dell'8 per cento quella media del quinquennio prebellico (1908-13).

Se, a livello aggregato, i risultati quantitativi ottenuti dal comparto manifatturiero italiano durante la guerra appaiono tutt'altro che trascurabili, assai piú importanti sono le trasformazioni sia del *mix* produttivo sia delle tecniche adottate e della qualità dei prodotti finiti. Si è detto che una delle critiche mosse alla politica industriale prebellica riguarda la scarsa attenzione dedicata alla meccanica e alla chimica, industrie tipicamente trasformatrici per le quali il nostro paese possiede un potenziale vantaggio comparato. Il fatto che il conflitto appaia subito come «guerra [...] di materiale e di industria» [8] rimuove, ovviamente, ogni vincolo vero o presunto allo sviluppo di tali industrie. Non disponiamo, purtroppo, di valutazioni dell'andamento del valore aggiunto dei diversi settori manifatturieri durante gli anni del conflitto ma le indicazioni che si traggono dalle informazioni esistenti su singoli comparti e imprese non lasciano dubbi sulla dimensione della loro crescita produttiva. «La scarsa dotazione iniziale di artiglierie fu portata, al termine del conflitto, a 7.709 cannoni (rispetto ai 6.690 dell'Inghilterra e agli 11.608 della Francia) e quella delle mitragliatrici da 613 a 19.904» [9]. «Durante il periodo 1913-14, 1918-19 furono dalla marina militare ordinate costruzioni per n. 572 navi» [10] e molto maggiore è lo sforzo per la produzione di mercantili di cui vengono varate ben 180 mila tonnellate. «Le automobili prodotte da 9.200 nel 1914 giunsero a 20.000 nel 1918 mentre si iniziava la fabbricazione su grande scala di autocarri e quella di trattori di impiego militare e si alimentava anche una attiva esportazione» [11]. L'industria aeronautica, praticamente inesistente nel 1913, impiega alla fine della guerra ben 100 mila operai e ha compiuto un balzo tecnico enorme [12]. La chimica, liberata dalla concorrenza della superiore tecnologia tedesca, riduce le produzioni per il consumo civile, in particolare quella dei concimi, ma accresce piú che proporzionalmente quelle di materie necessarie alla fabbricazione di esplosivi [13] anche se continua la necessità di cospicue importazioni.

Sono state citate particolarmente le industrie meccanica e chimica per il ruolo che esse sono destinate ad avere nello sviluppo del paese durante il successivo mezzo secolo. Gli esiti dell'espansione degli investimenti sono di due tipi. Se nel dopoguerra la nuova capacità produttiva può essere utilizzata con bassi costi di riconversione a produrre beni di uso civile la cui domanda è in espansione, si ha un arricchimento complessivo della dotazione di risorse del paese: è il caso, fra gli altri, dei comparti aeronautico, automobilistico, della gomma elastica. Se, viceversa, i costi di conversione sono elevati, come avviene per gli armamenti, o se la capacità produttiva si rivela eccessiva rispetto alla domanda del tempo di pace — è il caso della cantieristica una volta eliminata la guerra sottomarina e allungata di molto la vita media del naviglio — gli investimenti bellici costituiscono, sostanzialmente, una perdita netta di ricchezza con tutti gli effetti di un simile fenomeno sulla vita delle aziende e sull'occupazione.

La domanda di prodotti bellici e, probabilmente, le modalità del suo finanziamento fanno nascere o consolidare talune grandi imprese destinate a essere tra i protagonisti della storia industriale successiva del nostro paese. Basta ricordare la Fiat, appena uscita da una crisi che ne aveva minacciato la sopravvivenza, l'Ilva, la Breda, la Montecatini, la Pirelli. Il caso maggiormente singolare è quello dell'Ansaldo, antica impresa genovese tra le prime a costruire locomotive nel nostro paese, della quale assumono il controllo i fratelli Perrone. Nel 1914, la produzione è stimabile attorno a 215 milioni di lire, con 56 mila addetti. I corrispondenti valori sono, nel 1919, circa 2.000 milioni e 111 mila addetti [14]. La crescita del gruppo Ansaldo, aiutata dalla creazione nel 1914 della Banca Italiana di Sconto ad esso strettamente collegata, dipende in modo decisivo dalle commesse belliche alle numerose società da esso controllate operanti nei settori siderurgico, meccanico, elettromeccanico, navale, aeronautico e dei trasporti marittimi.

4. *L'organizzazione della produzione*

Si è detto che il principale problema economico posto dalla guerra è quello di una rapida riallocazione di risorse a favore delle produzioni giudicate prioritarie. In teoria questo processo riallocativo potrebbe essere lasciato interamente al mercato, una volta trovati i meccanismi finanziari (imposte, debito, circolazione monetaria) capaci di dare allo stato un adeguato potere di comando sulle risorse reali. In pratica si ritiene che senza interventi allocativi diretti si possano verificare strozzature tali da creare ritardi negli approvvigionamenti mentre «il fattore tempo *doveva* avere la precedenza su qualsiasi altra considerazione»[15].

Pertanto, un mese dopo l'entrata in guerra dell'Italia, viene fondato l'Istituto della mobilitazione per consentire al governo di

> imporre o far eseguire opere occorrenti per aumentare la potenzialità degli stabilimenti dell'industria privata [...] requisire per gravi e urgenti necessità anche parte dell'energia elettrica destinata ai servizi pubblici e agli usi privati [...] imporre coattivamente la fabbricazione e la fornitura del materiale necessario ad usi di guerra, su prezzi stabiliti dagli stessi industriali e, in caso di eccessive pretese, dall'Amministrazione militare salvo ricorso a un collegio arbitrale [...]. Piú tardi venne anche stabilito che [...] il competente Ministero avrebbe potuto provvedere indipendentemente dai proprietari anche ad assumere l'esercizio diretto [delle imprese][16].

Per rendere operative queste disposizioni viene costituito un *Comitato supremo* di Ministri e, soprattutto, un Sottosegretariato per le Armi e le Munizioni[17], trasformato poi in Ministero nel giugno 1917. Per quasi tutta la durata del conflitto rimane a capo di quest'amministrazione il generale Alfredo Dallolio il quale riesce a diventare «di fatto quel "dittatore della condotta economica della guerra" che da piú parti si veniva chiedendo»[18]. Si costituisce cosí una nuova burocrazia, articolata anche per Comitati regionali, per l'attribuzione a centinaia di imprese private, di dimensioni e capacità tecnico-produttiva assai diversa, delle ordinazioni del materiale bellico, degli indumenti e delle provviste alimentari necessari all'esercito. Le imprese reputate idonee vengono dichiarate «ausiliarie» e sottoposte a un controllo militare. Ricorda Einaudi che «grandi erano per gli industriali i vantaggi dell'iscrizione nel ruolo degli stabilimenti ausiliari: ottenere che all'esercito combattente fossero, con opportuni esoneri, sottratti gli uomini necessari alla produzione bellica; sottomettere le maestranze cosí ottenute ad una rigorosa disciplina d'indole militare; sopprimere gli scioperi e le agitazioni operaie; determinare i salari e le condizioni di lavoro ad opera arbitrale dei comitati regionali di mobilitazione»[19]. Gli stabilimenti ausiliari sono 221 alla fine del 1915, 932 un anno dopo e 1.976 al termine della guerra, concentrati per il 60 per cento nel «triangolo industriale mentre l'Italia me-

"AUSILIARI"

CALMIERARE = FISSARE I PREZZI

ridionale e insulare ne contava soltanto il 16 per cento»[20].

Per rendere piú rapida l'esecuzione di commesse e contratti, essi vengono svincolati dal vaglio della Corte dei conti, si danno agli industriali cospicui anticipi e rapidi pagamenti per ogni lavoro, si facilita per quanto possibile l'approvvigionamento di materie prime. Inevitabilmente quest'organizzazione burocratizzata e centralizzata, ma al tempo stesso svincolata dalle procedure e dai controlli tipici della pignola burocrazia di pace, si presta a non pochi abusi dei quali resta traccia sia nelle polemiche pubblicistiche del tempo sia nei voluminosi atti della Commissione parlamentare d'inchiesta per le spese di guerra[21]. Il sistema consente indubbiamente a talune imprese di lucrare profitti eccezionali, favorendo quelle di maggiori dimensioni che hanno piú forte capacità contrattuale per il fatto stesso che da esse dipendono forniture consistenti e, pertanto, sempre indispensabili. Tali imprese riescono a ottenere anche una priorità negli approvvigionamenti di materie prime, elemento che diviene sempre piú importante con il prolungarsi delle ostilità[22]. Queste circostanze finiscono, ovviamente, per incentivare processi di fusione e integrazione verticale di imprese dei quali l'esempio piú clamoroso resta quello del gruppo Ansaldo.

Lo stato interviene anche per gli approvvigionamenti di materie prime che devono venire in gran parte importate. Le derrate alimentari di piú largo consumo vengono razionate sia per evitare che una evidente diseguaglianza nei consumi essenziali faccia diminuire il consenso attorno allo sforzo bellico del paese sia, soprattutto, per non fare mancare un'abbondante alimentazione alle truppe combattenti. A questo scopo si requisiscono cereali e bestiame da macello e si crea un vero e proprio sistema di ammassi granari, finanziato dallo stato e gestito in modo da calmierarne i prezzi e da garantire una distribuzione il piú possibile egualitaria. Il calmiere viene esteso ad altri prezzi e si organizza a poco a poco un sistema di contingentamento e distribuzione per zone dei principali prodotti alimentari. Il protrarsi della guerra sottomarina rende, nel 1917, ancora piú acuto il problema degli approvvigionamenti, per cui si decide di consigliare dapprima e poi, nell'ottobre, di imporre l'adozione di una tessera annonaria che, abolita all'armistizio, viene presto reintrodotta e definitivamente soppressa solamente nel giugno 1921. Secondo Einaudi, il sistema si rivela piuttosto efficiente e riscuote un non trascurabile consenso che sarebbe maggiore se non nascessero sospetti che esso dia luogo a favoritismi e se, d'altro lato, non risultasse nei fatti, impossibile assoggettare i contadini al razionamento.

5. *Il finanziamento della guerra*

Le spese effettive dello stato, pari a 2,8 miliardi di lire nel 1913 salgono a 30,8 miliardi di lire correnti nell'esercizio che si chiude il 30 giugno 1919. Deflazionato con l'indice dei prezzi impliciti del prodotto interno lordo, l'incremento risulta pari al 350 per cento in termini reali.

Le spese complessive dello stato tra il 1915 e il 1919 vengono finanziate per circa un quarto dalle imposte [23]. Ciò che rimane è coperto dall'accensione di debiti e dall'emissione di carta moneta. Tra il 1915 e il 1918 vengono emessi cinque grandi prestiti nazionali di guerra, collocati sul mercato da un colossale consorzio bancario guidato dalla Banca d'Italia. I primi tre sono costituiti da titoli a lungo termine (redimibili non prima di 10 e non dopo 25 anni), a tassi che crescono solo lievemente ad ogni emissione. Le ultime due emissioni (gennaio 1917 e gennaio 1918) consistono di titoli inconvertibili per 15 anni ma senza obbligo successivo di rimborso da parte dello stato: si tratta, in pratica, di un prestito consolidato. Tra il 1915 e il 1919 questi prestiti fruttano 13,7 miliardi al netto delle conversioni di singoli titoli in quelli di emissioni successive [24]. Le incertezze relative all'andamento delle operazioni belliche e della congiuntura (in particolare l'andamento dei prezzi) orientano in modo crescente gli operatori verso titoli a breve scadenza: buoni poliennali e annuali del Tesoro. Questi ultimi, utilizzati prima della guerra solamente per coprire momentanei scompensi di cassa nella gestione della tesoreria dello stato, costituiscono una vera e propria «innovazione finanziaria» del periodo: tra il 1915 e il 1919 ne vengono emessi per 14,7 miliardi di lire. Alla fine del conflitto, la struttura temporale dello stock di debito in circolazione risulta composta per quasi il 60 per cento da titoli a breve e medio termine. Poiché si ritiene che una simile caratteristica dell'indebitamento pubblico abbia un carattere inflazionistico, nel gennaio 1920 viene lanciato un grande «prestito di consolidamento» a condizioni tali da attrarre i possessori di buoni del tesoro che vengono, per circa il 40 per cento, convertiti nel nuovo consolidato.

Nel complesso, si può stimare che circa i due terzi della spesa pubblica complessiva del periodo compreso tra il luglio 1915 e il giugno 1919 siano finanziati con le imposte o con l'indebitamento. Il restante ammontare è coperto da anticipazioni e somministrazioni degli istituti di emissione allo stato: nella buona sostanza da un aumento della circolazione. Sospesa, sin dall'agosto 1914, la convertibilità della moneta in oro, vari decreti innalzano il limite delle anticipazioni che la Banca d'Italia e i banchi meridionali sono tenuti a fare allo stato senza obbligo di copertura metallica.

Il ruolo dei tre Istituti di emissione nel finanziamento della guerra non si limita alle anticipazioni al Tesoro. Nota Sraffa che «durante tutta la guerra, in Italia e all'estero i governi avevano spinto all'aumento dei crediti bancari per favorire i prestiti che essi lanciavano» [25]. A questo scopo, le banche di emissione concedono agli istituti di credito e alle imprese anticipazioni su titoli del debito pubblico a condizioni particolarmente favorevoli. Oltre a ciò, gli istituti di emissione finanziano i cosiddetti «Consorzi granari» di cui si è detto sopra e provvedono di liquidità Casse di Risparmio e altre banche minori per evitare che di fronte a una «corsa ai depositi» collochino sul mercato titoli del debito pubblico in quantità tale da deprimerne i corsi, rendendo meno agevole la collocazione delle nuove emissioni.

Nel quadro dei meccanismi di finanziamento della produzione bellica va ricordato, soprattutto per l'importanza che avrà negli anni Venti, il Consorzio Sovvenzioni su Valori Industriali (CSVI) costituito il 20 dicembre 1914 tra i tre istituti di emissione, casse di risparmio e poche altre aziende di credito. Scopo del Consorzio è quello di consentire sovvenzioni bancarie con una sola firma [26] contro pegno di titoli industriali, di materie prime importate e, successivamente, anche di manufatti, nonché lo sconto di note di pegno emesse da magazzini generali e di cambiali industriali a due o piú firme [27]. Il Consorzio, a propria volta, si provvede dei mezzi liquidi eccedenti il proprio limitato capitale riscontando gli effetti [28] presso gli istituti di emissione. Durante gli anni di guerra, queste operazioni sono assai contenute: raggiungono i 47 milioni nel 1918[29]. L'importanza del Consorzio si accresce notevolmente nel dopoguerra.

6. *Prezzi, cambio e bilancia dei pagamenti*

La forte espansione dell'offerta di moneta è, probabilmente, la causa principale dell'elevato tasso di inflazione verificatosi in Italia. Rispetto ai paesi inclusi nella tabella 11.1 l'indice dei prezzi all'ingrosso del nostro paese accelera soprattutto a partire dal 1916-17 quando maggiore è lo sforzo bellico e, successivamente, si fa pesare la sconfitta di Caporetto. Malgrado i controlli amministrativi e l'introduzione delle tessere annonarie, non si riesce a evitare nel 1918 un tasso di inflazione del 49 per cento che si dimostra assai superiore a quello verificatosi nella stessa Germania (21 per cento).

TAB. 11.1. *Indice dei prezzi all'ingrosso in taluni paesi (1914-19)*

	Paesi vincitori			Paese sconfitto	Paesi Neutrali		
	Italia	Francia	Regno Unito	Germania	Spagna	Olanda	Svezia
1914	100	100	100	100	100	100	100
1915	130	135	122	124	120	135	144
1916	190	182	158	147	142	206	183
1917	285	252	205	169	168	232	242
1918	425	329	227	205	207	262	336
1919	465	341	251	393	207	265	328

Fonte: B.R. Mitchell, *European Historical Statistics*, cit., pp. 390-391.

Di fronte a un simile andamento dei prezzi interni rispetto a quelli degli altri principali paesi belligeranti e neutrali e a un disavanzo crescente nei conti correnti con l'estero, appare ancora piú notevole il successo ottenuto nel moderare la svalutazione del valore esterno della lira, dovuto soprattutto alla solidarietà finanziaria instauratasi, non senza difficoltà, tra gli alleati dell'Intesa.

Come si è visto, in «età giolittiana», lo squilibrio della

bilancia commerciale viene compensato, dalle cosiddette partite invisibili e, in particolare, dalle rimesse degli emigrati e dal turismo. Queste voci dell'attivo vengono praticamente inaridendosi durante la guerra mentre si accresce enormemente lo squilibrio commerciale. Le esportazioni coprono il 75 per cento delle importazioni nel 1914, il 55 per cento nel 1915 e solo il 20 per cento nell'ultimo anno di guerra.

Sin dal 1914 si provvede a una regolamentazione del mercato dei cambi operante in regime di chiusura delle borse. Nel dicembre 1917 viene creato l'Istituto nazionale per i cambi con l'estero al quale viene assegnato il monopolio della compravendita di divise estere. Esso inizia le operazioni nel marzo successivo. L'istituto è organizzato da un consorzio tra le tre banche d'emissione, la Banca Commerciale, il Credito Italiano, la Banca Italiana di Sconto e il Banco di Roma. Alla sua presidenza è chiamato il direttore generale della Banca d'Italia, Stringher. Per tutta la durata della guerra, dunque, la lira rimane in un regime di cambi manovrati che ne pilota lentamente la svalutazione rispetto alla sterlina dalle 25 lire pre belliche alle 31-32 attorno alle quali si muove tra il 1915 e il 1916. Nel 1917 c'è un ulteriore scivolamento verso le 34 e 35 lire e un balzo a 41 in corrispondenza della rotta di Caporetto. Dopo l'agosto 1918, quando ormai si profila la vittoria, la lira si rivaluta rapidamente passando da 43 a 30,4 (media del mese di novembre). A parte le fluttuazioni dovute all'incertezza degli eventi bellici, dunque, dopo una svalutazione iniziale, la lira rimane per la durata del conflitto relativamente stabile sul mercato di Londra. Ciò è reso possibile dall'elevato ammontare dei crediti ottenuti dall'Italia dapprima sulla piazza di Londra e, successivamente, su quella di New York per l'acquisto di merci su quei mercati e, entro certi limiti, anche su quelli di paesi neutrali. Alla fine della guerra, l'ammontare totale del debito estero italiano è di 20,6 miliardi di lire oro [30] pari a oltre sette volte il valore delle esportazioni italiane del 1918. È, dunque, la solidarietà finanziaria interalleata — corollario indispensabile di quella bellica — che consente all'Italia l'enorme squilibrio commerciale in un regime di relativa stabilità del cambio ed evita tensioni sui prezzi interni derivanti da forti accrescimenti del valore in lire delle merci importate.

[1] Si veda, ad esempio, J.M. Keynes, *The Economic Consequences of the Peace*, London, Macmillan, 1919, p. 10.

[2] L. Einaudi, *La condotta economica e gli effetti sociali della guerra italiana*, Bari, Laterza, 1933.

[3] G. Fuà (a cura di), *Lo sviluppo economico in Italia*, cit., vol. III, p. 443.

[4] Gli inglesi utilizzano piú degli altri lo strumento fiscale, i francesi il debito pubblico e i tedeschi la stampa dei biglietti.

[5] L. Einaudi, *La condotta economica*, cit., p. 31.

[6] Cfr. G. Fuà (a cura di), *Lo sviluppo economico in Italia*, cit., p. 411. Non abbiamo incluso nella media delle produzioni prebelliche quella relativa all'anno 1913 che è eccezionalmente elevata. Includendola, la produzione agricola degli anni di guerra appare, in media, inferiore al 2,5 per cento a quella del quinquennio precedente.

[7] L. Einaudi, *La condotta economica*, cit, p. 83. Ovviamente si deve notare che «a tanto sacrificio di forza lavoro non si giunge d'un tratto, limitandosi esso alla metà di quei 2,6 milioni nel primo periodo della guerra sino alla fine del 1915, toccando i tre quarti alla fine del 1916 ed il massimo alla fine del 1917» (*ibidem*). Gli esoneri agricoli e le licenze concesse ai soldati nel periodo del raccolto mitigano solo marginalmente il fenomeno della sottrazione di forza lavoro dall'agricoltura.

[8] L. Einaudi, *Cronache economiche e politiche di un trentennio*, vol. I, Torino, Einaudi, 1961, p. 206.

[9] R. Romeo, *Breve storia della grande industria*, cit., p. 118.

[10] Camera dei Deputati, *Relazioni della commissione parlamentare d'inchiesta per le spese di guerra*, Atti Parlamentari, Legislature XXVI, Sessione 1921-23, Roma, 1923, p. 107.

[11] R. Romeo, *Breve storia della grande industria*, cit., p. 118.

[12] Si veda in particolare, oltre alla citata *Commissione parlamentare d'inchiesta* (pp. 247-310), A. Caracciolo, *Crescita e trasformazione della grande industria durante la prima guerra mondiale*, in G. Fuà (a cura di), *Lo sviluppo economico*, cit., pp. 237-238.

[13] L. Einaudi, *La condotta economica*, cit., pp. 75-76.

[14] A. Caracciolo, *Crescita e trasformazione*, cit., p. 230.

[15] Circolare del 27 giugno 1915 del generale Dallolio, citato in *ibidem*, p. 216.

[16] A. De Stefani, *La legislazione economica della guerra*, Bari, Laterza, 1926, pp. 416-417.

[17] Creato l'8 giugno 1915.

[18] A. Caracciolo, *Crescita e trasformazione*, cit., p. 206.

[19] L. Einaudi, *La condotta economica*, cit., p. 105.

[20] A. Caracciolo, *Crescita e trasformazione*, cit., pp. 208-209.

[21] Istituita con la legge 18/7/1920 n. 999, composta da quindici senatori e quindici deputati, la Commissione pubblica il proprio rapporto il 6 febbraio 1923.

[22] Nota giustamente Caracciolo che uno degli elementi a favore delle grandi imprese è costituito anche dalla «ampiezza della consuetudine per la quale si mettevano alla testa degli uffici operanti per conto del governo personalità molto vicine a interessi di private industrie» tra le quali figurano i nomi di Crespi, Ferraris, Conti, Pirelli (A. Caracciolo, *Crescita e trasformazione*, cit., pp. 216-217).

[23] Se si guarda al solo incremento delle spese rispetto a quella del 1913, incremento attribuibile quasi interamente alla guerra, la percentuale di finanziamento con le imposte scende al 19 per cento. I dati utilizzati sono sempre quelli del gruppo Fuà: G. Fuà (a cura di), *Lo sviluppo economico*, cit., pp. 442-443.

[24] Essendo i prestiti emessi a condizioni sempre piú favorevoli viene ogni volta garantito il diritto di conversione nei nuovi titoli ai sottoscrittori di quelli precedentemente emessi.

[25] P. Sraffa, *L'inflazione monetaria in Italia durante e dopo la guerra*, Milano, R. Università di Torino, 1920, p. 16.

[26] Il risconto presso gli istituti di emissione può avvenire, di regola, solo su effetti recanti due firme notoriamente solvibili.

[27] A.M. Biscaini, P. Gnes, A. Roselli, *Origini e sviluppo del Consorzio per Sovvenzioni su Valori Industriali durante il Governatore Stringher*, in «Bancaria», febbraio 1985.

[28] Che avevano, in tal modo, le due firme richieste per la «bancabilità» presso gli Istituti di emissione.

[29] A.M. Biscaini, P. Gnes, A. Roselli, *Origini e sviluppo*, cit., tav. I.

[30] Banca d'Italia, *Adunanza generale ordinaria degli azionisti*, Roma, 1920, p. 12.

CAPITOLO DODICESIMO

LO SVILUPPO ECONOMICO DELL'ITALIA LIBERALE: IPOTESI INTERPRETATIVE

1. *Alcuni, tra i molti, «fatti alla ricerca di una teoria»*

Le pagine che precedono contengono una breve sintesi delle prime fasi dello «sviluppo economico moderno» realizzate nel contesto sociale e politico dell'Italia liberale tra le rivoluzioni del 1848-49 e la pace di Versailles. Le trasformazioni quantitative sono state descritte nei primi quattro capitoli. Quelli successivi contengono una narrazione, assai sintetica, della «storia macroeconomica» del periodo. La scelta dei «fatti» esposti in maggiore o minore dettaglio — frutto, come sempre, delle preferenze o delle «precomprensioni» dell'autore — si è orientata attorno a quelli che mi parevano i piú rilevanti per comprendere tempi e modi del processo di industrializzazione che, all'epoca, è quasi sinonimo di «sviluppo economico moderno» nell'accezione kuznetsiana. Di tali tempi e modi si è dato conto, soprattutto ma non solo nelle parti piú specificamente quantitative, in modo sostanzialmente «fattuale», sovente accennando a importanti problemi interpretativi sottesi dai «fatti» narrati, senza peraltro affrontarli in modo compiuto e sistematico. È giunto il momento di vedere come alcuni «fatti» rilevanti possano muoversi alla ricerca di una teoria esplicativa. Inutile dire che, anche in questo caso, la scelta dell'*explicandum* deriva in parte dal taglio «macro» e di politica economica che si è voluto dare a questa breve sintesi e, in parte, nuovamente dalle preferenze personali dell'autore nel selezionare i problemi e i loro interpreti, escludendo ogni pretesa di completezza anche solo bibliografica.

La questione centrale, alla quale sono riconducibili gran parte delle ipotesi interpretative della storia economica dell'Italia liberale, è quella della «peculiarità» dello sviluppo di questo paese. Poiché ogni «caso» è da molti punti di vista peculiare, il problema è stato posto soprattutto in termini di «modello storico» o di paradigma teorico di riferimento. In altre parole: le analogie piú significative si possono stabilire con il processo di industrializzazione inglese (e, in parte, francese), con la crescita di paesi «ritardatari» quali la Germania, la Russia, il Giappone oppure con un «caso mediterraneo» ancora non perfettamente identificato? Le specifiche questioni che hanno appassionato gli studiosi si inquadrano, in vario modo, in quella piú generale della «peculiarità»: esse riguardano le cause del ristagno economico nei trent'anni successivi all'unificazione, quelle del rapido sviluppo dell'«età giolittiana» e delle sue caratteristiche, le origini e l'acuirsi del cosiddetto «dualismo» tra il Mezzogiorno e il resto del paese, gli effetti delle politiche economiche e, in particolare, di quella doganale. Si tratta di problemi complessi di cui quello economico è soltanto uno degli aspetti: il fatto stesso che si possa definire cronologicamente un'«Italia liberale» alla quale è seguita la reazione della dittatura fascista ha posto in modo globale e drammatico la questione di fondo del fallimento politico e sociale del regime creato con il Risorgimento. E gli interrogativi sulle origini del fascismo non possono che riflettersi anche su quelli relativi alle caratteristiche dell'accumulazione e della crescita del periodo cosiddetto liberale, illuminando di luce nuova la questione della «peculiarità» dello sviluppo economico italiano.

In questo capitolo si cercherà di dare sinteticamente conto della ricerca di alcune teorie (spiegazioni) dei «fatti» che hanno maggiormente interessato gli studiosi. L'ambito della discussione resta limitato all'oggetto strettamente economico di questo volume anche se non sarà possibile evitare il riferimento a un quadro generale assai piú complesso la cui lettura divide tutt'ora gli studiosi.

2. *Ristagno, sviluppo, accumulazione originaria secondo Gramsci e Romeo*

Un primo importante nodo interpretativo del «modello» italiano di «sviluppo economico moderno» è stato centrato sul «tempo» (la cronologia) della crescita come punto di partenza per un'analisi delle sue cause.

Si tratta, anzitutto, di interpretare il ristagno del reddito per abitante durante i primi tre decenni di storia unitaria e la sua rapida crescita nei vent'anni successivi. L'idea marxiana, fatta propria in Inghilterra da molta storiografia *tory*, che una «rivoluzione agraria» indispensabile all'attuazione di un'«accumulazione originaria del capitale» debba *necessariamente* precedere la «rivoluzione industriale» [1] è stata applicata all'analisi del caso italiano da studiosi di ispirazione marxista e liberale. Tra i primi, è d'obbligo riferirsi a Gramsci anche se la sua produzione fu di necessità assai asistematica e appare, pertanto, di non facile sintesi e interpretazione. Pare, comunque, di poter dire che l'insoddisfacente realizzazione delle promesse economiche del Risorgimento tragga origine, per Gramsci [2], appunto da una mancata rivoluzione agraria derivante, a propria volta, dall'incapacità della Destra moderata che guida il movimento politico dell'unificazione di promuovere una completa rivoluzione democratico-borghese conquistando, tramite un'alleanza con le masse contadine, una completa egemonia sociale dopo avere eliminato i corposi residui feudali esistenti nelle campagne. Gramsci, in modo autenticamente marxiano, non nasconde la propria nostalgia per un forte sviluppo borghese-capitalistico — premessa dei mutamenti sociali che conducono al socialismo — e del quale vede traccia troppo debole nell'Italia uscita dal Risorgimento. Il modello di riferimento — visto da Marx nell'Inghilterra della prima rivoluzione industriale che immagina sia stata preceduta da una grande *concentrazione* della ricchezza anche terriera nelle mani di pochi capitalisti — è per Gramsci la Francia rivoluzionaria nella quale l'alleanza tra borghesia e contadini sarebbe stata cementata da una distribuzione delle terre a questi ultimi. Si tratta, pertanto, di un modo sostanzialmente politico di intendere la «rivoluzione agraria» benché essa non manchi di conseguire, anche in questo caso, gli obiettivi classici dell'aumento della produzione e della produttività che conducono all'accumulazione originaria. La rottura del latifondo, infatti, della quale a Gramsci interessano soprattutto gli esiti politici nell'equilibrio di potere tra le classi egemoni, implica un incremento della produttività tanto della terra quanto del lavoro poiché la creazione di una piccola proprietà contadina non manca di produrre effetti di rilievo sull'insieme del sistema degli incentivi. Il maggiore interprete della tradizione gramsciana, Emilio Sereni[3], vi ha aggiunto un elemento assai importante: quello relativo alla formazione di un mercato nazionale che, in assenza di una vera rivoluzione agraria, rimane troppo limitato. Di qui da un lato le difficoltà incontrate dall'industria e, dall'altro, il suo essere necessariamente oligopolistica e il suo appoggiarsi all'intervento dello stato.

Questo modo di interpretare l'insoddisfacente andamento dell'economia italiana dopo l'unità — piú intuito che quantificato poiché non erano disponibili né a Gramsci né a Sereni serie di contabilità nazionale — è stato variamente criticato. Si è detto che non esistono, nell'Italia degli anni Cinquanta e Sessanta, le condizioni interne e internazionali per la realizzazione radicale di una democrazia fondata sull'alleanza tra borghesia e contadini. Ma ciò non invaliderebbe il contenuto economico della tesi gramsciana; ne sposterebbe soltanto le cause da una supposta timidezza della borghesia italiana ai condizionamenti posti dal contesto nel quale si svolge il Risorgimento. Piú importante, dal punto di vista strettamente economico, è chiedersi se una «rivoluzione agraria» basata sulla creazione di una piccola proprietà contadina avrebbe potuto accelerare la crescita del reddito nazionale dopo l'unificazione del paese. Un'analisi «controfattuale» in proposito è impossibile. Va detto tuttavia che gli economisti agrari vedono nell'insufficiente dimensione delle aziende uno dei principali ostacoli alla crescita della produttività in agricoltura[4], né pare che ipotesi di larga diffusione del movimento cooperativo possano essere formulate nel contesto del Mezzogiorno italiano del secolo scorso. Inoltre, è difficile ipotizzare che una distribuzione egualitaria della proprietà e del reddito avrebbe incoraggiato l'accumulazione del capitale da destinare allo sviluppo industriale e la mobilità della forza lavoro dalla campagna alla città. Sullo stesso piano politico-sociale, il sanfedismo delle campagne italiane e l'esperienza francese fanno dubitare del carattere progressista di un'ipotetica *paysannerie* italiana. Un altro ostacolo all'accettazione della teoria gramsciana consiste nel fatto che essa non consente di spiegare, oltre al ristagno dei primi trent'anni, anche il rapido sviluppo del ventennio successivo nel quale certamente non si realizza una «rivoluzione agraria» del tipo postulato dalla teoria stessa.

Va detto, tuttavia, che Gramsci e coloro che ne hanno seguito l'impostazione, in primo luogo Sereni, hanno ambizioni analitiche piú complesse di quelle che sono state loro attribuite nel dibattito tra Romeo e Gerschenkron svoltosi nella seconda metà degli anni Cinquanta. Essi intendono affrontare il nodo strutturale dell'intera storia italiana post-unitaria: la debolezza della borghesia. E ne individuano la causa principale nel fatto che essa ha «compiuto la sua rivoluzione politica senza fondarla in una rivoluzione agraria» [5]. Ma il problema, a ben vedere, sembra essere quello di studiare gli effetti di tale debolezza, piuttosto che di analizzarne compiutamente le cause.

Questa incompiutezza della rivoluzione borghese in Italia avrà non soltanto delle importanti conseguenze politiche, lasciando adito a ritorni offensivi delle vecchie classi dominanti, e mantenendo la loro influenza nella vita politica del paese e nello stesso apparato statale; ma sarà alla base di tutte le difficoltà e di tutte le contraddizioni interne del capitalismo italiano, fino ai tempi piú recenti, acutizzandole e aggravandole. I residui feudali [...] faranno dell'economia italiana un'economia tipicamente ritardataria. [...] Dell'Italia si potrà, per molti decenni, dire quel che Marx diceva della Germania del suo tempo: che essa soffriva ad un tempo del capitalismo e del suo deficiente sviluppo [6].

Si tratta, come si vede, di un'interpretazione complessiva della storia economica e sociale del paese che presenta, quantomeno, numerosi elementi di plausibilità sul piano fattuale e che, pertanto, va tenuta in conto assai maggiore di quanto sia possibile fare nel contesto di un'analisi controfattuale dei possibili vantaggi in termini di produttività e accumulazione del capitale che sarebbero derivati da una rivoluzione agraria del tipo di quella che si suppone, non troppo fondatamente, sia avvenuta nella Francia rivoluzionaria.

In antitesi alla visione gramsciana si muove Romeo, partendo da una visione ottimista dei risultati ottenuti dalla rivoluzione liberale. Coniugando l'impostazione classica della «rivoluzione agraria» quale pre-requisito di quella industriale con teorie dello sviluppo economico diffuse negli anni Cinquanta, lo storico siciliano offre un'interpretazione della cronologia dello sviluppo italiano che, considerato il momento nel quale viene formulata, appare assai interessante. «Il compito che si poneva agli uomini del Risorgimento e che essi risolsero nel modo piú coerente alle condizioni dell'Italia del tempo era — secondo Romeo — di procedere a un potenziamento forzato dell'economia capitalistica cittadina del Nord e all'unificazione del mercato, quali premesse storicamente indispensabili per l'ulteriore riscatto e per la trasformazione delle campagne meridionali» [7]. Era, questa, osserva Romeo un'esigenza oggettiva, derivante dall'arretratezza dell'economia italiana, piú che un programma politico consapevole: ma la realizzazione concreta gli appare tutt'altro che spregevole. Negli anni Sessanta e Settanta si attuerebbe un processo di vera e propria «accumulazione originaria» in agricoltura. Le risorse create da questo processo, tuttavia, sarebbero state dapprima — e correttamente — indirizzate alla creazione di capitale fisso sociale, in primo luogo le ferrovie, indispensabile a generare «economie esterne» in grado di rendere, successivamente, remunerativo l'investimento industriale. E, infatti, esaurita la prima fase di creazione di una rete ferroviaria di base, negli anni Ottanta, il sovrappiú derivante dall'agricoltura avrebbe trovato la strada dell'industria. «Certo — aggiunge Romeo accettando in parte gli argomenti gramsciani sulla debolezza della borghesia italiana — tutto il processo si svolge a lungo su una base di compromesso con gli elementi semifeudali del vecchio mondo agrario specie meridionale» [8] ma, nel complesso, lo sviluppo economico si mette in moto. Esso implica «potenziamento della città a spese della campagna, incremento del Nord a spese del Sud» [9] ma si tratterebbe di condizioni da un lato «temporanee» e, d'altro lato, inevitabili in ogni processo di industrializzazione.

A supporto della propria tesi, che ha il merito di spiegare l'andamento temporale dell'indice della produzione industriale e di prestarsi a verifica empirica, Romeo adduce le serie storiche della contabilità nazionale, appena uscite dalla tipografia dell'ISTAT [10], dalle quali ricava l'impressione che la produzione lorda vendibile dell'agricoltura sia notevolmente aumentata tra il 1861 e il 1880 trovando, in ciò, la conferma dell'esistenza di una «rivoluzione agraria» in grado di generare «accumulazione originaria». Romeo da un lato incorre in talune sviste di interpretazione dei dati e, d'altro lato, non dispone delle revisioni, peraltro modeste, operate successivamente: come si è detto nel primo capitolo, ciò che si sa dell'agricoltura italiana induce a credere che essa abbia compiuto modesti progressi tra il 1861 e il 1880. D'altra parte le ricerche recenti di Fenoaltea mostrano come la quantità e la produttività degli investimenti in opere pubbliche e, in particolare, nelle ferrovie siano cresciute proprio a partire dagli anni Ottanta.

Anche sul piano teorico, questa spiegazione del ritardo e del successivo sviluppo lascia perplessi. L'idea stessa della *necessità* di una «rivoluzione agraria» appare obsoleta. D'altra parte, non viene data alcuna giustificazione della rigida sequenza cronologica ipotizzata tra creazione di capitale fisso sociale e industrializzazione. Se si ritiene che i soli vincoli alla crescita industriale si trovino dal lato dell'offerta di capitali non è facile comprendere le ragioni che rendono tanto importante l'allargamento del mercato attraverso la creazione delle ferrovie. Se, viceversa si dà importanza alla dimensione della domanda — ad esempio per la possibilità di sfruttare economie di scala — non si vede perché l'industria non debba crescere *di pari passo* alla diminuzione dei costi di trasporto prodotta dal diffondersi della ferrovia.

A Romeo va, comunque, attribuito il merito importante di avere proposto, alla fine degli anni Cinquanta, uno schema interpretativo basato su una teoria esplicita e con ambizioni di verificabilità empirica. Nel quadro della storiografia economica italiana ciò costituisce tutt'ora un importante riferimento metodologico. Rosario Romeo è uno dei piú articolati e fini interpreti della tradizione storiografica liberale: ai suoi lavori e, in particolare, alla sua esemplare biografia di Cavour si è fatto sovente riferimento nelle pagine di questo volume. La sua interpretazione dello sviluppo economico italiano, al di là dei problemi analitici e fattuali che solleva, contiene una visione del periodo che — insieme a quella di Gramsci e Sereni, con la quale finisce per avere maggiori punti di contatto di quanti l'autore voglia ammetterne — costituisce un punto di riferimento al quale si è, successivamente, rifatta un'intera generazione di storici.

3. *L'Italia come caso di sviluppo in condizioni di arretratezza: l'interpretazione di Gerschenkron*

Con Alexander Gerschenkron, il «caso» italiano viene ad assumere una propria collocazione nel contesto di una visione complessiva dello sviluppo industriale europeo del diciannovesimo secolo basato sull'idea che «le caratteristiche estremamente varie assunte dal processo di industrializzazione nei vari paesi sono connesse direttamente con il loro grado di arretratezza economica alla vigilia della ''fase di slancio'' del loro sviluppo» [11]. Secondo il grande storico di origine russa, solo nei paesi meno poveri, in sostanza solo in Inghilterra, lo sviluppo industriale segue il modello «classico» basato sull'accumulazione del capitale in agricoltura e sul trasferimento delle risorse da questa all'industria tramite strumenti che utilizzano le sole forze del mercato. In questo caso, la crescita industriale è piuttosto lenta, non presenta importanti discontinuità e viene sostenuta dai settori che producono beni di consumo, in particolare da quello tessile. A mano a mano che si procede da ovest a est e a sud-est si incontrano, nell'Europa del secolo scorso, condizioni di crescente arretratezza economica e, pertanto, ostacoli sempre maggiori all'industrializzazione. Si tratta sia di una forte ostilità politico-sociale ai mutamenti che si accompagnano allo sviluppo industriale, sia di difficoltà di carattere strettamente economico quali la scarsa produttività dell'agricoltura, il basso tasso di risparmio, la rarità di talenti imprenditoriali e di manodopera adatta a svolgere le mansioni richieste. Risulta, pertanto, difficile o impossibile la riproduzione del meccanismo «classico» di accumulazione. D'altra parte, la stessa arretratezza e l'esempio dei paesi che già hanno avviato uno sviluppo industriale rende tale sviluppo attraente creando una tensione tra la «promessa» del nuovo e la paura di rompere il vecchio ordine. Quando tale tensione si fa piú sentita, la società sviluppa «agenti dell'industrializzazione» che sostituiscono i «prerequisiti» classici dell'accumulazione originaria basata su di una rivoluzione agraria nel processo di allocazione delle risorse ai settori manifatturieri maggiormente promettenti. Tali agenti sono individuati nelle «banche miste» di tipo tedesco per i paesi di moderata arretratezza (quali la Germania e l'Italia) e nello stato in quelli fortemente arretrati (quali la Bulgaria e la Russia). Data la concorrenza dei paesi piú avanzati, quelli arretrati adottano in molti comparti le tecniche piú moderne sovente di tipo «risparmiatore di lavoro», per la scarsità di questo fattore alla quale si è fatto cenno. Questi paesi tendono a concentrare gli investimenti nei settori nei quali il progresso tecnico è stato particolarmente rapido: di qui un «grande slancio» dell'industrializzazione che, una volta avviata, tende ad essere piú rapida di quella dei paesi che hanno preceduto [12].

Nel caso italiano «agenti dell'industrializzazione» sono le banche tedesche — Commerciale e Credito Italiano — la cui fondazione tra il 1894 e il 1895 spiega la cronologia dello sviluppo. L'indice della produzione industriale italiana costruito da Gerschenkron, al quale si è fatto piú volte riferimento nei precedenti capitoli, mostra come la crescita dell'industria manifatturiera italiana acceleri fortemente a partire dal 1896 e sia piú rapida di quella di molti paesi che hanno attraversato analoghe fasi di sviluppo in epoche precedenti; a conferma della tesi sulla scelta delle tecniche, egli osserva la *performance* particolarmente buona dei settori «moderni» produttori di beni intermedi e di investimento, in particolare di quelli chimico e meccanico.

Si tratta di una spiegazione dei tempi e delle caratteristiche del processo di sviluppo industriale italiano che possiede l'eleganza della semplicità e il fascino della coerenza con un «modello» in grado di abbracciare l'intera storia economica europea del secolo scorso. Ma anche quest'analisi non manca di punti deboli. Resta, anzitutto, da spiegare lo sviluppo degli anni Ottanta giudicato «moderato» da Gerschenkron [13] ma assai piú pronunciato secondo Fenoaltea. Ma, soprattutto, è necessario valutare attentamente il ruolo delle banche. Il monumentale lavoro di Confalonieri [14] evidenzia da un lato l'attività di promozione della grande industria, oltre che dell'edilizia e delle ferrovie, svolta dagli istituti di credito di origine o ispirazione francese (Credito Mobiliare e Banca Generale) e, d'altro lato, che le partecipazioni industriali della Commerciale e del Credito Italiano, prima della guerra, sono assai meno importanti di quanto si credesse, con la probabile eccezione del comparto elettrico. In prima approssimazione pare, pertanto, difficile accettare tanto che il ristagno degli anni precedenti il 1896, comunque valutato, sia dovuto alla mancanza di intermediari adeguati quanto che lo sviluppo successivo dipenda da innovazioni finanziarie la cui portata va, probabilmente, ridimensionata.

4. *Il ciclo economico secondo Fenoaltea*

Il contributo di Fenoaltea al dibattito sul processo di industrializzazione italiano tra il 1861 e il 1913 è uno dei piú fecondi sia sul piano teorico sia su quello dell'analisi empirica. Quest'ultima prende l'avvio con la costruzione di un indice aggregato della produzione industriale, portata a termine nel 1967 [15] ma pubblicato solo recentemente [16], per continuare successivamente in una serie di analisi settoriali di precisione monumentale, alcune delle quali, come si è visto, sono apparse di recente mentre altre sono in via di completamento. L'obiettivo finale di questi studi di settore è la costruzione di un nuovo indice assai piú affidabile del precedente sulla base del quale l'autore intende impostare una riconsiderazione complessiva dell'industrializzazione italiana durante la seconda metà del secolo scorso: le idee espresse sin qua da Fenoaltea costituiscono, pertanto, secondo l'autore, contributi a un dibattito non definitivo e in via di continuo aggiornamento.

Fenoaltea rifiuta di accettare formule imprecise e poco operative quali quelle adombrate da parole quali «decollo», «grande slancio», «continuità», «discontinuità», «prerequisito» e simili [17]. A suo modo di vedere «il ciclo industriale riflette in generale l'andamento della produzione meccanica e si muove parallelamente al ciclo della domanda (privata) di beni durevoli» [18]. Questa domanda è particolarmente sensibile alle aspettative imprenditoriali che Fenoaltea vede, nei suoi primi lavori [19], legate al clima politico piú o meno favorevole agli interessi dell'industria. I mutamenti politici inducono «mutamenti nella percezione del rischio relativo all'investimento industriale» inducendo variazioni nel rapporto desiderato capitale/prodotto che si riflettono sull'andamento della domanda di beni durevoli prodotti dall'industria meccanica [20].

Secondo Fenoaltea «la visione agraria della Destra si riflesse sulla legislazione; gli industriali si sentirono politicamente impotenti e particolarmente maltrattati dalla politica commerciale»[21]: di qui il basso tasso di crescita della domanda di investimenti e della produzione industriale sino alla fine degli anni Settanta. Dopo la «rivoluzione parlamentare» e la legislazione tariffaria del 1878, «la benevolenza dimostrata dall'amministrazione depretisiana verso gli interessi industriali sembra sia servita molto per rafforzare la fiducia imprenditoriale; al progressivo aumento delle prospettive di profitto industriale (netto da rischio) pare di poter attribuire l'ondata di acquisti di attrezzatura durevole che fu la causa prossima dell'accelerazione dell'espansione industriale»[22] evidente nell'indice di Fenoaltea a partire dal 1879. «La sostituzione di Crispi a Depretis segnò l'inizio di un periodo di amore della politica per la politica»[23]: l'industria trovò Roma meno attenta alle proprie esigenze. Il declino della produzione, tuttavia, è attribuibile solo in parte al deteriorarsi delle aspettative politiche degli imprenditori poiché la crescita degli anni Ottanta non sembra avere «messo in moto effetti indiretti tramite il moltiplicatore/acceleratore che avrebbero potuto sostenerla», una riduzione degli investimenti appare, dunque, inevitabile anche se «le perdite di fiducia imprenditoriale indotte esogenamente senza dubbio resero la depressione piú lunga e profonda di quanto sarebbe stata altrimenti»[24]. In modo analogo, Fenoaltea attribuisce «solo parte del boom verificatosi nel periodo giolittiano all'effetto economico del terzo grande mutamento politico del periodo che stiamo considerando; gran parte dell'onda crescente fu dovuta a un effetto ritardato dei precedenti mutamenti politici, trasmesso ancora una volta dalla longevità dei beni di investimento»[25]. Ed è questo il nocciolo dell'analisi di Fenoaltea: un normale andamento ciclico della produzione industriale, interpretabile con uno dei modelli derivati da Harrod-Domar utilizzati negli anni Sessanta, è stato amplificato sia nelle fasi espansive sia in quelle recessive da mutamenti politici sufficientemente radicali da indurre cambiamenti di segno nelle aspettative degli imprenditori. «Se il cambiamento dalla Destra a Depretis non avesse spinto la domanda di investimento al di sopra del suo tasso sostenibile, questo non si sarebbe abbassato piú tardi; se la sostituzione di Crispi a Depretis non l'avesse spinto ancora piú in basso, non avrebbe potuto rimbalzare molto piú in su; e se Giolitti non avesse ristabilito la tranquillità e la fiducia imprenditoriale la nuova reflazione non si sarebbe mutata in uno sviluppo cosí rapido»[26].

Ciò che lascia forse maggiormente perplessi di questa interpretazione delle relazioni tra ciclo economico e ciclo politico è il fatto che l'autore la proponga pur essendo assai critico sull'efficacia della politica economica del tempo tanto da asserire che «l'effetto piú importante dei mutamenti di politica non fu quello diretto e progettato [...] ma quello indiretto e non progettato [...] che essi ebbero come presagi di eventi futuri e come segnali della mutevole probabilità di una legislazione favorevole o sfavorevole»[27]. Trattandosi in ciascun caso di intervalli temporali che coprono almeno l'arco di un decennio, non è molto chiara la ragione per cui gli imprenditori non adattino le proprie aspettative ai risultati tangibili degli interventi governativi, almeno sino al 1887 quando l'introduzione di un provvedimento doganale che Fenoaltea giudica nocivo coincide con un mutamento generale di clima politico anch'esso considerato sfavorevole all'industria. L'imprenditore di Fenoaltea sembra reagire piú ai discorsi parlamentari e ai proclami ideologici che ai concreti risultati, anno dopo anno, delle politiche economiche: le sue aspettative non sembrano essere né adattive né razionali; malgrado l'esperienza egli continua ad agire — irrazionalmente, date le ipotesi di inefficienza e inefficacia degli interventi pubblici — sulla base del «clima ideologico-politico» a volta a volta prevalente. Quest'ipotesi non è, ovviamente, verificabile sul terreno empirico. Va aggiunto che essa è ritenuta in tutto o in parte superata dallo stesso autore il quale ha recentemente proposto una spiegazione del ciclo industriale italiano legata all'andamento dei mercati internazionali dei capitali[28].

Pare a Fenoaltea di poter dire che l'Italia sia, nel secolo scorso, un paese aperto al capitale straniero e, nel complesso, sufficientemente piccolo da non essere in grado di influenzare il tasso di interesse prevalente sui mercati, al netto del rischio. Essa, dunque, partecipa al ciclo finanziario mondiale che sembra abbia avuto un andamento speculare rispetto al ciclo dell'investimento interno (soprattutto in opere pubbliche e nell'edilizia) del Regno Unito, il principale paese prestatore. Inserita in un mercato di questo genere, l'Italia partecipa, insieme ai paesi «nuovi», alle sue fluttuazioni. In effetti, il ciclo dell'investimento internazionale è sincrono con quello italiano. Quest'ipotesi si presta meglio della precedente a verifiche empiriche che devono, tuttavia, essere ancora tentate: nel frattempo si potrebbe notare come, indipendentemente da possibili risultati empirici, l'andamento del ciclo internazionale potrebbe avere condizionato le aspettative degli imprenditori italiani piú di un generico «clima politico interno».

5. *Le interpretazioni di Cafagna e Bonelli*

Spiegazioni di tipo sostanzialmente monocausale quali quelle ricordate sino a questo punto sono attraenti per la loro brillante semplicità e per la possibilità di essere accettate o respinte sulla base di analisi empiriche ma vengono criticate dagli storici per l'eccesso di semplificazione della realtà che inevitabilmente comportano[29]. Una visione piú articolata del processo di industrializzazione italiano emerge, certamente, dai lavori di Cafagna e di Bonelli. Il primo si segnala soprattutto per un'analisi disaggregata almeno a due settori: quello definibile come «tradizionale» (tessile e, in particolare, serico) e quello «moderno» o «nuovo» incorporante le tecniche sviluppate soprattutto nell'ultima parte dell'Ottocento[30]. Il settore tradizionale si caratterizza per un *trend* di sviluppo uniformemente accelerato iniziato assai prima dell'unificazione, basato su «vantaggi dell'arretratezza» quali l'integrazione agricoltura-industria che caratterizza la filatura della seta e l'esistenza di una domanda estera proveniente da paesi già sviluppati. Per il settore moderno, Cafagna accoglie in parte la tesi di Romeo per quanto riguarda il ruolo dello stato e l'importanza della dimensione del mercato, senza, tuttavia, inserirla in un quadro teorico nel quale giochi un ruolo la cosiddetta «accumulazione originaria».

Anche Bonelli[31] rifiuta la cesura del 1861 ritenendo indispensabile rifarsi agli effetti prodotti sul commercio estero italiano dallo sviluppo degli altri paesi dei quali il nostro diviene fornitore di prodotti primari. La crescita del reddito che ne deriva avvia una lenta trasformazione della struttura produttiva del paese che esclude si possa parlare di «decollo» in senso rostowiano e che giungerà a compimento solo nella seconda parte del ventesimo secolo. Dato il basso livello del reddito e dei consumi pro-capite, la domanda privata non può svolgere il ruolo paragonabile a quello che molti studiosi le attribuiscono nella cosiddetta «prima rivoluzione industriale» inglese. La domanda pubblica assume, pertanto, un ruolo piú importante che in altri paesi. Sino all'inizio degli anni Ottanta l'avanzo della bilancia dei pagamenti correnti consente il pagamento degli interessi del debito pubblico collocato all'estero permettendo allo stato di disporre di risorse per la propria organizzazione e per la creazione delle infrastrutture; l'analogia con la tesi di Romeo è evidente anche perché l'avanzo commerciale si sarebbe formato soprattutto grazie all'esportazione di prodotti primari. Con la «grande depressione» causata dalla concorrenza dei cereali americani sui mercati europei, il «modello di sviluppo» deve necessariamente mutare: la tariffa del 1887 consente di rimpiazzare la domanda estera con un processo di sostituzione delle importazioni. Nel caso dell'industria cotoniera, la protezione doganale è sufficiente a consentire un tasso di crescita piuttosto sostenuto. Per molti comparti piú «moderni» — in particolare siderurgia e cantieristica — al dazio deve aggiungersi il sussidio soprattutto nelle forme delle commesse e, quando necessario, del credito, diretto o indiretto, di ultima istanza. Su quest'ultimo aspetto l'analisi di Bonelli è particolarmente interessante per la competenza con cui descrive i legami di collaborazione implicita instauratisi a partire dal 1900 tra lo stato e le grandi banche attraverso la mediazione del principale istituto di emissione. Per questi motivi si crea un dualismo nelle caratteristiche e nelle cause settoriali dello sviluppo assai simile a quello descritto da Cafagna. La parte piú solida della visione di Bonelli è, probabilmente, quella relativa al funzionamento del mercato finanziario dopo la crisi bancaria di fine secolo. Tutto il resto è plausibile ma confortato da scarse analisi empiriche: in particolare ciò che sappiamo del commercio estero italiano appare assolutamente insufficiente a fondare il ruolo importante che Bonelli gli attribuisce. Altrettanto può dirsi dell'andamento del settore «tradizionale» rispetto a quello «moderno»: a questo proposito, le ricerche in corso da parte di Fenoaltea saranno in grado di chiarire numerosi interrogativi.

6. *Il ruolo della politica economica*

Gran parte del dibattito sullo sviluppo economico italiano ruota attorno al ruolo giocato dallo stato. Anche i fautori del *laissez faire* vedono nel governo un «agente» indispensabile quantomeno alla promozione delle infrastrutture, soprattutto di trasporto, giudicate particolarmente importanti nelle condizioni di arretratezza e di segmentazione del mercato nazionale esistenti nel 1860: Cavour, come si è visto, non ha dubbi in proposito. Si tratta, tuttavia, di capire se il migliore ruolo che lo stato può svolgere nelle condizioni storiche dell'Italia nella seconda metà dell'Ottocento sia quello di «liberare le forze del mercato», cioè di garantire a produttori e consumatori un ambiente libero da vincoli nel quale ciascuno possa operare massimizzando profitti e utilità quale unico modo per ottenere anche la massimizzazione del reddito nazionale o se ci si trovi di fronte a un caso evidente di «fallimento del mercato» che postuli interventi dello stato volti ad allocare le risorse in modo ritenuto piú efficiente rispetto all'obiettivo della massimizzazione della crescita nel lungo periodo.

La questione si è posta soprattutto rispetto alla politica doganale e a quella delle commesse pubbliche di favore all'industria nazionale che costituiscono, nel secolo scorso, i principali strumenti allocativi a disposizione dei governi. Sin dal 1847, nel corso di un viaggio in Italia, Cobden, campione del liberoscambismo inglese, ammonisce «cortesemente D'Azeglio che "il vapore degli italiani è il loro sole"»[32]. In altre parole, esiste uno specifico insieme di «vantaggi comparati» del paese che va lasciato libero di produrre tutti gli effetti di cui è potenzialmente capace. Cent'anni dopo, il medesimo concetto viene esposto alla Commissione Economica della Costituente, che raccoglie le opinioni circa il modo migliore di formulare la politica economica del dopoguerra, da industriali del settore tessile. Per l'intero arco secolare che vede la trasformazione dell'Italia da paese agricolo a moderna potenza industriale, l'agguerrita pattuglia liberista non cessa di levare la propria voce contro i guasti prodotti dalla dogana e, in genere, dall'intervento dello stato nelle scelte allocative. L'ipotesi teorica è radicale: il mercato alloca le risorse in modo ottimo. La valutazione storica è che l'Italia possiede un vantaggio comparato nel clima e nell'abbondanza di lavoro. Se, dunque, le forze del mercato verranno lasciate libere di agire si verificherà una specializzazione nei prodotti dell'agricoltura mediterranea e nelle industrie manifatturiere a elevata intensità di lavoro (seta, anzitutto, ma anche lana, cotone, trasformazioni agricole, meccanica leggera e simili). Le esportazioni di questi prodotti costituiranno il modo piú efficiente di utilizzare le risorse nazionali per ottenere beni intermedi e di investimento che all'estero hanno costi di produzione piú bassi. Sulla base di questa filosofia, la polemica liberista è particolarmente dura verso la tariffa doganale del 1887 [33]: il dazio sul grano e quello sui prodotti siderurgici sono quanto di piú dannoso si possa pensare per l'economia italiana.

A conclusioni analoghe giunge Gerschenkron, pur rifiutando il dogmatismo liberista. «È innegabile — egli dice — che, almeno in linea di principio, l'industrializzazione italiana avrebbe potuto essere agevolata da una tariffa impostata e attuata razionalmente» [34]. La scarsità di carbone suggeriva di «dedicarsi soprattutto a quei settori industriali nei quali le spese per il carbone erano poco elevate in relazione agli altri elementi di costo. Inoltre, un paese arretrato, cosí scarsamente dotato di risorse naturali, avrebbe dovuto avvertire in modo particolare la necessità di sviluppare nuovi metodi di lavorazione e nuove industrie. Da questo punto di vista il settore che offriva prospettive migliori era quello, vasto e multiforme, dell'industria meccanica» [35]. Si fa, invece, esattamente il contrario. Da un lato si espone «la tenera pianticella dello sviluppo industriale ai rigori di un clima protezionistico in agricoltura» [36], d'altro lato si favorisce la siderurgia, consumatrice di carbone per eccellenza, a spese dell'industria meccanica per la quale i dazi non sembrano compensare i maggiori costi degli *input* di ferro e acciaio. L'argomento è ripreso da Fenoaltea il quale tuttavia non sottolinea tanto l'insufficiente «protezione effettiva» che impedisce alla meccanica di attuare un consistente processo di sostituzione delle importazioni quanto la diminuita competitività delle esportazioni italiane di prodotti meccanici, sempre a causa del dazio su quelli siderurgici. «Di fronte alla provata elasticità dell'offerta dell'industria (meccanica) e alla nota elasticità della domanda internazionale» la cessazione dello svantaggio in termini di costo degli *input* «avrebbe potuto aprire la strada a sostenute esportazioni e cosí allo sviluppo della produzione [...] e la depressione crispina, attribuibile precisamente all'impossibilità di trovare sbocchi remunerativi nei mercati esteri per sostituire la domanda interna in rapida contrazione, avrebbe potuto certamente essere in gran parte evitata» [37]. Anche per Fenoaltea, una politica ben costruita avrebbe sortito risultati migliori non solo di quelli effettivamente ottenuti ma anche di quelli ipotizzabili in regime di *laissez faire*.

A proposito della tesi di Gerschenkron, va detto che la protezione effettiva dell'industria meccanica non è mai negativa e che la sostituzione del dazio con un sussidio alla produzione siderurgica (onde evitare la perdita del valore aggiunto di questo settore) avrebbe, nel migliore dei casi, innalzato del 7 per cento il *livello* complessivo della produzione industriale raggiunto nel 1908 [38]. In ogni caso la storia economica italiana non sarebbe stata significativamente diversa con una piú razionale politica tariffaria. Quanto a Fenoaltea, bisogna osservare che le elevate elasticità di offerta e di domanda che egli dà per scontate sono ancora tutte da dimostrare. Durante il «boom» degli investimenti in «età giolittiana», la sensazione che si ricava è proprio quella di un'industria meccanica tecnicamente non in grado di adeguare l'offerta alla rapida crescita della domanda di beni di investimento. Quanto all'occasione perduta di sostenere la produzione con esportazioni meccaniche durante la crisi crispina, non si può dimenticare che in quegli anni tutti i paesi europei difendono il proprio mercato nazionale innalzando elevate barriere doganali per cui non è facile ipotizzare che la concorrenza dei prodotti italiani sarebbe stata, essa sola, tranquillamente accettata.

I difensori piú coerenti della dogana e, in genere, della promozione della grande industria pesante si trovano nelle file dei nazionalisti. Gli scritti, numerosissimi, di Filippo Carli sono esemplari in proposito [39]. Gli argomenti sono in parte quelli listiani della «protezione dell'industria nascente» in presenza di economie di scala e di processi di «imparare facendo» *già* sfruttati da paesi concorrenti avviatisi per primi sulla via dello sviluppo. Le giustificazioni di fondo della scelta protezionista si ritrovano nell'esigenza che ogni grande paese ha di dipendere il meno possibile da altri sul piano economico e, dunque, di non lasciare troppi zeri nella propria tavola delle interdipendenze settoriali. I protezionisti possono vantare alcuni risultati tecnici ed economici non disprezzabili e gli storici che fanno osservare come, dopotutto, lo sviluppo della grande industria e, in generale, del capitalismo italiano non siano, nel 1915, piccola cosa vedono nelle scelte compiute durante gli anni Settanta e Ottanta l'origine di quanto di moderno esiste in questo paese all'indomani della prima guerra mondiale. «L'abbrivio che il protezionismo imprime alla modernizzazione intellettuale della borghesia italiana — scrive Lanaro — non è, comunque, limitato all'attenzione per il progresso tecnico-scientifico utile alla produzione: è piú latamente impulso a reagire, in piena armonia con il clima positivistico, contro l'astratto, il codificato, il dogmatico, in nome di una cultura di "cose", di esplorazioni, di esperienze»[40]. Su questo piano, evidentemente, la valutazione della politica economica esce dall'ambito latamente tecnico per investire questioni assai piú generali, e importanti, che vanno dall'ambiente (l'ideologia dello sviluppo) alle valutazioni dei risultati raggiunti dall'economia italiana all'indomani della guerra, alle cause stesse dello sbocco autoritario dell'Italia liberale.

7. *Sviluppo e «questione meridionale»*

Lo «sviluppo economico moderno» caratteristicamente tende ad allargare il divario, misurabile in termini di reddito per abitante, tra le aree nelle quali esso ha luogo e quelle nelle quali non è ancora cominciato o sta lentamente avviandosi. Ci si è riferiti piú volte in queste pagine a paesi che si industrializzano «in ritardo» o semplicemente «arretrati» rispetto a quelli nei quali lo «sviluppo economico moderno» è di piú antica data. Il riferimento a «paesi» piuttosto che a singole aree regionali è stato giustificato all'inizio ma è chiaro che, dal punto di vista della diffusione territoriale, lo sviluppo non rispetta i confini nazionali e che squilibri economici regionali all'interno dei singoli paesi hanno cause analoghe a quelle che determinano gli squilibri tra paesi. Un «dualismo economico territoriale» di qualche tipo caratterizza quasi tutti i casi nazionali di industrializzazione durante il diciannovesimo secolo. Detto questo, bisogna subito aggiungere che il divario nel reddito per abitante tra Settentrione e Mezzogiorno d'Italia ha caratteri quantitativamente eccezionali sia per ampiezza sia per durata: una «questione meridionale» è tutt'ora aperta, anche se in termini diversi da quelli che si pongono nel periodo di cui ci occupiamo. L'allargamento e la persistenza del «dualismo territoriale» costituiscono, pertanto, uno dei tratti che maggiormente caratterizzano il «caso italiano» di «sviluppo economico moderno» tanto che talvolta questione meridionale e sviluppo sono stati identificati come un unico problema: le tesi gramsciane di cui si è detto costituiscono un esempio in proposito.

Sulle origini dello squilibrio territoriale vi sono, schematicamente, due opinioni [41]. La prima nasce immediatamente dopo l'unificazione e attribuisce a quest'ultima e alle politiche «piemontesi» la povertà del Mezzogiorno rispetto al resto del paese. La tesi piú radicale è quella dello sfruttamento coloniale di un Sud prospero da parte del Nord il cui solo merito è stato quello di trovarsi dalla parte vincente nella guerra franco-austriaca del 1859 [42]. Essa ha avuto scarso seguito. Assai importante, viceversa, è il filone che si rifà a Nitti secondo il quale l'unità è stata seguita da un drenaggio netto di risorse dal Mezzogiorno, soprattutto continentale, al nord attraverso la politica fiscale e il ruolo delle banche [43]. Opposta a quella di Nitti è l'opinione di Fortunato secondo il quale «tutti credevano che la terra promessa, colma di tutti i doni celesti, a' quali male aveva corrisposto la fiacchezza degli abitanti, fosse appunto il Mezzogiorno» mentre è necessario convincersi che si tratta di un paese «che dalla geografia e dalla storia fu per secoli condannato alla miseria: miseria economica e miseria morale, piú triste dell'altra, da cui soltanto l'unità politica, mossa dal sentimento della comune difesa, può redimerlo» [44]. L'opinione oggi prevalente su questo specifico punto sembra essere piú vicina a quella di Fortunato, anche se manca uno studio di sintesi sul divario economico tra Nord e Sud negli anni Cinquanta del secolo scorso. D'altra parte, non pochi studiosi dissentono con l'opinione di Saraceno secondo il quale «si deve riconoscere che l'unificazione non mancò di introdurre immediatamente nel Mezzogiorno rilevanti elementi di progresso economico» [45].

Comunque si veda il problema delle origini, resta quello del probabile (ancorché mai quantificato) aumento del divario economico interregionale dopo l'unificazione. Le cause di questo fenomeno sono state individuate dalla tradizione liberista nel «modello di sviluppo» imboccato dal paese. La creazione di grandi imprese con l'aiuto determinante della dogana e delle commesse pubbliche, il dazio sul grano, la politica delle infrastrutture, i legami stabilitisi tra «alta banca» e industria pesante sono visti come elementi di un unico modo di promuovere la crescita del paese servendo gli interessi del Nord a spese di quelli del Mezzogiorno. Non importa, allora, se vi sia o meno un disegno esplicito per trasferire risorse dall'area meno sviluppata a quella piú ricca: l'organizzazione che si è data all'economia implica inevitabilmente un allargarsi del divario interregionale. Nel giudizio dell'*Unità* di Salvemini e della *Riforma Sociale* di Einaudi la politica economica *tout court* e quella specificamente volta a migliorare le condizioni del Sud sono la medesima cosa. Non servono, secondo questo punto di vista, importanti interventi straordinari, è sufficiente adottare un sistema tributario equo, lasciare spazio ai vantaggi comparati delle aree meridionali, consentire che si sviluppino naturalmente condizioni profittevoli di investimento che le banche locali sapranno adeguatamente sostenere. È, questa, l'interpretazione «classica» del dualismo che ne fa una cosa sola con le caratteristiche del meccanismo di accumulazione complessivo e, sovente, con lo stesso esito politico dell'Italia liberale nella dittatura fascista [46].

Sulle cause strutturali del dualismo si è indagato assai poco. Merito di Cafagna [47] è l'avere posto in luce la scarsa complementarietà dei mercati settentrionale e meridionale e la perifericità di quest'ultimo anche a causa dell'elevato costo e della scarsa affidabilità del trasporto ferroviario per tutto il periodo del quale ci stiamo occupando [48]. Indipendentemente da queste condizioni, sarebbe utile riflettere sugli effetti comunque squilibranti di uno sviluppo economico che si realizzi in presenza di un divario di reddito *già* esistente, se solo si ipotizzino rendimenti crescenti dovuti a economie dinamiche di scala e di agglomerazione, a processi di «imparare facendo» e a simili altri fattori. Se si pensa a queste condizioni non pare molto probabile che il libero gioco delle forze di mercato sarebbe riuscito, almeno nell'arco di tempo desiderato, a risolvere la «questione meridionale». La soluzione del problema implica, secondo una nota tesi di Saraceno, l'adozione di speciali misure «per aumentare la produttività delle sezioni piú deboli dell'economia integrata» [49]: non è, tuttavia, agevole dire quali possano essere tali misure nel contesto storico di cui ci occupiamo. Tutta la storiografia sulla questione meridionale soffre di un'acuta carenza di quantificazione. Il solo lavoro importante esistente in argomento è quello di Vera Zamagni [50] — che ricostruisce, tra l'altro, per il 1911 stime disaggregate del reddito regionale — dal quale emerge una certa conferma dell'importanza, tra le cause del dualismo, del comportamento oligopolistico delle imprese dovuto, a sua volta, alla ristrettezza del mercato. Benché ognuno riconosca che la «questione meridionale» è questione nazionale e benché i lavori a essa dedicati possano riempire un'intera biblioteca, molte delle domande che l'economista si pone sulle dimensioni e le cause del dualismo economico italiano tra l'unificazione e la prima guerra mondiale restano tutt'ora senza fondata risposta.

8. *Caratteristiche dello sviluppo e «risultato finale»*

Angus Maddison ha misurato la crescita aggregata di sedici paesi capitalisti tra il 1871 e il 1981 mostrando come, nel complesso, di questa visione sinottica le fasi recessive siano relativamente poche e limitate agli anni immediatamente seguenti le due guerre mondiali e alla «grande crisi» dei primi anni Trenta [51]. Benché i singoli paesi abbiano avuto vicende cicliche assai piú complesse che si compensano nell'andamento aggregato, i tassi di crescita del reddito degli anni Settanta e Ottanta delle economie considerate stanno a indicare che il ristagno di quella italiana, cosí come appare dalle statistiche oggi disponibili, resta una cospicua eccezione per la quale manca ancora una spiegazione soddisfacente. Lo «sviluppo economico moderno» nella definizione quantitativa di Kuznets comincia, per quanto se ne sa oggi, solo nell'ultima decade del secolo scorso. Se le cose stanno veramente in questi termini non si può sfuggire alla necessità di spiegare il cospicuo fallimento di una classe dirigente che pure non ignora, a partire almeno dagli anni Cinquanta, l'importanza e le esigenze della crescita economica [52]. E, per dare questa spiegazione, sarà difficile evitare il ricorso a una categoria quale l'arretratezza economica alla quale siano funzionalmente legate molte variabili, anche di carattere sociale e politico. Comunque si giudichino le tesi di Gerschenkron, non v'è dubbio che il partire dalle conseguenze di un basso livello di reddito e di accumulazione per spiegare *anche* gli equilibri sociali, i necessari compromessi e l'ideologia delle classi dirigenti è piú illuminante di un percorso che attribuisca alle «carenze», comunque specificate, di queste classi il persistere della povertà e del ristagno.

Ma, nella relativa povertà della storia quantitativa del periodo, può farsi strada il dubbio che il livello del reddito per abitante non sia rimasto del tutto invariato durante i primi trent'anni di storia unitaria. I primi risultati dei lavori di Fenoaltea potrebbero fare sospettare una storia industriale diversa da quella ormai tradizionalmente consolidata: solo al termine dell'intero lavoro si potrà dire se il sospetto sia giustificato o meno. Altri indizi di una situazione meno statica di quanto oggi si creda possono, forse, derivare dagli indicatori di «benessere» ai quali si è fatto cenno [53]. Affidarsi a indizi qualitativi o derivanti da un numero limitato di casi aziendali o settoriali è assai pericoloso: fino a prova contraria va, dunque, tenuto per buono l'andamento del sistema descritto in queste pagine ed è necessario trovare teorie che spieghino *questi* fatti ma, come ho detto nell'introduzione, l'augurio è che si possa disporre presto di serie di contabilità nazionale piú solide di quelle esistenti; in questo caso non ci si dovrebbe stupire molto se il quadro dei primi trent'anni di storia economica dell'Italia unita si presentasse come meno statico di quanto ci appare oggi, anche per quanto riguarda il reddito per abitante.

Abbandonate le formule quali «rivoluzione», «decollo», «grande slancio», si può ritenere quella di «peculiarità» dello sviluppo italiano? L'idea di un capitalismo sempre uguale a se stesso, in una grande unità di tempo e di luogo, sempre pavlovianamente prevedibile nelle risposte agli stimoli quale appare nelle visioni estreme del marxismo ortodosso o di certa storiografia di rigorosa filiazione neoclassica crea una storia economica intellettualmente assai poco appetibile, oltre a sfidare il buon senso e l'esperienza comune. Altrettanto poco interessante è una storia fatta di casi singoli e irripetibili, di una sequenza di aneddoti senza trama intelligibile. Se discutere di «peculiarità» è, in sé, esercizio piuttosto vuoto, non v'è dubbio che l'analisi storica comparata costituisce oggi la prospettiva di ricerca piú fruttuosa, quella che consente di avanzare, quantomeno, ipotesi di lavoro nuove. Ancora una volta va rilevato che la carenza di basi quantitative consente, per ora, un respiro assai limitato a ricerche di questo tipo alle quali darebbe spazio il livello ben piú maturo raggiunto in altri paesi dalle quantificazioni dei fenomeni economici del passato.

Comunque si giudichi l'arretratezza del paese nel 1861 e si valutino le caratteristiche dello «sviluppo economico moderno» in Italia, il risultato finale sembra a molti non disprezzabile. Il paese riesce a sostenere un gigantesco sforzo industriale e organizzativo che, malgrado tutte le sue carenze, consente pur sempre di concludere vittoriosamente un conflitto che si rivela presto come giocato piú sul terreno economico che su quello militare e di sedere come potenza, ancorché *parvenue*, tra i vincitori. È vivo e vitale un sistema economico che ottiene un simile successo? Non molto, dice la tradizione liberista e parte di quella marxista, poiché l'Italia liberale non sopravvive alla guerra e trova il proprio fallimento nell'incapacità di evitare il disintegrarsi nella dittatura. Gli stessi supposti fattori dello sviluppo, la grande industria oligopolista e protezionista che alimenta il capitale finanziario e stipula patti scellerati con il latifondo, sarebbero all'origine del fascismo. «La storia dell'Italia postunitaria — scrive Vivarelli — conteneva già nodi di problemi tali da produrre una contraddizione profonda tra il carattere formale delle istituzioni e il loro modo effettivo di operare nella concreta realtà politica e sociale, e proprio la presenza di questi nodi di problemi vecchi, che la nostra classe dirigente aveva lasciato irrisolti, negli anni dopo la fine della guerra e sia pure in forza di circostanze in gran parte nuove, fu determinante nel provocare la crisi dello stato liberale» [54]. La prova delle vecchie insufficienze della borghesia italiana e, piú in generale, delle carenze del «modello di sviluppo» dell'Italia liberale si troverebbe, *ex post*, nell'esito *politico* di sessant'anni di storia economica e sociale. Si tratterebbe di uno sviluppo stentato perché incapace di generare un'autentica democrazia liberale. Si tratta di un modo di giudicare il «risultato finale» che, con varie sfumature, è stato condiviso dalla maggioranza degli storici italiani. Se però, osserva Lanaro, in termini di teoria generale e di analisi comparata disponiamo delle informazioni indispensabili ad ammettere che autoritarismo e maturità capitalistica possono convivere benissimo, perché non diciamo a voce alta — invece di sussurrarlo a mezza bocca, come succede — che il fascismo italiano non nasce dall'arretratezza ma dallo sviluppo, non sale dai precordi di un tardo feudalesimo agricolo e mercantile ma dal cuore del capitalismo moderno, non rappresenta il colpo di coda di una «razza padrona» ma il punto di approdo di una classe dirigente che con tutti i suoi difetti riesce a collocare in primo piano i bisogni e le aporie dell'industrializzazione? [55]

Se è certamente vero che sviluppo economico e autoritarismo politico sono tutt'altro che incompatibili e che sarebbe scorretto giudicare la forza del primo sulla base del secondo, non ne segue, tuttavia, che «il fascismo rappresenta la cornice ultima di un flusso di modernizzazione» [56]. Sono pochi e contraddittori, nel «ventennio», i caratteri di «dittatura promotrice di sviluppo»: gli elementi di «continuità» con il passato sono fortemente radicati nella struttura economica del paese e non sono tutti, certamente, ricollegabili al definitivo prevalere delle forze dello «sviluppo economico moderno» [57]. Molti dei problemi dell'economia italiana nel periodo compreso tra le due guerre mondiali — primo tra tutti quello della disoccupazione e della sotto-occupazione che caratterizzano tutto il «ventennio» e sono eccezionalmente acuti nella «grande crisi» — traggono ancora origine dall'arretratezza evidente nei bassi redditi agricoli con i quali deve sopravvivere la metà della popolazione e nella scarsa produttività di molte industrie. Certo, si tratta di un'arretratezza diversa da quella di mezzo secolo prima sia per il miglioramento nel tenore di vita delle masse sia per il piú diffuso convivere di settori arretrati con industrie moderne, tuttavia anche un'eventuale e non improbabile revisione verso l'alto delle stime del reddito pro capite relative agli anni immediatamente precedenti la prima guerra mondiale non potrà rovesciare la posizione dell'Italia quale fanalino di coda, seguito solo dal Giappone, nel gruppo dei paesi che hanno iniziato nel secolo scorso il proprio processo di «sviluppo economico moderno». Solo dopo la seconda guerra mondiale questa *relativa* arretratezza verrà lentamente riassorbita.

NOTE AL CAPITOLO DODICESIMO

[1] Il grande affresco marxiano si ritrova ai capitoli 23 e 24 di K. Marx, *Il capitale, Libro primo*, trad. it. di Delio Cantimori, Roma, Editori Riuniti, 1964, pp. 671-836. Una prima formulazione del concetto di accumulazione originaria — assai piú limitata dal punto di vista analitico e storico — si trova in Adam Smith. «Un tessitore non può dedicarsi completamente al suo lavoro se prima non siano stati accumulati beni (...) necessari al suo sostentamento e le materie prime indispensabili sin tanto che abbia portato a termine e venduto il proprio tessuto. L'accumulazione, evidentemente, deve essere previa (...); essa è condizione per la realizzazione di quella divisione del lavoro che realizza lo sviluppo economico nella visione smithiana» (A. Smith, *The Wealth of Nations*, New York, Cannan Edition, 1937, pp. 259-260).

[2] A. Gramsci, *Il Risorgimento*, Torino, Einaudi, 1950, soprattutto pp. 69-104.

[3] E. Sereni, *Il capitalismo nelle campagne 1860-1900*, Torino, Einaudi, 1947.

[4] Si veda, in proposito, per tutti G. Orlando, *Storia della politica agraria*, cit.

[5] E. Sereni, *Il capitalismo nelle campagne*, cit., p. 40.

[6] *Ibidem*.

[7] R. Romeo, *Risorgimento e capitalismo*, Bari, Laterza, 1959, p. 46.

[8] *Ibidem*.

[9] *Ibidem*.

[10] ISTAT, *Indagine statistica sullo sviluppo del reddito nazionale dell'Italia dal 1861 al 1957*, in «Annali di statistica», serie VIII, vol. 9, Roma, 1957.

[11] A. Gerschenkron, *Il problema storico dell'arretratezza*, cit., p. 3.

[12] Questa breve sintesi delle idee di Gerschenkron non rende certo giustizia alla complessità del suo grande affresco. Oltre al volume citato si veda anche A. Gerschenkron, *La continuità nella storia*, cit.

[13] A. Gerschenkron, *Il problema storico*, cit., p. 74.

[14] A. Confalonieri, *Banca e industria in Italia 1894-1906*, cit.

[15] S. Fenoaltea, *Public Policy and Italian Industrial Development 1861-1913*, Tesi di dottorato inedita, Harvard University, 1967.

[16] S. Fenoaltea, *Italy*, in P.K.O'Brien (a cura di), *Railways and the Economic Development of Western Europe, 1830-1914*, cit., pp. 55-56.

[17] S. Fenoaltea, *Riflessioni sull'esperienza industriale italiana dal risorgimento alla prima guerra mondiale*, in G. Toniolo (a cura di), *L'economia italiana 1861-1940*, cit., pp. 93-103.

[18] *Ibidem*, p. 78.

[19] Oltre all'opera citata, scritta nel 1971, si veda S. Fenoaltea, *Decollo, ciclo, e intervento dello Stato*, in A. Caracciolo (a cura di), *La formazione dell'Italia industriale*, cit.

[20] S. Fenoaltea, *Riflessioni*, cit., p. 78.

[21] *Ibidem*, p. 80.

[22] *Ibidem*.

[23] *Ibidem*.

[24] *Ibidem*, p. 82.

[25] *Ibidem*.

[26] *Ibidem*, p. 83.

[27] *Ibidem*, p. 78.

[28] S. Fenoaltea, *The International Kuznets Cycle Reconsidered*, Paper presented at the II Conference of the International Cliometric Society, Evanston, 1985.

[29] Si veda, ad esempio, G. Mori, *Il tempo della protoindustrializzazione*, in Id. (a cura di), *L'industrializzazione in Italia (1861-1900)*, Bologna, Il Mulino, 1977.

[30] L. Cafagna, *The Industrial Revolution in Italy*, in C.M. Cipolla (a cura di), *The Fontana Economic History of Europe*, cit.

[31] F. Bonelli, *Il capitalismo italiano. Linee generali di interpretazione*, in AA.VV., *Annali* della *Storia d'Italia Einaudi*, vol. I, Torino, Einaudi, 1978, pp. 1195-1255. Un'intelligente analisi critica di questo lavoro si trova in G. Federico, *Di un nuovo modello dell'industrializzazione italiana*, in «Società e Storia», n. 8. (1980), pp. 433-455.

[32] G. Mori, *Il capitalismo industriale in Italia*, Roma, Editori Riuniti, 1977, p. 21.

[33] La fioritura maggiore della polemica anti protezionista si verifica all'inizio del secolo. Vi partecipano alcune tra le migliori intelligenze economiche e politiche. Basta ricordare, tra tutti, i nomi di Salvemini, Einaudi, De Viti De Marco, Giretti, Fortunato, Dorso. Negli anni attorno alla Prima Guerra Mondiale molte di queste intelligenze si raggruppano attorno all'*Unità* di Salvemini. Successivamente la bandiera viene raccolta dalla *Riforma Sociale* di Einaudi.

[34] A. Gerschenkron, *Il problema storico*, cit., p. 80.

[35] *Ibidem*.

[36] *Ibidem*.

[37] S. Fenoaltea, *Riflessioni sull'esperienza industriale italiana*, cit., pp. 84-85.

[38] G. Toniolo, *Effective Protection and Industrial Growth: the Case of Italian Engineering, 1898-1913*, cit., pp. 659-673.

[39] Si veda, ad esempio, F. Carli, *Produzioni naturali e produzioni nazionali*, Roma, 1914.

[40] S. Lanaro, *Nazione e lavoro*, Venezia, Marsilio, 1979, p. 182.

[41] Per un'ottima sintesi dei termini del dibattito si veda B. Caizzi (a cura di), *Nuova antologia della questione meridionale*, Milano, Comunità, 1962[2].

[42] Si veda, ad esempio, E.M. Capecelatro - A. Carlo, *Contro la «questione meridionale»*, Roma, Samonà e Savelli, 1972.

[43] F.S. Nitti, *Scritti sulla questione meridionale*, in *Opere*, vol. II, Bari, Laterza, 1958.

[44] G. Fortunato, *Il Mezzogiorno e lo Stato Italiano*, Firenze, Vallecchi, s.d., vol. II, p. 318, citato da B. Caizzi, *Nuova Antologia*, cit., p. 32.

[45] P. Saraceno, *L'Italia verso la piena occupazione*, Milano, Feltrinelli, 1963, p. 15.

[46] La migliore sintesi critica di tale interpretazione è, a mio parere, contenuta in R. Villari, *Mezzogiorno e democrazia*, Bari, Laterza, 1979.

[47] L. Cafagna, *Intorno alle origini del dualismo economico in Italia*, in AA.VV., *Saggi in onore di Leopoldo Cassese*, Napoli, 1971.

[48] Si veda in proposito S. Fenoaltea, *Ferrovie e sviluppo industriale italiano 1861-1913*, in G. Toniolo (a cura di), *L'economia italiana 1861-1940*, cit., pp. 105-154.

[49] P. Saraceno, *L'Italia verso la piena occupazione*, cit., p. 21.

[50] V. Zamagni, *Industrializzazione e squilibri regionali in Italia*, cit.

[51] A. Maddison, *Phases of Capitalist Development*, Oxford, Oxford University Press, 1982, pp. 86 ss.

[52] L'idea di una Destra agraria innocente in tema di sviluppo economico non può più essere sostenuta. Oltre ai lavori di Romeo citati, si veda, tra l'altro G. Are, *Il problema dello sviluppo industriale nell'età della destra*, e *Alle origini dell'Italia industriale*, citati.

[53] Si veda il capitolo IV.

[54] R. Vivarelli, *Il fallimento del liberalismo*, Bologna, Il Mulino, 1981, pp. 338-339.

[55] S. Lanaro, *Nazione e lavoro*, cit., pp. 8-9.

[56] *Ibidem*.

[57] Si consenta il rinvio a G. Toniolo, *L'economia dell'Italia fascista*, Bari, Laterza, 1980.

Finito di stampare nel novembre 1993
dalla litosei via bellini, 22/4, rastignano, bologna

UNIVERSALE PAPERBACKS IL MULINO

Ultimi volumi pubblicati:

231. DOMENICO PARISI, *Intervista alle reti neurali. Cervello e macchine intelligenti*
232. ANTHONY A. LONG, *La filosofia ellenistica. Stoici, epicurei e scettici*
233. ROBERT A. DAHL, *La democrazia economica*
234. PETER HAMILTON, *Talcott Parsons*
235. MICHAEL R. WEISSER, *Criminalità e repressione nell'Europa moderna*
236. NORTHROP FRYE, *T.S. Eliot*
237. GEORGE HUPPERT, *Storia sociale nella prima età moderna*
238. JOHN W. YOLTON, *John Locke*
239. HEINZ W. ARNDT, *Lo sviluppo economico. Storia di un'idea*
240. MICHAEL DUMMETT, *Alle origini della filosofia analitica*
241. HEINRICH POPITZ, *Fenomenologia del potere. Autorità, dominio, violenza, tecnica*
242. ALAN J.P. TAYLOR, *Storia della seconda guerra mondiale*
243. ALFRED J. AYER, *Voltaire*
244. DAVID C. HOY, *Il circolo ermeneutico. Letteratura, storia ed ermeneutica filosofica*
245. JUDITH N. SHKLAR, *Montesquieu*
246. PETER BURKE, *Il Rinascimento*
247. PETER DRONKE, *Dante e le tradizioni latine medievali*
248. CHARLES HOWARD MCILWAIN, *Costituzionalismo antico e moderno*
249. WOLFGANG KAEMPFER, *Ernst Jünger*
250. DAVID ELKIND, *Educazione e diseducazione. I rischi di un'istruzione precoce*
251. GIORGIO REBUFFA, *Nel crepuscolo della democrazia. Max Weber tra sociologia del diritto e sociologia dello Stato*
252. EDMUND S. PHELPS, *Sette scuole di pensiero. Un'interpretazione della teoria macroeconomica*
253. JOHN COTTINGHAM, *Cartesio*
254. ALAIN DE LIBERA, *La filosofia medievale*
255. BEN S. BRADLEY, *Immagini dell'infanzia*
256. NOAM CHOMSKY, *Linguaggio e problemi della conoscenza*
257. CHRISTIAN MEIER, *Il mondo della storia*
258. JEFF COULTER, *Mente, conoscenza, società*
259. JOHN PHEBY, *Economia e filosofia della scienza. Un'introduzione critica*
260. NIVA LORENZINI, *Il presente della poesia. 1960-1990*

261. GIANFRANCO POGGI, *Lo Stato. Natura, sviluppo, prospettive*
262. PETER LASLETT, *Una nuova mappa della vita. L'emergere della terza età*
263. WILLIAM WALLACE, *Le trasformazioni dell'Europa occidentale*
264. RUDOLF BERNET, ISO KERN, EDUARD MARBACH, *Edmund Husserl*
265. EDWARD A. WRIGLEY, *La rivoluzione industriale in Inghilterra. Continuità, caso e cambiamento*
266. GIULIO C. LEPSCHY, *La linguistica del Novecento*
267. LUCIANO CAVALLI, *Governo del leader e regime dei partiti*
268. JOSEPH E. STIGLITZ, *Il ruolo economico dello stato. Un saggio con commenti di M. Perlman, D.C. North, D. Bös, C. Freeman, A.H.E.M. Wellink, I. Mac Gregor*
269. WILLIAM BECHTEL, *Filosofia della mente*
270. PAOLO MACRY, *La società contemporanea. Un'introduzione storica*
271. FEDELE D'AMICO, *Il teatro di Rossini*
272. ANTHONY J. SANFORD, *La mente dell'uomo. Introduzione alla psicologia cognitiva*
273. W.B. GALLIE, *Filosofie di pace e guerra. Kant, Clausewitz, Marx, Engels, Tolstoj*
274. JON ELSTER, *Come si studia la società*
275. FELIX GILBERT, *Storia: politica o cultura? Riflessioni su Ranke e Burckhardt*
276. ANTONIO GAMBINO, *Il mito della politica*
277. JOHN L. ACKRILL, *Aristotele*
278. LORENZO BIANCONI, *Il teatro d'opera in Italia*
279. JAMES J. KELLAS, *Nazionalismi ed etnie*
280. MICHAEL SEGRE, *Nel segno di Galileo. La Scuola Galileiana tra storia e mito*
281. ELVIO DAL BOSCO, *L'economia mondiale in trasformazione*
282. HEINRICH BESSELER, *L'ascolto musicale nell'età moderna*
283. NICOLA MATTEUCCI, *Lo Stato moderno*

[illegible]

[illegible]

[illegible]

27 novembre 11.30